汽车技术精品著作系列

汽车动力传动系及动力性能计算

周良生　曲学春　周冬生　孙九龙　彭莫　编著

机械工业出版社

本书介绍了汽车动力传动系的发展历程和典型类型，详细讲解了先进的动力总成技术，其中包括新能源汽车（含燃料电池电动汽车）动力传动系的工作原理和发展趋势。

全书的核心内容是汽车动力性能计算以及动力传动系的匹配设计和评价，具有理论与实际相结合的特点。

本书适合汽车工程技术人员，尤其适合从事汽车动力设计计算相关工作人员使用，也可供相关专业师生和技术人员参考。

图书在版编目（CIP）数据

汽车动力传动系及动力性能计算/周良生等编著．—北京：机械工业出版社，2020.5

（汽车技术精品著作系列）

ISBN 978-7-111-64956-4

Ⅰ.①汽… Ⅱ.①周… Ⅲ.①汽车–传动系②汽车–动力特性–计算 Ⅳ.①U463.2

中国版本图书馆 CIP 数据核字（2020）第 041280 号

机械工业出版社（北京市百万庄大街22号　邮政编码100037）
策划编辑：何士娟　责任编辑：何士娟
责任校对：肖　琳　封面设计：马精明
责任印制：张　博
北京铭成印刷有限公司印刷
2020年5月第1版第1次印刷
184mm×260mm・13印张・321千字
0 001—1 900册
标准书号：ISBN 978-7-111-64956-4
定价：89.00元

电话服务　　　　　　　　　　网络服务
客服电话：010-88361066　　机　工　官　网：www.cmpbook.com
　　　　　010-88379833　　机　工　官　博：weibo.com/cmp1952
　　　　　010-68326294　　金　书　网：www.golden-book.com
封底无防伪标均为盗版　机工教育服务网：www.cmpedu.com

前　言

本书可供汽车工程技术人员进行汽车动力设计和动力匹配评价之用，也可供相关专业师生、技术人员和汽车爱好者参考。

全书共分两部分：第一部分在简单介绍汽车动力传动系典型类型的基础上，详细介绍了各种先进的动力总成技术，其中包括新能源汽车（含燃料电池电动汽车）动力传动系的工作原理和发展趋势。第二部分是全书的核心内容，包括汽车的动力性能计算以及汽车动力传动系的匹配设计和评价。

为给动力性能计算打下基础，本书提出了动力源的评价指标和选定依据，建立了实用可行的发动机的动力特性方程，提出了换档时机的选定方法，建立了轮胎变形和接地压力等一系列实用公式，同时给出了轮胎气压的选定方法。

全书编写力图结构严谨，层次鲜明，深入浅出，浅而不俗，分析透彻，深而不秘。特别是贯彻理论与实际相结合的原则，既力争简明清晰、推证严密，又注重实际，以解决使用中的设计计算问题。本书除给出完整的计算模型之外，还给出了具体的计算示例。

在本书编写过程中，濮卉、王磊、卫晓军、黄斌等做了不少工作，在此对他们表示衷心的感谢！

因水平有限，书中定有不妥和错误之处，欢迎各位同行和广大读者批评指正。

编著者

目 录

前言

第1部分 汽车动力传动系

第1章 汽车动力传动系的要求、发展及类型 ········· 1
- 1.1 汽车动力传动系的基本要求 ········· 1
- 1.2 汽车动力传动系的发展历程 ········· 1
  - 1.2.1 发动机 ········· 2
  - 1.2.2 离合器 ········· 2
  - 1.2.3 变速器 ········· 2
  - 1.2.4 分动器 ········· 2
  - 1.2.5 差速器 ········· 3
  - 1.2.6 牵引力控制系统 ········· 4
  - 1.2.7 轮胎 ········· 4
- 1.3 汽车动力传动系的类型及驱动型式 ········· 5
  - 1.3.1 4×2 汽车的动力传动系 ········· 5
  - 1.3.2 4×4 汽车的动力传动系 ········· 5
  - 1.3.3 随动汽车的动力传动系 ········· 6
  - 1.3.4 多轴汽车的动力传动系 ········· 7
- 知识链接 动力传动系的相关标准 ········· 13

第2章 动力总成技术 ········· 19
- 2.1 动力源及动力传动系的代号 ········· 19
- 2.2 动力源的总成部件 ········· 21
  - 2.2.1 涡轮增压中冷系统（TCI） ········· 21
  - 2.2.2 共轨系统（CRS） ········· 22
  - 2.2.3 废气再循环系统（EGR） ········· 23
- 2.3 传动系的总成部件 ········· 24
  - 2.3.1 变速器 ········· 24
  - 2.3.2 分动器 ········· 32
  - 2.3.3 差速器 ········· 40
  - 2.3.4 牵引力控制系统 ········· 53
  - 2.3.5 安全轮胎 ········· 54

第3章 新能源汽车的动力传动系 ········· 57
- 3.1 新能源汽车的诞生 ········· 57
- 3.2 新能源汽车的现状 ········· 58

3.3 新能源汽车的动力传动系 ··· 58
 3.3.1 纯电动汽车的动力传动系 ··· 58
 3.3.2 混合动力电动汽车的动力传动系 ······································· 60
 3.3.3 燃料电池电动汽车的动力传动系 ······································· 64
3.4 新能源汽车传动系的关键技术 ··· 70
 3.4.1 动力蓄电池技术 ··· 70
 3.4.2 电机技术 ··· 70
3.5 新能源汽车传动系的研发方向 ··· 75
 3.5.1 动力蓄电池技术 ··· 75
 3.5.2 驱动电机技术 ··· 75
 3.5.3 电控技术 ··· 75

第 2 部分　汽车动力性能计算

第 4 章　动力 ·· 77
4.1 发动机的参数指标及选型依据 ··· 79
 4.1.1 汽车发动机的有关参数及评价指标 ···································· 79
 4.1.2 发动机的选型依据 ··· 93
4.2 发动机的动力特性 ·· 102
 4.2.1 功率、转矩和转速三者的关系 ·· 103
 4.2.2 功率、转矩与转速的特定关系 ·· 104
 4.2.3 动力特性的意义及其评价 ··· 114
4.3 驱动功率和驱动力 ·· 121
 4.3.1 功率损失 ·· 121
 4.3.2 驱动功率和驱动力 ··· 124

第 5 章　阻力 ·· 126
5.1 滚动阻力 ·· 126
 5.1.1 成因 ··· 126
 5.1.2 滚动阻力系数 ·· 128
5.2 空气阻力 ·· 130
 5.2.1 空气阻力 ··· 130
 5.2.2 空气阻力系数 ·· 131
5.3 坡道阻力 ·· 135
5.4 加速阻力 ·· 135
 5.4.1 计算公式 ··· 135
 5.4.2 δ 算式的建立 ·· 136

第 6 章　动力性能计算 ··· 138
6.1 表征参数的分析计算 ··· 138
 6.1.1 计算公式 ··· 138
 6.1.2 计算示例 ··· 150

6.2 传动系的匹配设计和评价 ·· 167
  6.2.1 传动系的匹配设计 ·· 167
  6.2.2 传动系的匹配评价 ·· 178
  6.2.3 液力变矩器的匹配计算 ·· 181

第7章 轮胎气压的选定·· 193
7.1 轮胎气压的重要地位 ··· 193
  7.1.1 轮胎变形公式 ·· 193
  7.1.2 轮胎接地压力公式 ·· 194
  7.1.3 单次通过圆锥指数公式 ·· 194
  7.1.4 轮胎的侧偏刚度公式 ··· 194
7.2 轮胎气压的选取 ·· 195
  7.2.1 依照主参数统计式选取 ·· 195
  7.2.2 防止功率循环 ·· 195
  7.2.3 服从额定气压限制 ·· 197
  7.2.4 远离公路临界气压 ·· 197
  7.2.5 满足接地压力要求 ·· 197
  7.2.6 按使用条件调压 ··· 197
  7.2.7 参考公路经济气压 ·· 198
7.3 计算示例 ·· 198

参考文献 ··· 202

第1部分

汽车动力传动系

汽车是由各大系统组成的复杂的综合体，包括动力传动系、转向系、制动系、悬架以及大梁和车身等。其中，动力传动系是最重要和最基本的系统，它主要由动力源和动力传动系组成，其总成部件包括发动机、离合器、变速器、分动器、主减速器（差速器），以及牵引力控制系统和车轮等。

汽车动力传动系的主要功能是提供动力源，并把动力源产生的动力转化为汽车的驱动力，也就是把动力传递到车轮，推动车辆前进。

第1章 汽车动力传动系的要求、发展及类型

1.1 汽车动力传动系的基本要求

汽车动力传动系的基本要求是：

1）动力传动系必须保证在各种使用工况下所需的牵引力，保证对速度变化的要求，并提供最佳的动力性、可靠性、安全性和燃油经济性等。

2）动力源应追求四低五高，即低质量、低油耗、低噪声、低排放、高转速、高功率、高转矩、高比功率和高平均功率（常用区间）。

3）采用电控主动系统。

4）保证良好的传动比转换性，提高舒适性，使速度变换连续平稳，降低冲击和动载，提高附着和抓地性能。

5）提高经济性，使燃烧效率和节油率升至最高。

6）消除操作技术的差异性，使汽车在不同载荷和路况下，都能以最高的效率工作，使动力性、经济性和排放性均与驾驶技术无关。

7）提高全轮驱动系统的效率和安全性。

8）提高环境适应性。

9）采用先进的动力总成，研发各种新能源汽车。

1.2 汽车动力传动系的发展历程

汽车动力传动系经历了从简到繁、从落后到先进的长期复杂的历史演变过程。在这个过程中，客观需要和科技发展推动了汽车及其动力传动系的发展。下面简单介绍动力传动系主要总成部件的发展过程。

1.2.1 发动机

为满足汽车动力性能的需要，人们开发了各种各样的动力源，包括内燃机和燃料电池等，而且不断提高其性能指标。例如，内燃机的平均有效压力、活塞平均速度、升功率、升转矩、转速因子和功率因子等指标均在不断提高，而比质量、比油耗和噪声等指标均在不断下降。为提高功率，解决燃烧不完全和过度排放等问题，人们发明了汽油直喷技术（DGI）、柴油电子喷射系统（EDIC）、顶置双凸轮轴系统（DOHC）、废气再循环（EGR）技术、共轨技术（CR）以及废气涡轮增压中冷系统（TC）等。

1.2.2 离合器

为在换档和停车时刻切断和接上动力，人们发明了离合器。为避免离合器分离和接合期间的动力中断，又发明了双离合器（DCT）。双离合器（DCT）也是一种变速器。双离合器能在换档时，做到一摘一接，一离一合，避免了瞬间的换档空置，保证了动力的平稳传递。

1.2.3 变速器

为满足汽车运行中对速度和转矩的变换，科技人员发明了机械变速器（Mechanical Transmission，MT）。为缓解机械变速器的换档困难，又发明了同步器。为提高换档的舒适度和平稳性，消除操作人员的技术差异性，获取较高的动力性和经济性，提高使用寿命，进一步发明了自动变速器（Automatic Transmission，AT）、电控机械自动变速器（Automatic Mechanical Transmission，AMT）和连续变化式自动变速器（Continuous Variable Transmission，CVT）。

1.2.4 分动器

分动器即动力分配器。为使二轴汽车实现全轮驱动，发明了将动力和转矩分配到前、后轴的分动器。为实现二驱和四驱的转换，一开始是手动控制（MC），后来出现了自动控制（AC）、永久处于四驱模式的恒时四驱（PC）。随着技术的进步，又出现了分时四驱分动器、全时四驱分动器、适时四驱分动器和超选四驱分动器等。

1. 分时四驱分动器（Part Time Transfer）

分时四驱分动器能在良好路面行驶时，以 4×2（2WD）驱动模式运行，以节约能耗；而在坏路上行驶时，则以 4×4（4WD）驱动模式运行。

2. 全时四驱分动器（All Time Transfer）

分时四驱不宜在附着良好的路面上以 4×4（4WD）驱动模式高速转弯运行，因没有轴间差速器而产生"转向制动"，造成车轮打滑或磨蹭，产生功率循环，破坏经济性，降低通过性，于是出现了全时四驱分动器。

全时四驱分动器在任何时刻都以 4×4（4WD）驱动模式、以定比转矩向各轴输出。为解决全时四驱车轮打滑的问题，科技人员又发明了中央锁止器和差动限制器。这样不仅能解决打滑问题，而且还能实现 0%~100% 的动力分配，还可按定比或按轴荷分配动力。

3. 适时四驱分动器（Timely Transfer）

为了能够根据车轴的附着情况适时调节动力，发明了适时四驱分动器。适时四驱分动器分为从动型和主动型两种。从动型，例如黏液耦合器（VC），它在正常情况下不向从动轴输出转矩；而主动型，包括按车轮附着情况分配转矩的系统（Torque On Demand，TOD）和既适合装于轴间也适合装于轮间的交互式转矩管理系统（Interactive Torque Management，ITM）等。按需分配式的系统（TOD）能根据车轮的附着情况转移转矩，而 ITM 则既可起轮间转矩交换的作用，也可起轴间转矩交换的作用。

高版本的适时分动器与全时四驱分动器非常接近，它们虽具有电磁阀、湿式离合器和电控系统（ECU），且能和防抱死制动系统（ABS）、电子防侧滑系统（ESP）等兼容，但也不是真正的全时四驱分动器。

4. 超选四驱分动器（Super Select Transfer）

超选四驱分动器弥补了上述几种分动器的不足：分时四驱分动器不能实现公路四驱；全时四驱分动器在不需四驱时不经济；适时四驱分动器公路操控极限低。超选四驱分动器经济性好，能利用公路附着条件，且可获得分时四驱分动器的通过性。

1.2.5 差速器

最初的差速器，也叫普通差速器或开式差速器（Opening Differential）。差速器是产生速度差的工具，是轮间或轴间轨迹矛盾的统一物。为协调驱动轴左右轮间转向时的速度差，人们发明了轮间差速器；为防止驱动轴间的功率循环，又发明了轴间差速器。

然而轮间差速器工作时，若左右车轮有一轮打滑，车辆仍将失去动力。为解决这个问题，出现了下列各式各样的锁止差速器。

1. 限滑差速器（Limited Slip Differential，LSD）

限滑差速器包括凸轮式、摩擦式、弹簧离合器式、电控式和变传动比式等。它们都能限制车轮滑转，最大可提高4倍的牵引力。然而，它们的问题是不需要限滑时仍限滑，造成汽车转弯时的阻力感。

2. 机械锁止差速器（Mechanical Locking Differential，MLD）

机械锁止差速器又分强制锁止差速器和自动锁止差速器两类。自动锁止差速器包括变传动比限滑差速器、牙嵌自由轮式差速器、球笼无齿式差速器、机械锁杠式差速器和轮轴复合式差速器等。

（1）强制锁止差速器

强制锁止差速器就是强行让差速器不起作用。锁后若不及时解除，将使汽车无法转向，造成轮胎磨损或机械损坏。

（2）变传动比限滑差速器

变传动比限滑差速器就是主传动器的行星轮与半轴齿轮的力臂比随其转角变化而连续变化的差速器，它是一种有特殊齿形的差速器。传动比的变化具有一个势能最小的"势阱"点和一个势能最大的"势垒"点。传动比可从谷底到顶峰周期性地变化。当汽车正常行驶时，行星轮没有自转，左、右轮驱动力矩相等；当某侧车轮打滑时，行星轮自转，改变传动比，将较大的转矩传给另一侧的车轮；当某一驱动轮完全失去附着时，此差速器即和普通差速器一样。

这种差速器的优点是结构简单，工作稳定，性能可靠，且能减少轮胎磨损；其缺点是传动比变化范围窄，锁紧系数最大也只能达到1.5，且变化周期较短，脉动与冲击较大。因此此种差速器多在货车上使用。

（3）牙嵌自由轮式差速器

牙嵌自由轮式差速器可以完全锁死，并保证左、右轮单独运动，且工作可靠，寿命长。

但若汽车左转弯、内轮驱动力大于附着力时，车轮将打滑。而且，当车辆带拖挂行驶时，还会造成转弯困难。同时，单边驱动，还会使半轴等的应力增加。

（4）球笼无齿式差速器

球笼无齿式差速器是利用球轴承在轨迹中的凸轮作用来传递动力的差速器。当汽车正常运行时，主动笼的槽迫使轴承产生凸轮作用带动轴和笼一体运转。当左、右车轮路径不等时，也能发挥正常驱动作用使车轮不致打滑。

（5）机械锁杠式差速器

机械锁杠式差速器是机械锁止差速器的典型代表，是适合装于轮间的基本锁死的差速器。它性能优良、工艺成熟、批量已超100万台，适合装于轻型越野汽车。当车辆正常运行时，两半轴齿轮与壳体一起运转。当左、右车轮转速差达到 100r/min 时，便自动锁住。车辆一旦脱离困境，便自动解锁，保证高速行驶的安全。

该差速器能自动锁止，及时解除；当限即限，自由转向，且能与 ABS 等系统兼容。在打滑的情况下能获得开式差速器 4 倍的牵引力。

（6）轮轴复合式差速器

轮轴复合式差速器是同时具有轮间和轴间防滑功能的自锁差速器，即同时具有各个驱动桥上的轮间差速和全部驱动桥之间的轴间差速，同时具有自动锁止和防滑功能。

1.2.6　牵引力控制系统

为使汽车在各种行驶工况下都能获得最佳的牵引力，人们发明了牵引力控制系统（Traction Control System，TCS）。它依靠电控系统，根据车轮的转速和驾驶人的意愿，自动控制驱动力。无论是起步加速、制动减速还是转弯行驶，都能保证汽车的行驶稳定性，大大提高了安全性。

为实现车辆理想的行驶状态，科技人员还发明了防抱死制动系统（Anti – Locking Braking System，ABS）、自动牵引力控制系统（Automatic Traction Control，ATC）和驱动防滑系统（Acceleration Slip Regulation，ASR）等一系列先进系统。TCS、ASR 等系统用于控制驱动轮打滑，而 ABS 则是使被制动车轮处于抱死的边缘。

1.2.7　轮胎

轮胎是车轮的重要组成部分，而车轮又是动力传动系的最后部件，也是汽车与地面发生关系的唯一部件。轮胎品类繁多。

按车类型分，有轿车轮胎、载重车轮胎和越野车轮胎等；按轮胎花纹分，有公路花纹轮胎、越野花纹轮胎、混合花纹轮胎和特种花纹轮胎等；按断面分，有宽断面轮胎、窄断面轮胎、普通断面轮胎和低断面轮胎等；按结构分，有正交轮胎、斜交轮胎和带束斜交轮胎等；按直径分，轮胎有大、中和小之分；按气压分，有高压胎、低压胎和调压胎（中央充放气系统）等。

随着科技的发展，现代汽车轮胎已能适应高车速、高负荷要求，且安全柔顺、缓冲吸振，具有良好的循迹性、操控性和抓地性，以及具有足够的牵引力和较低的接地压力。此外现代汽车轮胎还具有排水性好、气密性好、噪声低、阻力低、油耗低、耐久性好、耐腐蚀和耐老化等性能。

特别是军用越野汽车轮胎,已基本具备了战场环境适应性以及防扎、防弹等安全功能,例如电控充气式、胎体自补式、软体内支撑式和钢架内支撑式。

上述主要总成技术的具体情况,详见本章知识链接。

1.3 汽车动力传动系的类型及驱动型式

汽车动力传动系的类型,总体来说,主要分为机械传动和电力传动两大类,但其具体结构却是千姿百态。例如动力源就有很多种类,从其布置来说,既有前置,也有后置;既有横置,也有竖置。车轮有主动轮,也有从动轮。车轴数除二轴汽车外,还有多轴汽车之分,例如三轴、四轴……十轴,乃至十二轴。各种各样的总成部件及其组合匹配成的系统,更是种类繁多。本书仅介绍几种典型的传动系统及其驱动型式。

1.3.1 4×2汽车的动力传动系

最典型和最基本的动力传动系,莫过于大家所熟知的4×2驱动系统。它的动力流程是前置发动机→离合器→变速器→主减速器(差速器)→车轮。4×2的驱动型式还有相关悬架和独立悬架(如后独立悬架)之分,如图1-1所示。

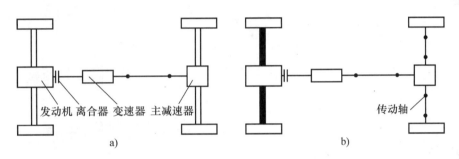

图1-1 4×2驱动系统
a) 相关悬架 b) 后独立悬架

1.3.2 4×4汽车的动力传动系

4×4汽车的动力传动系,就是在4×2驱动系统的基础上增加一个分动器。通过分动器(图1-2)把动力传至后桥,形成4×2的驱动型式,以适应良好路面的行驶;同时,还可通过分动器手动挂档,把动力传至前桥,形成4×4的驱动型式,以适应坏路面的行驶。

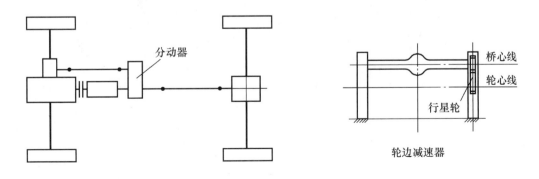

图1-2 4×4驱动系统

为增大离地间隙，提高通过性，有时还在 4×4 驱动系统的基础上，在车轮之中装设一个行星减速式的轮边减速器，如图 1-2b 所示。轮边减速器的功能是由两个因素构成的：

1）减小主减速器的外廓尺寸，方法是让主减速器的传动比变为 1:1，使其不起减速作用，只产生轮间差速和动力换向的功能。

2）把车桥中心线提高，使其远高于车轮中心的位置，从而形成"门"式布置。

1.3.3 随动汽车的动力传动系

图 1-3 所示为我国某突击车动力传动系的总成结构。图 1-4 所示为该车的工作原理。该车的动力传动系被称为随动动力传动系。"随动"是指动力传递随外界附着条件的变化而自动转移传递方向。

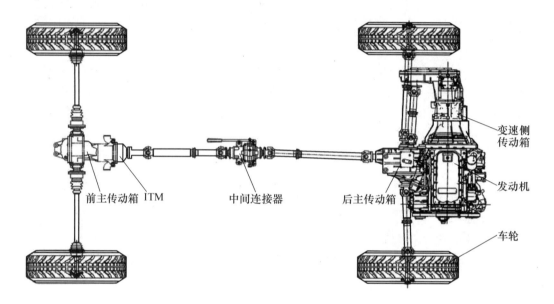

图 1-3　某突击车的动力传动系总成结构

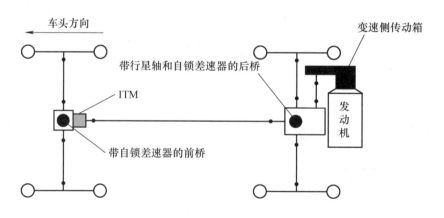

图 1-4　随动汽车的动力传动系工作原理

该车动力传动系的构成有后置柴油机，变速侧传动箱，带轮间自锁差速器（Locker）的前、后桥,以及与前桥结合为一体的装于轴间以实现轴间转矩交换的交互式转矩管理系统(Interactive Torque Management,ITM),最后是规格为 265/75R16 的安全轮胎。

该系统的动力传递流程是:当汽车正常运行时,发动机的动力经变速侧传动箱,输入后桥左、右车轮。当后桥左(右)轮打滑时,动力转入右(左)轮。一旦后桥全部打滑,动力便经 ITM 自动转入前桥。此时若前桥左(右)轮打滑,动力还可转入右(左)轮。当按下按钮锁住 ITM 时,即可转入全时四驱。

1.3.4 多轴汽车的动力传动系

车轴数大于 2 的汽车就属于多轴汽车。多轴汽车可提高运输效率,降低运输成本,能满足大运量和运载重型装备的要求,能保证桥梁和路面的安全,可提高软地面和坏路面的通行能力等。多轴汽车还有着广泛的地区适应性,是军用汽车的主体,故有其不可忽视的地位。

请注意:路面破坏因素 D 与轴载质量 M_a 的关系为

$$D = M_a^k$$

式中, $k = 2.4 \sim 6.6$。

多轴汽车的驱动型式,除全轮驱动(AWD)外,还有部分车轮系从动轮的型式,例如 6×4、8×6、10×8 等,这是为保证正常行驶于良好路面的汽车,既能降低轴荷,不至于破坏路面和桥梁,又能降低驱动能耗。

多轴汽车无论轴数是多少,无论总成部件是多么复杂和多么先进,其动力源产生的动力都是经过分动器分配至各个车轴和车轮的。

图 1-5 所示为三轴(6×6)汽车的动力传动系。

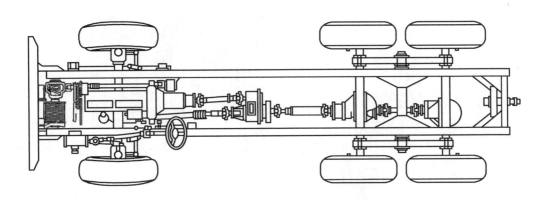

图 1-5 三轴(6×6)汽车的动力传动系

图 1-6 和图 1-7 所示为 4 轴 8×8 动力传动系的布置方案,图 1-8 所示为 5 轴 10×10 汽车典型的动力传动系。图 1-9 所示为 6 轴 12×12 汽车典型的动力传动系。图 1-10 所示为 8 轴 16×12 汽车的动力传动系。

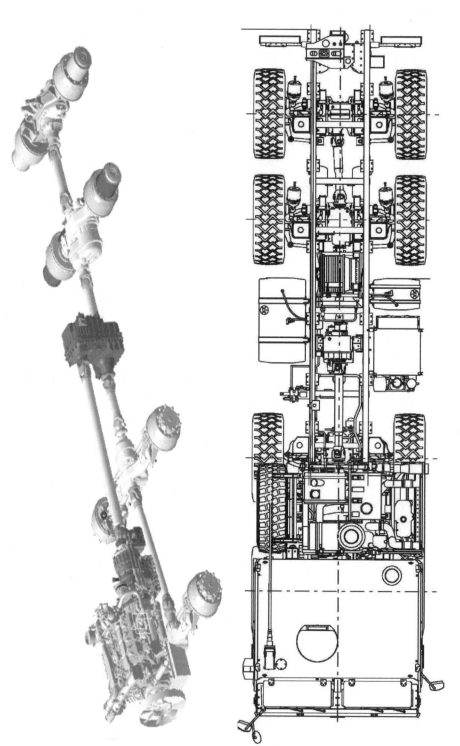

图 1-6 4 轴 8×8 汽车典型的动力传动系

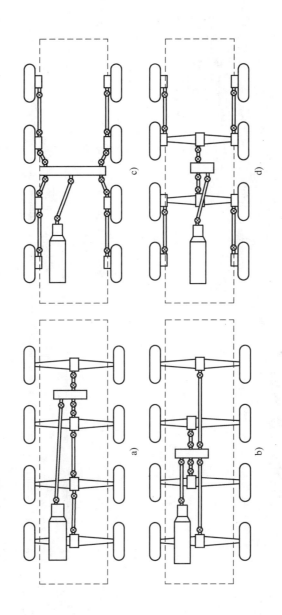

图1-7 8×8越野车动力传动系的布置方案

a) 贯通式轴非对称传动　b) 非贯通式轴对称传动　c) 贯通式侧边传动　d) 混合布置传动

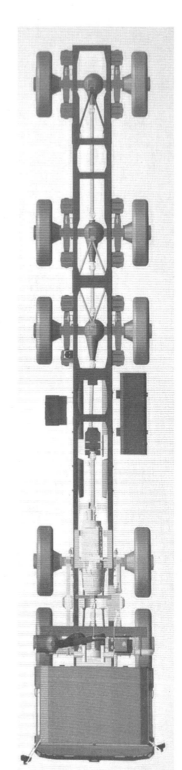

图 1-8 5轴 10×10 汽车典型的动力传动系

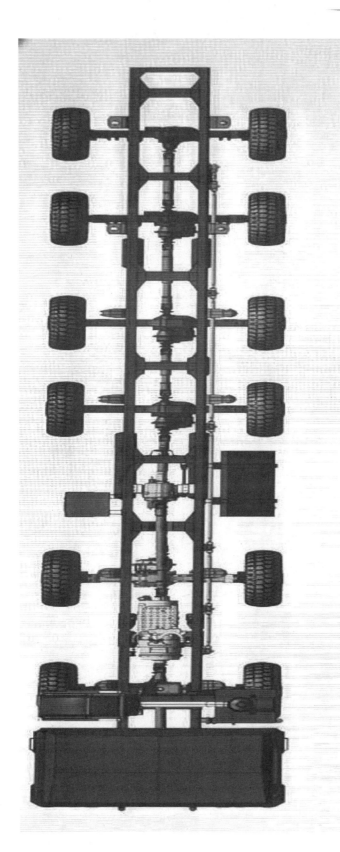

图1-9 6轴12×12汽车典型的动力传动系

图 1-10 8轴 16×12 汽车的动力传动系

知识链接：

动力传动系的相关标准

此处介绍美国汽车工程师学会（Society of Automotive Engineers，SAE）推荐实行的全轮驱动系统分类标准和示意符号标准，以供参考。

A. 全轮驱动系统分类—SAE J1952 DEC95　SAE 推荐实行

序：本重审文件的改变仅影响 SAE 技术标准的版式。

1. 范围：在本 SAE 推荐实行的版本中，关注点将是乘用车和轻型载货车（贯穿 M、A、PⅢ 类）。

1.1　目的：图 A-1～图 A-4 是用以定义全轮驱动概念的一些基本词汇和类型。

2. 参考：此处没有参考版本。

3. 定义。

3.1　全轮驱动：具有驱动全部车轮能力的车辆驱动系统。

3.2　手动控制：通过驾驶人完成二轮驱动和全轮驱动的转换。

3.3　自动控制：二轮驱动和四轮驱动的转换无需驾驶人干涉。

3.4　恒时驱动：系统永久处于全轮驱动模式。

3.5　全驱同步：当车辆处于运动中，两个或多个转矩承载件，以相同的速度啮合全轮驱动。

3.6　速度差动：两个或多个驱动构件所允许的速度差。

3.7　固定转矩分配：输出的转矩是由装置的设计固定的。

3.8　可变转矩分配：输出的转矩是随装置的设计变化的。

3.9　不定转矩分配：输出的转矩不取决于装置，而取决于输入转矩和牵引力。

3.10　分类：图 A-1 是数字和字母混编的参考标准，可根据问题找到类别，进而评估设计能力。

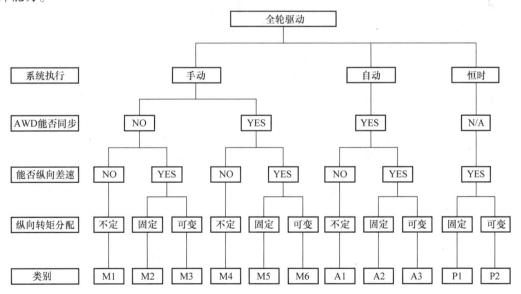

图 A-1　全轮驱动系统的分类

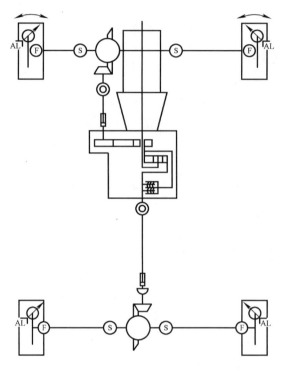

图 A-2　P2 类，全轮驱动车

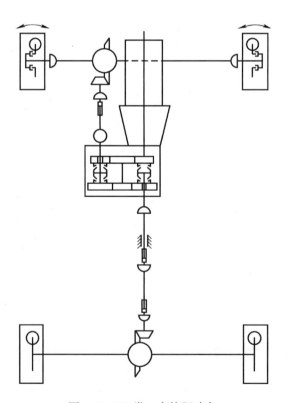

图 A-3　M4 类，全轮驱动车

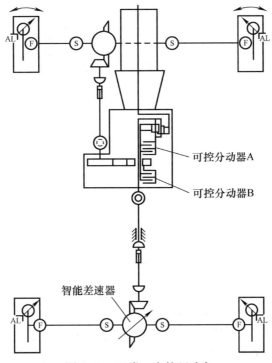

图 A-4　A2 类，全轮驱动车

B　4WD 传动系示意符号标准——SAE J2059 AUG92。SAE 推荐实行（SAE 全轮传动系标准会议认可报告，1992 年 8 月）

1　范围：本标准适用于轿车和轻型货车（贯穿Ⅲ类）。

1.1　目的：被定义的标准符号用以描述全轮驱动车辆的组件以及传动系的功能和布置。

1.2　说明：本文件提出基本符号、重叠符号和改良符号，组成各类车辆传动系的原理图，以显示具有专门部件或通过传动线的布局，说明描述对象的变化等级。

1.3　比例：符号仅起说明作用，不需要按比例绘制（图 B-1～图 B-12）。

2　参考

2.1　相关出版物：下列出版物仅为资料目的而提供，并非本文件所要求的部分。

2.1.1　SAE 出版物：可从瓦伦多 PA15096-0001 SAE，400 联合驱动机构获得。

　　SAE J645：自动变速器术语；

　　SAE J647：变速器示意图；

　　SAE J1952：全轮驱动系统分类。

2.1.2　ISO 出版物：可从纽约 NY10036-8002 西 42 街 ANSI，Ⅱ获得。

　　ISO 3952：运动图，图解符号如图 B-1 所示。

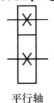
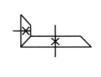
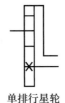

平行轴　　　锥齿轮/准双曲面齿轮　　　单排行星轮

图 B-1　齿轮组

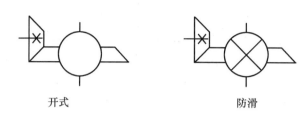

图 B-2 对称式差速器（具有锥齿或准双曲面齿传动）

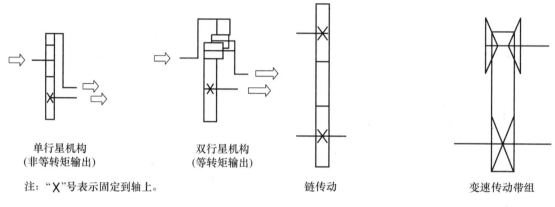

注："X"号表示固定到轴上。

图 B-3 非对称差速器　　　　　图 B-4 平行轴传动

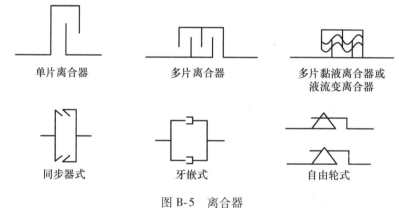

图 B-5 离合器

引导符号可加到基本符号之上，以说明机构可自动响应来自外部控制系统的1个或多个信号

支承或地面符号可被用来直观显示装置或构件是被支承的或着地的

图 B-6 驱动轴和万向节　　　　图 B-7 改良符号

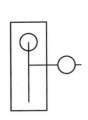 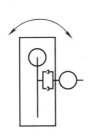 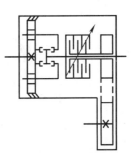

非转向轮制动　　　转向轮制动　　　分动器
等速万向节　　　　等速万向节　　　　双环行星减速机构
　　　　　　　　　断开式轮毂　　　　多片可控速度和转矩的差速机构
　　　　　　　　　　　　　　　　　　辅助输出的链传动(显示在空档)

图 B-8　叠合符号典型示例

智能差速器　　防抱死防滑制动　　智能液流变离合器　　超越离合器(带一个滚道)

2.5L涡轮增压柴油机　滑动式CV万向节　固定式万向节　固定内齿圈的
5档手动变速器　　　　　　　　　　　　　　　　　　单行星齿轮机构

图 B-9　改良符号典型示例

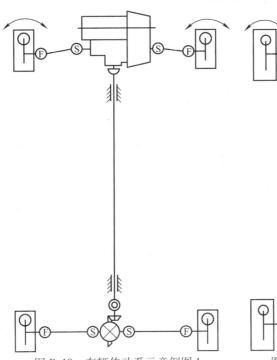 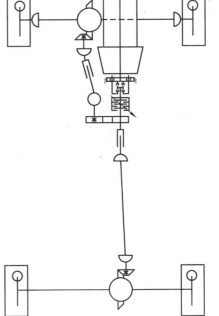

图 B-10　车辆传动系示意例图 1　　图 B-11　车辆传动系示意例图 2

汽车动力传动系及动力性能计算

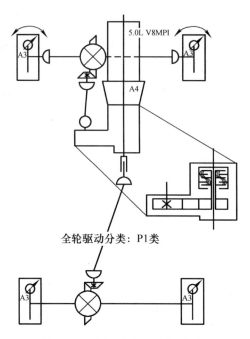

图 B-12　车辆传动系示意例图 3

第 2 章 动力总成技术

汽车动力传动系的总成部件纷纭繁复，其先进技术更是数不胜数，故本书只在简单介绍其发展趋势之后，择其重点部件进行原理性的介绍。

2.1 动力源及动力传动系的代号

表 2-1 列出了部分有关动力源的先进技术的代号及其说明。本书仅介绍涡轮增压中冷（TCI）技术、共轨（CR）技术以及废气再循环（EGR）技术等。表 2-2 列出了传动系部分部件的代号及其说明。本书仅着重介绍变速器、分动器、差速器以及牵引力控制系统和安全轮胎等先进技术，例如连续变化式变速器（CVT）、双离合器变速器（DCT）；分时分动器、全时分动器、适时分动器（VC、TOD、ITM 等）；各种限滑差速器（滑块凸轮式、摩擦片式、伊顿耳片式、电子控制式、变传动比式）和各种自锁差速器（牙嵌自由轮式、球笼无齿式、伊顿锁杠式、轮轴复合式）等。

表 2-1 发动机部分代号说明

代号	英文说明	中文说明
BSD	Balance Shaft Drive	平衡轴传动
CBR	Controlled Burn Rate	可控燃烧速率系统
CR	Common Rail	共轨技术
DGI	Directly Gasoline Injection	汽油缸内直喷
DI	Direct Injection diesel engine	直喷柴油机
DOHC	Double Over Head Camshaft	顶置双凸轮轴系统
ECU	Electronic Control Unit	电控系统
EDIC	Electronic Diesel Injection Control System	电喷柴油控制系统
EDIS	Electronic Distributorless Ignition System	无分电盘电子点火系统
EDIS	Electronic Digital Ignition System	电子数字点火系统
EFI	Electronic Control Fuel Injection	电子控制燃料喷射
EGR	Exhaust – Gas Recirculation	废气再循环系统
HSDI	High Speed Direct Injection	高速直喷
MFI	Multilane Fuel Injection	多点喷射
TC	Turbo Charging	废气涡轮增压
TCI	Turbulence Controlled Induction	受控涡轮进气
TCI	Turbo Charged Intercooler	废气涡轮增压中冷

（续）

代号	英文说明	中文说明
TCP	Texaco' Combustion Process engine	特克瑟科分层燃烧机
TCS	Transmission Controlled Spark	变速器控制点火
TDI	Turbo diesel engine with Direct Injection	直喷涡轮增压柴油机
TDS	Temperature Detect Switch	温控开关
VNT	Variable Nozzle Turbocharger	可变喷嘴涡轮增压器
VVT	Variable Valve Timing	可变气门正时系统
VVT^2	Dual – Variable Valve Timing	双可变气门正时系统

表 2-2 传动系部分部件代号说明

代号	英文说明	中文说明
ABS	Anti lock Braking System	防抱死制动系统
ABS/ASR	Antilock Braking System/Acceleration Slip Regulation	防滑制动系统
ABS/ASR – EDS	ABS/ASR – Electronic Differential System	轿车防滑制动系统
ACS	Automatic Control System	自动控制系统
ADM	Automatic Drive – train Management	传动系自动控制
AMT	Automatic Mechanical Transmission	自动机械变速器
AOT	Automatic Overdrive Transmission	超越式自动变速器
AS	Automatic Synchronizer	自动同步器
ASR	Anti – Slip – Regulator	防滑管理系统
ASR	Acceleration Slip Regulation	驱动防滑牵引力控制系统
AT	Automatic Transmission	自动变速器
ATC	Automatic Traction Control	自动牵引力控制
AWD	All Wheel Driving	全轮驱动
CTI/DS	Centre Tyre Inflation and Deflation System	轮胎中央充放气系统
CVT	Continuous Variable Transmission	金属链连续变化变速器
DCT	Dual Clutch Transmission	双离合器变速器
DSG	Directly Shifting Gearbox	直接换档齿轮箱
EDS	Electronic Differential System	电子差速锁
ELSD	Electronic Limited – Slip Differential	电子限滑差速器
FWD	Front Wheel Driving	前轮驱动
ITM	Interactive Torque Management	交互式转矩管理系统
LSD	Limited – Slip Differential	限滑差速器
MLD	Mechanical Locking Differential	机械锁止差速器
MT	Mechanical Transmission	机械变速器
RWD	Rear Wheel Driving	后轮驱动
TCS	Traction Control System	牵引力控制系统
TOD	Torque On Demand	按需分配转矩的分动器
VC	Viscous Coupling	黏液耦合器

2.2 动力源的总成部件

正如表 2-1 所列，内燃机的先进技术很多，例如废气涡轮增压中冷系统（TCI）、共轨技术（CR）、汽油缸内直喷（DGI）、柴油电子喷射控制（EDIC）、顶置双凸轮轴系统（DOHC）、废气再循环系统（EGR）、平衡轴系统（BSD）以及可变气门正时系统（VVT）等。下面仅介绍 TCI、CR 和 EGR 三项技术。

2.2.1 涡轮增压中冷系统（TCI）

1. 原理和作用

涡轮增压中冷系统（Turbo Charged Intercooler），是一个将过滤后的新鲜空气进行增压和冷却的系统。它一方面利用发动机排出的高温高压废气推动涡轮，带动压气机压缩空气，压气机的转速可达 10 万 r/min 以上，从而使空气压力和密度大大提高；另一方面利用中间散热器冷却高温高压空气，进一步提高空气密度，提高进气效率。这是因为废气必使空气升温，根据理想气体的物态方程，压力升高，在体积不变的情况下，温度也必然升高。

涡轮增压中冷系统的作用在于提高进气压力，增加单位体积内参加做功气体的质量，提高充气系数和进气效率，保证良好的混合和燃烧，提高单位体积的功率密度，增大功率和转矩。此外，增压后的低温混合气还能提高其燃烧速率和燃烧的充分性，从而提高燃油经济性，并减少 CO 和 HC 等有害气体的排放。

应用涡轮增压中冷技术，可使功率和转矩提高 40% 以上，且可降低燃油消耗 10%~15%。

涡轮增压中冷系统由空气滤清器、增压器、中间冷却散热器和进气管道等组成，如图 2-1 所示。由图 2-1 可知，若直接将空气滤清器与进气管道相连，则气缸只能得到低压冷空气，这就叫作自然吸气。若直接将增压器与进气管道相连，则气缸便能得到高压空气，这就叫作增压发动机。然而，经涡轮增压器的空气虽然提高了压力，但同时也提高了温度，因此必须安装中间冷却器予以冷却。冷却介质分为空气和水两种：采用水冷的简称"空水"，它只是在发动机体上加一层水套，结构简单，但效果稍差。采用空气冷却的简称"空空"，它必须独立安装一套散热器，结构复杂，但冷却效果较好。

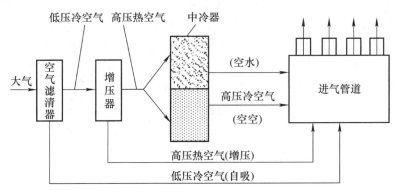

图 2-1 涡轮增压中冷器的工作原理

2. 优势和不足

涡轮增压中冷发动机有着明显的优势，但也有其不足之处，现分述如下：

（1）三大优势

涡轮增压发动机具有低速转矩高、最大转矩区域广、动力与油耗兼顾三大优势。

1）低速转矩高。涡轮增压发动机具有优良的动力输出特性，驾驶人可以获得理想的动力享受。特别在低转速下就能获得最大转矩。增压发动机的动力特性如图2-2所示。

转矩在低转速下达其峰值，就能保证良好的加速性和提速性。特别是行驶于城市的车辆，绿灯起步，一踏加速踏板，车辆便有离弦之箭的感觉，很快就把等排量的自吸式车辆甩在身后。

2）最大转矩范围广。普通发动机输出转矩的峰值，也就是最大转矩只能在某一个转速点出现，而涡轮增压发动机却能在一个较为宽广（约为2000~3000r/min）的范围内连续输出最大转矩，如图2-2所示。这就是说，车辆能在大转速

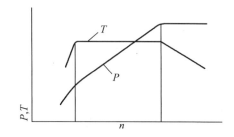

图2-2 增压发动机的动力特性

范围内以其最大的转矩克服外界负荷，特别在车辆换档加速过程中换档转速的下降，不会明显影响加速性能。

3）动力与油耗兼顾。涡轮增压中冷技术不仅使发动机的动力提高，且使油耗降低。据统计，升转矩的平均值约为140N·m/L，最大值可达150N·m/L。升功率的平均值约为40kW/L，最大值接近80kW/L。特别是由于燃烧完全，充分发挥了燃油的潜能，故油耗也相对降低，经济性也较好。

（2）三大不足

涡轮增压发动机存在起步迟滞、不适合城市环境以及使用成本较高三大不足。

1）起步迟滞。由于涡轮在开始工作之前有个累积进气的过程，这将使车辆工作出现短暂的停顿——这就是所谓的涡轮迟滞（Turbo Lag）现象。涡轮迟滞易产生一个突发的冲劲和窜动，影响驾驶和乘坐的舒适度。

缓解迟滞的办法：一是在低速时使增压器略微提前工作，同时提前打开油门；二是在高转速下，为迅速做出反应，提前踩下加速踏板。此外，采用双涡轮增压模式也可缓解迟滞现象。有的用户喜欢选择手动档车型也和迟滞有关。

2）不适应城市环境。涡轮增压车型不适合城市拥堵的环境。这是因为车辆起步之后，涡轮刚要进入工作，立刻就被一脚制动"憋回"。久而久之，不但不能体现涡轮增压车型的驾驶乐趣，甚至会缩短涡轮的使用寿命。

3）使用成本较高。因为涡轮转速超过10万r/min，温度接近1000℃，所以必然要求良好的维修保养，要求定期更换三滤，且必须使用高价的合成机油。因此，涡轮增压发动机在日常使用中比较"娇贵"，保养费用很高。一旦损坏，更换费用就相当昂贵。

因此，常驶于拥堵环境的家庭用车不适于采用涡轮增压发动机。

2.2.2 共轨系统（CRS）

1. 作用与构成

共轨系统（Common Rail System）有别于传统的柴油和汽油喷射系统，它是将燃油喷射压力的产生和喷射过程完全分开。即通过柱塞式高压泵提高柴油压力，并将高压油送入一个共同的轨道之中，然后通过电控系统ECU（Electronic Control Unit）合理地喷入各气缸之中，

以保证按需供油、良好的雾化和提高工作效率。

高压泵产生的压力与发动机的转速有关，因此共轨系统可以提供更稳定的油压。又因燃油压力系统与喷油过程完全分开，故可使油压大幅提高（最高可达150MPa），获得非常好的雾化效果和供油精准性以及良好的排污性。

共轨系统由柴油箱、过滤器、高压泵、高压轨道以及电磁阀和喷油嘴等部件组成，VM R425 DOHC 发动机的共轨系统如图2-3所示。

柴油从油箱输入过滤器进行过滤。过滤器带有油水分离器，可通过手动泵将水排出。过滤器上装有加热开关，当大气温度低于－30℃时，便可自动打开加热。过滤后的柴油经高压油泵加压，然后送入连通各气缸的、油压基本稳定的高压轨道之中。向哪个缸喷油、何时喷油、喷多少油皆由电磁阀控制。它需要采集的信号主要

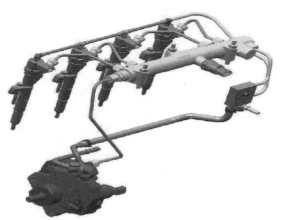

图2-3　VM R425 DOHC 发动机的共轨系统

是汽车的工作状况，特别是发动机的转速及其供气量等。电磁阀开启时间的精度为毫秒级。该系统的核心技术是轨道恒压以及电磁阀和喷嘴技术等。

2. 共轨系统的发展

共轨系统正在与时俱进地发展。当初，由于油压始终保持在最高，造成燃油温度过高和能量损失。后来按发动机需要改变输出压力，并增加了预喷功能，降低了噪声。当前正研究以压电控制器取代电磁阀，使控制更为精准，经济性更好，排污性更好。

2.2.3　废气再循环系统（EGR）

1. 废气再循环系统的组成与功能

废气再循环系统（Exhaust Gas Recirculation，EGR）是一个将部分废气进行二次燃烧的系统。它的功能是将废气引回进气系统，以控制燃烧过程中氮氧化物（NO_x）的生成，从而降低污染物的排放。经该系统处理的废气，一般可达欧Ⅳ以上的排放标准。

EGR 系统是在排气管和进气管之间装设一个控制废气循环关闭和循环量大小的 EGR 阀，废气循环量的大小由真空度决定，真空度由真空调节器（EPW）调节。真空调节器需要采集发动机的转速、供气量、供油量、冷却液温度和进气温度等参数。上述全部工作均由 ECU 控制，其组成如图2-4所示。

2. 废气再循环的控制

废气再循环是把高温废气引入进气系统，因此不仅要求系统机构具有耐高温和不易氧化的功能，而且还直接影响发动机的动力输出特性和燃油经济性。因此，必须对循环过程进行严格的电子控制。控制分切断/打开以及循环量大小两个方面。

废气循环量过少，不能有效抑制 NO_x 的生成，而循环量过大，又使发动机性能恶化，使输出特性变坏。

切断和控制废气循环量分如下几种情况：

1) 起动时，为保证发动机的顺利起动和平稳运转，需切断废气再循环。

图 2-4 废气再循环系统的组成

2）怠速时，由于燃油温度不高，NO_x 的排放量不大，为保证怠速运转平稳，亦需切断废气再循环。

3）冷却液温度较低时，因混合气在缸内扩散不均，温度较低燃烧不稳定，故需切断废气再循环。

4）进气温度较低时，缸内燃烧温度较低，为保证燃烧过程良好进行，需要较少废气再循环量。

5）低速低负荷时，由于喷油量少，燃烧不稳定，应降低废气再循环量。

6）高速高负荷时，为获得较高的输出功率，亦应降低废气再循环量。

3. 废气再循环的利弊

1）有利方面。由于废气的回流，单位混合气中惰性气体相对增加，废气的热容增加，特别是废气中的 CO_2 和水的摩尔比热增加，这就有效地控制了缸内燃烧温度的升高。同时，惰性气体的增加使着火延迟期变长，燃烧速度下降，进一步使燃烧温度下降，从而抑制了 NO_x 的生成。

2）弊端方面。随着废气的循环回流，做功因子下降，发动机的油耗特性和动力输出特性恶化，排气中的碳氢化合物（HC）的浓度也随之增加。此外，由于废气再循环，发动机缺火率增加，燃烧过程变得不稳定，随着废气再循环率的增加，发动机性能将大为降低。因此，必须根据废气循环率的变化改变点火提前角，并对其他参数进行综合控制。

2.3 传动系的总成部件

表 2-2 列出了 28 种动力传动系的总成部件，下面分别介绍变速器、分动器、差速器、牵引力控制系统和轮胎等总成部件的发展概况。

2.3.1 变速器

变速器是速度和转矩的变换器，它的一般要求如下：

1）必须具有取力装置。

2）档数合理，传动比合理。

3）输入转矩合适，可靠性好。

4）输入转速合适，寿命较长。

5）节省燃料，工作效率高。

6）动力传递平稳，舒适度高。

7）操作简便，迅速有力。

8）体积小，重量轻，成本低廉等。

变速器主要分为机械变速器（Mechanical Transmission，MT）和自动变速器（Automatic Transmission，AT）。

1. 机械变速器

机械变速器（MT）是应用最早、当前依然广泛使用的有级式手动机械变速装置。它体积小、重量轻、效率高（93%）、工作可靠、成本低廉。在档数和传动比选择合理的情况下，具有较好的加速能力和节油率。然而，尽管装有同步器，但其舒适度和平稳性仍旧是较低的。

机械变速器适合于各类汽车装用，当前市场占有率接近70%。

2. 自动变速器

自动变速器是在手动机械变速器的基础上发展起来的。它与手动变速器相比，具有如下优点：

1）能消除驾驶人换档技术的差异性，获得最佳的动力性和经济性，使发动机和传动系在各种负载和路况下，都能以较高的效率工作。

2）能使传动比迅速转换，连续平稳，乘坐舒适；能降低传动系中的冲击载荷，提高传动系中零部件的寿命，可使传动轴的起步力矩峰值减少30%~50%，使换档力矩峰值降低60%~80%，从而使发动机寿命提高约1.5倍，变速器寿命提高2~3倍，其他传动系零部件寿命提高1.5~2.5倍。

3）减轻驾驶疲劳，提高行车安全，可降低行车事故1/4~1/3。

4）能提高通过性，由于速度变换快，且连续平稳，故减少了对地面的破坏作用，从而提高了车辆的抓地性能。

5）能降低油耗和减少污染。

（1）液力机械自动变速器（AT）

液力机械自动变速器是当今仍在流行的一种变速装置，它一般具有4~8个档位。在档位之间，动力可连续传递，因此平稳性和舒适性较好，然而售价较高，燃油节省率低。该类装置适合于各种轿车和SUV汽车装用。当前市场占有率约为24%。

（2）电控机械自动变速器（AMT）

电控机械自动变速器燃油节省率最高，其效率可达82%~85%，但和MT一样，其平稳性和舒适性较差。特别当离合器磨损后，虽有自我诊断功能，但计算机也难以准确判断。该类变速器适合于微型车和厢式货车装用。当前市场占有率约为4.5%。

（3）连续变化式自动变速器（CVT）

连续变化式变速器是一个全电子控制的金属链式的无级自动变速器。它是以连续改变主从动轮半径的方式实现传动比的连续变化。下面就其适用范围、性能、发展趋势、元件作用、工作原理和关键技术等分别进行介绍。

1）优良性能。与一个4档的AT比较，CVT有如下优点：

① 传动比范围可扩大约30%。

② 可提高加速能力8%以上。

③ 可降低油耗15%以上（效率约为90%~92%）。

④ 操作优化，舒适性更好。

⑤ 可靠性高，总成寿命大于15万km，金属带寿命大于20万km。

2）适应范围。CVT变速器适用于客车、货车、越野车等各种车辆。它可与如下指标的动力源匹配：排量3.3L以下，功率170kW以下，转矩300N·m以下，最大功率转速6500r/min以下。

3）发展趋势。1982年VDT—CVT正式装车使用。1983年，日本五十铃公司推出了NAVI—5型CVT，美国伊顿公司的AMT、德国ZF公司的AutoShift也相继投入市场。此外，福特、大众、菲亚特、雷诺、日野、丰田等公司也都开展了这方面的研究，我国吉林工业大学也曾开展过这方面的研究工作。

目前CVT变速器的市场占有率只有2%，但它毕竟是变速器的一次技术革命，发展前景非常乐观。

4）元件及作用。CVT的设计基于一个盘式的无级变速器，它有一个作为驱动元件的范道恩（Van Doone）金属链式的推力带。变速器还装有一个保证平稳驱动的液力自动变矩器和一个电子液力控制总成。这个电子控制总成把发动机和变速器连接在一个CAN bus（Controller Area Network bus）上，也就是连接到一个控制局域网络总线上，以便进行一体化管理，如图2-5和图2-6所示。

CVT的主要元件及其作用如下：

① 带有锁止离合器的液力变矩器，作为起动元件，可提高舒适性和牵引力。

② 带进气节气门的减速液力泵，可以提高工作效率。

③ 行星换档轮系，避免前驱动滚动损失。

④ 无级变速带盘。它带有30mm的V形带（BV），其传动比可大范围连续变化。

⑤ 变速器控制总成。它带有完善的电子装置，可以控制车辆离合器和换档机构的制动压力，可以控制变矩器的转矩、作用压力和无级变速器的传动比。

⑥ 改善驾驶性能的变速器电控总成。它基于驾驶人的要求和驾驶环境的识别，具有自动程序转换的运行策略，且可按用户和车辆的特殊要求提供可行的响应。

5）工作原理。早期的CVT是通过双锥体改变接触半径来实现传动比的连续改变的，后改为橡胶传动带。现今则是采用VDT-CVT钢制V形带（推力带）传动，它通过与两个锥形槽滑轮"咬合"，实现传动比的改变，如图2-5～图2-7所示。

由图2-7可知，这种变速机构主要由主动锥轮（主动带轮）、从动锥轮（从动带轮）和紧套在两轮上的钢制V形带以及调速的操纵机构组成。当主动带轮转动时，由于主从动锥轮都是一半固定在轴上，另一半可以沿着轴向移动，故不仅可利用V形带与锥轮间的摩擦力带动从动轮，传递动力，而且还可通过操纵机构改变V形带在锥轮上的位置，从而使主从动锥轮的工作半径改变，起到无级变速的作用。

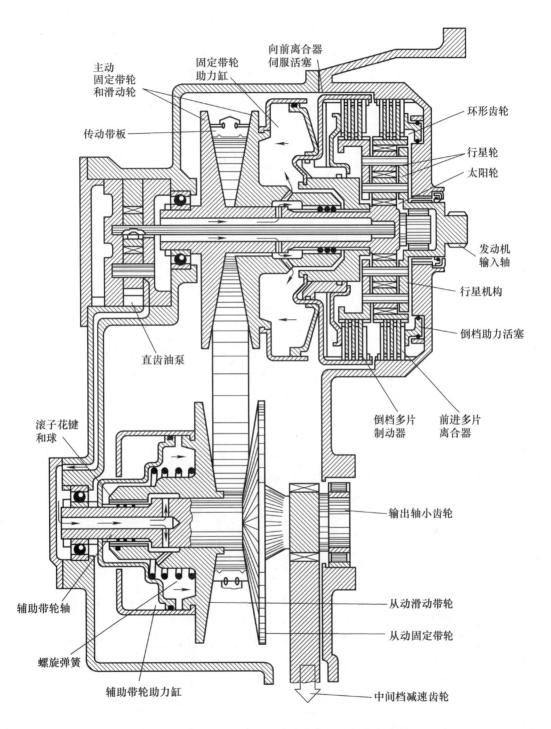

图 2-5 CVT 的行星机构、多片离合器和盘式变速器

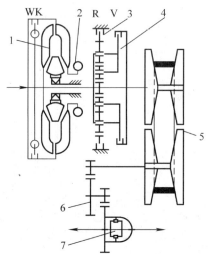

图 2-6 CVT 的设计原理和主要元件

1—变矩器 2—灰尘 3—换档元件 4—倒档齿轮 5—滑轮 6—常啮齿轮 7—差速器

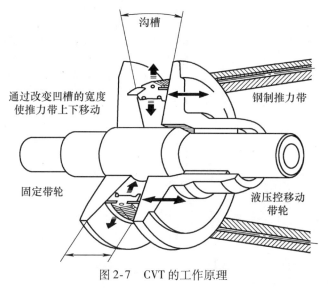

图 2-7 CVT 的工作原理

传动比 i 的变化,分如下三种情况:

① $i=1$:此种情况作用于主、从动带轮可移动部分的轴向挤压力相等,即保持主、从动轮半径相等,即 $R_主 = R_从$,$i=1:1$。

② $i<1$:在 $i=1$ 的基础上,逐步增大作用于主动带轮右侧可移动部分的轴向挤压力,而同时逐步减小作用于从动带轮左侧可移动部分的轴向挤压力。这样,传动钢带就逐渐远离输入轴而靠近输出轴,从而使半径 $R_主 > R_从$,使传动比 $i<1$。

③ $i>1$:在 $i=1$ 的基础上,逐步减小作用于主动带轮右侧可移动部分的轴向挤压力,而同时逐步增大作用于从动带轮左侧可移动部分的轴向挤压力,这样传动钢带就逐步靠近输入轴而远离输出轴,从而使半径 $R_主 < R_从$,使传动比 $i>1$。

总之,由电控装置逐渐改变带轮可移动部分的轴向挤压力,传动钢带就改变位置,重新保持力的平衡状态。随着钢带状态的连续缩放,传动比也就随之相应地连续地发生变化,实现平稳的无级变速。

6）关键技术。CVT的关键技术，除电控技术外，还有钢制V形带的工艺技术、带轮的工艺技术以及传输效率的保证技术等。

① V形钢带技术。

V形钢带由V形金属块和无缝钢带组成。范道恩二代标准V形推力带由大约300个V形块和10条（单边）钢带组成。金属块一块接着一块，主动轮锥面对块的摩擦力的反作用推力，依次向前一V形块传递，由此将转矩传递到从动轮，这就是推力带的工作原理。正因为V形钢带是一个高速运动的传力元件，故要求其噪声低，寿命高，所以要求先进的工艺技术保证。

② 钢带的加工工艺技术。

钢带给V形金属块施加预紧力并起支撑作用，它同时承受V形块向上的张力和围绕挂在带轮上所生之弯曲力的作用。由于每层钢带的长度不同，所以每层钢带所受的力也不同，为保证各层钢带的等寿命和可靠性，采取了如下一系列的工艺措施：

a）采用特制的钢板卷绕焊接，并进行压力冷轧。

b）用特殊机器扩胀环带，制成三组不同尺寸的钢带，对外侧的钢带预加压应力，对内侧钢带预加拉应力。

c）组成多层钢带，并沿直径方向拉伸，使其塑性变形。

③ V形块的加工技术

a）V形块经一系列的加工工序，以保证具有同样的外形尺寸。

b）V形块将侧面制成弓形，以保证与带轮紧密接触和各块应力均匀。

c）V形块应降低单块质量，且在凹部内填充弹性材料，以降低碰撞噪声。

④ 带轮的工艺技术。带轮是与V形带配合工作的，由于主、从动带轮的两部分是分别相向固定和相向移动的，带在工作过程中并不与轴完全垂直，而是略有错动，形成一个偏移量C。因此，制造带轮时，其V形面应向外略微弯曲，以控制C值在一定范围之内，保证其工作能力和寿命。

C值的计算公式为

$$C = \frac{(i-1)^2 D^2 \tan\beta}{(i+1)^2 i\alpha} \tag{2-1}$$

式中　C——主、从动带轮的偏移量；

　　　i——传动比；

　　　α——主、从动带轮的轴心距；

　　　β——带轮的锥形角；

　　　D——$i=1$时的工作直径，$D=2R$。

7）传输效率。CVT的总效率约为90%，但在大传动比、高速和低转矩（<30% T_m）下，可能低于90%，但绝不会低于86%。为提高效率，通常采用以下措施：

① 在材料和硬度上采取措施，以优化V形块与带轮的接触关系，减少变形损失。

② 在几何形状上保证V形块与钢带的良好接触，以减少低速时钢带蠕动带来的能量损失。

③ 对左右两个环带总成进行动力平衡匹配。

④ 减少钢带数量，且在总截面不变的情况下，增加钢带宽度。
⑤ 通过减少 V 形块的高度减小其惯量。
⑥ 使 V 形面向鞍部靠近，使重心下移等。

（4）双离合器式自动变速器（DCT）

双离合器式自动变速器（DCT）是一种在 AMT 变速器基础上发展起来的电控变速装置，它的核心功能就在于它装有两个离合器，避免在换档时，离合器分离和接合变换瞬间的动力中断。因此，它的舒适度与 AT 接近，略低于 CVT，其节油率远高于 MT，属于兼顾平稳性和节油率的调和设计。该装置虽成本较高，技术较复杂，但综合舒适性和节油率来看，是各种变速装置最高水平的体现。

1）工作原理。双离合器变速器，顾名思义，是因为它装有两个分别与奇数档和偶数档连接的离合器。换档时，二者是一摘一接，一离一合，一个离合器处于分离状态，另一个则处于接合状态，防止了档位空置的瞬间，因此能够保证动力的连续平稳的传递，如图 2-8 所示。

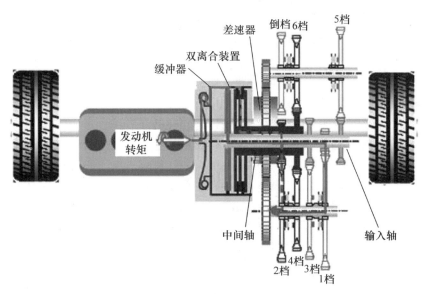

图 2-8　DCT 的结构元件及工作原理

2）结构元件。BW DualTronic 系统是 DCT 变速器的典型结构，它具有如下二级组件：差速结构、同步系统、离合器、阻尼器、液力泵和控制组件，如图 2-9 所示。

① 双离合器。DCT 具有两个离合器：一个与内轴相连，内轴上装有奇数档齿轮；另一个与外轴（孔轴）相连，外轴上装有偶数档齿轮。这种结构是保证平稳换档的关键。

② 扭振阻尼器。扭振阻尼器能够吸收振动能量，减小加速度，是平稳传递动力的关键部件。它分外干式和整体式两种。

外干式扭振阻尼器为直接接触，优点是换档时间变短，但因离合器片直接接触，升温快，磨损很大。

整体式扭振阻尼器性能更加优越，整体装配不仅争取了有效空间，组件联合还可以使系统简化协调。这种阻尼器惯性低，使车辆和发动机具有优良的灵敏度。而且，阻尼器特性稳

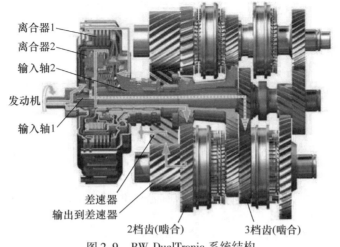

图2-9 BW DualTronic 系统结构

定，寿命较长。

③ 液力泵。液力泵有定排量泵、二元泵和变排量泵三种。定排量泵是单级直齿转子泵，成本较低，其排量为每转 14~18cm³。二元泵为双转子泵，怠速较低，效率较高。变排量泵效率最高。

④ 控制组件。液力加电子控制的 Mechatronic 组件，把全部需要的控制元件集成在一起，车辆发动机和变速器仅用一个控制器，即一个 CAN 总线。因此，总成简化，组装完善，成本较低，可靠性高。

3）适用范围广。BW DualTronic 双离合器组件适用范围较广：发动机横置、纵置；前驱、后驱或全驱；各种小客车、载货车、SUV 和跑车；汽油机和柴油机；排量 1.4~1.8L，功率 55~735kW，转矩 150~1250N·m 都能适用，都可选配。

4）性能优越。DCT 变速器具有如下的优良性能：

① 燃油效能较高。

② 能使驾驶成为乐趣（响应速度、加速度、发动机与传动系解耦）。

③ 起步换档质量优良（可编程，可调整控制策略）。

④ 传动比可大范围变化，能与高转矩的 TDI 柴油机和高功率、高转速的汽油机匹配。

⑤ 装配紧密，重量低等。MT、AT、AMT、CVT 和 DCT 五种变速器在舒适性和节油率上比较是：

舒适性：MT < AMT < DCT < AT < CVT。

节油率：AT = CVT < MT < DCT < AMT。

也就是说，MT 舒适性最差，AT 节油率最低，而 DCT 在这两个方面都较好，如图2-10所示。

5）市场前景乐观。目前 DCT 变速器在全球市场的占有率很低，约为1%，参见表2-3。不过它具有相当的发展潜力。如能合理利用现有的在 MT 上的技术投资，那它在短期内必然走向市场，且具有较强的价格竞争力。五种变速器的价格关系是：MT < AMT < DCT < AT < CVT。

欧洲是 DCT 的发源地，是它的原始市场，紧跟其后的便是亚洲和北美。大众（VW）和

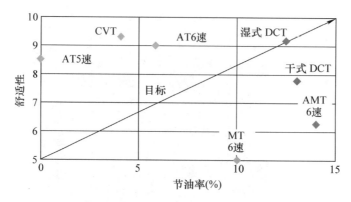

图 2-10　五种变速器的舒适性和节油率的比较

奥迪公司已创办了他们的首个模式，BW 公司的 Dual Tronic 技术早已进入了市场。在欧洲，各种变速器的市场占有率在当前和不久将来的情况估计见表 2-3。2008 年 11 月，BW 公司与我国中发联（一汽、上汽等 12 家公司）决定合资研发 DCT 项目，重点开发双离合器模块、扭振阻尼器和控制模块。

表 2-3　各种变速器的市场占有率估计　　　　　　　　　　　　　　　　（%）

地域		MT	AT	AMT	CVT	DCT
在全球（当前）		69.0	24.0	4.5	1.5	1.0
在欧洲	2004 年	68.7	24.3	4.6	1.5	0.9
	2009 年	59.2	22.3	7.1	1.8	9.6
	2013 年	52.0	20.0	10.0	2.0	16.0

2.3.2　分动器

所谓分动器，就是动力和转矩的分配器。从广义上讲，它是动力传动系中的转矩管理系统，在一定程度上决定着整车的动力性能。随着四驱技术的发展，分动器也有着相应的发展，形成了具有不同风格和功能的类别，匹配于不同要求的四驱车上。

分动器有如下三种分类法：

1）按起动功能分类

① 手动控制（Manually Controlled）类，通过驾驶人完成二驱和四驱的转换。

② 自动控制（Automatically Controlled）类，由机构自动实现二驱和四驱的转换。

③ 恒时四驱类，系统永久处于四驱模式。

2）按功能转换方式分类

① 主动系统（Active System）类，由计算机控制转矩分配，根据整车的运动状态提供自动的、连续可变的反应模式。

② 被动系统（Passive System）类，包括手动换档（Manual Shift）和电子换档（Electric Shift）等系统。

3）按四驱时段分类

① 分时（Part time）四驱类，有公路二驱和越野四驱（前后轴动力各为 50%）之分，无公路四驱，无中央差速器。

② 全时（Full time）四驱类，有中央差速器，无二驱模式，任何路面、任何时刻都有定比转矩输至前轴。

③ 适时（Timely）四驱类，包括主动型和从动型。从动型，在正常状况下不向从动轴输出动力；主动型可在主、从动轴间自动转换动力，但大多数情况、大多数时间和大部分动力都是分配给主动轴。和全时四驱相比，其特点是没有中央差速器，其优点是能适时转换动力，其缺点是公路操控极限低。

④ 超选（Super Select）四驱类，可供选择的驱动模式比任何四驱类都要多。

下面具体介绍分时四驱分动器、全时四驱分动器、适时四驱的黏液耦合器（VC）、按需分配转矩的分动器（TOD）以及交互式转矩管理系统（ITMI）。

1. 分时四驱分动器

最早的分时四驱分动器是最基本的转矩分配器。它装于两桥之间，是专为提高通过性而开发的。它的主要结构是机械装置，故可靠性较高，成本较低，因此至今仍有大量的越野车装用。

分时四驱分动器，之所以叫它分时二字，是因为装用此种分动器的汽车，其驱动工作部分时间为4×2（2WD），部分时间则为4×4（4WD）。装用分时四驱分动器的汽车，在良好路面上行驶时，一般以4×2（2WD）的模式运行，这样可以节约能耗。特别当脱开前桥离合器后，经济性会更好。当在坏路上行驶时，一般以4×4（4WD）的模式运行。由于前后轴是刚性连接的，故动力分配前后轴各为50%，附着重量利用较好，有利于越野通过性。

然而，分时四驱分动器有着先天的不足，装置它的汽车不宜在附着良好的路面上以4WD的驱动型式运行。其原因如下：

一是由于桥间采用硬轴连接，其间又未装差速器，因此它无法在良好的干燥路面（如不能打滑的公路）上高速转弯。众所周知，转弯时每个车轮在同一时间内所通过的弧线路径是不一样的，即每个车轮的转速是不一样的。左右车轮有轮间差速器调节，而前后车轮则无法统一运动矛盾。事实上，前轮转速总是高于后轮转速。这个转速差，若在附着力较低的沙石路面可以通过轮胎的打滑解决，而在良好的干燥路面则必然产生转向干涉，产生一个转向制动力，使车辆不能前进，这就是所谓的"转向制动"。

二是由于桥间的硬性连接和未装轴间差速器，在下列情况中，前后车轮必然产生转速差：转弯时、加速时、行经不平路面时、车轮滚动半径不相等时。

统一转速和协调这一矛盾的办法，就是使部分车轮在地上打滑，而另一部分车轮在地上蹭磨。打滑和蹭磨就必然造成能量损失，这就是所谓的"功率循环"。"功率循环"将增加发动机、传动系和轮胎的磨损，使燃料经济性和牵引性变坏，同时降低通过性。

分时四驱分动器可兼作副分动器之用，故一般设有一个高档和一个加力档，高档或为直接档，或为减速档。分动器的档位设置和排列为：2WD高档→4WD高档→空档→4WD低档，即2H—4H—N—4L。分时分动器的换档操作，当初皆为手动，现今可在2H和4H之间采用电磁切换。2H和4H之间的切换，一般可在80km/h的车速下自由进行，然而，当从4H切换到4L时，则必须停车，否则根本挂不上档。这是因为，2H和4H模式，动力一直是与后轴接通的，发动机转速与后轮转速是完全匹配的，此时只要没有车轮打滑，前后轮的转速都是相同的，即发动机转速与前轮转速也是匹配的，故2H和4H之间的切换完全可在行进中进行。从4H切换到4L，必须先将分动器切换到空档，切断各个车轮的动力，发动机转为怠速工况，此时行进中的车轮转速与发动机的转速是不相匹配的，加之没有同步器，因此只有停车方能切换成功。

博格华纳公司（BW - Borgwarner）的分动器技术较为成熟，是当今分动器的典型代表。图2-11所示为该公司分时分动器的典型结构。表2-4列出了该公司的部分分时分动器的结构特点，性能参数及其装车等情况。

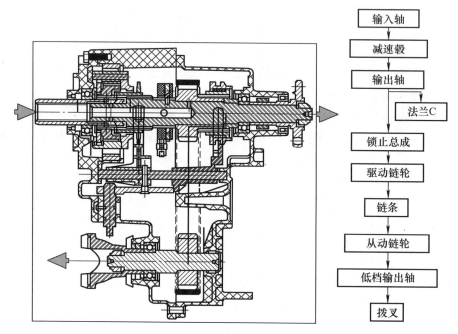

图2-11　BW公司分时分动器的典型结构（4H）

表2-4　BW公司部分分时四驱分动器的有关参数

分动器型号	适配车总质量/kg	总成质量/kg	低档传动比	中心距/mm	安装角/（°）	换档方式	装用车型
BW13 - 54	2500	30.4	2.48	242.9	23.0	机电	BJ2032
BW44 - 02	2500	29.0	2.48	242.9	34.9	机电	现代 Starex
BW44 - 08	2500	30.8	2.48	242.9	31.1	机电	Korando
BW45 - 55	2500	29.0	2.48	242.9	—	机电	Safari
BW44 - 06	3270	44.7	2.64	259.4	20.7	机电	福特F系列
BW13 - 71	5000	40.0	2.64	319.6	27.0	机电	依维柯
BW44 - 01	5000	43.0	2.69	242.9	—	机电	通用卡车

1. 分时四驱，允许选择两轮或四轮。
2. 档位排列为2H—4H—N—4L。
3. 电动换档，简化运行模式选择，高速行进中，可在2H和4H之间电磁切换。
4. 本表各型皆为左向偏置。
5. 壳体为铝材料，轻而节油。
6. 润滑系采用离心泵，滑油型号为ATF，油量除44 - 06为1.9L，13 - 71为2.5L外，余皆为1.2L。
7. 输入采用内花键，输出为链传动。
8. 减速机构皆为斜齿轮。

2. 全时四驱分动器

全时四驱分动器是指车辆在全部运行时间内，在各种路面上都能以 4WD 的驱动模式传递动力的分动器。它在任何时刻都有定比转矩向前轴输出。

随着四驱技术的发展，单纯的越野四驱远不能满足人们的要求，人的迫切希望开发全时域和全地域的四驱车。既要提高在坏路上的通行能力，又要能在好路上获取更好的驱动力和操控能力。全时四驱分动器不仅能克服"转向制动"和"功率循环"的弊端，还能按轴荷分配的比例分配动力和转矩。

当初全时四驱车的构想，是在分动器中装置一个开式的中央差速器，这虽然能够解决前、后轴转速差的矛盾，但它不能把动力传给阻力较大的车轮。因此，这是没有实际意义的。

为了解决车轮打滑的问题，设计人员采用了如下两种方法：

① 装设中央锁止器，即在需要提高通过性时，将前后轴硬性锁联起来。具体是在前后轴之间装设摩擦钢片，当某轴车辆打滑时，电磁阀即将前后轴咬合起来，把动力平均分配给前、后轴。

② 装设差动限制器，即在开式差速器的基础上采取限滑措施。由于开放式差速器动力会自动流向阻力较小的车轮，利用这一特性，就可人为地给阻力较小的车轮施加一个阻力，迫使动力传递给没有打滑的车轮。这种差动限制器有硅油式、机械式和电子式，它们都不仅能够解决车轮打滑的问题，而且还能实现前后轴动力分配的问题。有的差动限制器能够实现 0~100% 的自由分配，有的限制器则能实现 50:50、45:55、40:60 和 35:65 等定比分配，具体比例主要取决于不同车型的前后轴的负荷分配。

全时分动器可以是单速的，也可以是双速的。单速轻，双速重。可根据传动系低档总传动比的需要选择。

双速全时分动器的档位排列，一般有如下两种方式：4H—N—4L 锁和 4H—4H 锁—N—4L 锁。

图 2-12 所示为 BW 公司的 BW44 - 09 型全时分动器。表 2-5 列出了 BW 公司部分全时分动器的结构特点、性能参数及装车等情况。

图 2-12 BW44 - 09 型全时分动器

3. 适时四驱分动器

适时四驱分动器是在适当或需要的时候向从动轴输出不同转矩的分动器。它与全时四驱分动器最大的不同在于没有中央差速器。它的最大优点是能根据车轴的附着情况适时地转换动力。从动型适时四驱系统在正常情况下不向从动轴输出转矩，如黏液耦合器（VC）；主动型的适时四驱系统则可根据一系列的信号，由电控装置主动地在轴间分配转矩，例如按需分配转矩的（TOD）、交互式转矩管理系统（ITM）和大众公司的 Haldex 系统等。

有人把适时四驱系统看作全时四驱，这是值得研究的。适时四驱根本不符合全时四驱的定义，例如 VC 装置，它在正常情况下，是不向从动轴输出动力的，只有当爬坡、急加速、行经越野路面或主动轴车轮打滑时，才能实现动力转移。

表 2-5　BW 公司部分全时四驱分动器的有关参数

分动器型号	适配车总质量/kg	总成质量/kg	低档传动比	中心距/mm	安装角/(°)	转矩比前/后	装用车型
BW44-10	2500	29.0	单速	242.9	40.0	35/65	林肯
BW44-09	2650	40.4	2.64	220.8	28.0	48/52	奔驰 M
BW44-76	2750	21.8	单速	204.8	35.0	50/50	凯迪拉克
BW44-84	3270	40.8	2.64	242.9	27.0	40/60	悍马
BW44-81	3300	27.7	单速	242.9	27.0	40/60	通用、凯迪拉克
BW44-82	3300	37.5	2.64	242.9	27.0	40/60	通用、雪佛兰
BW44-73	3312	32.1	单速	242.9	27.0	35/65	通用、雪佛兰

1. 无须人为选择四驱方式，随时提供安全可靠的全轮驱动。
2. 差动控制除 44-10 为黏液耦合器外，其余均为开式。
3. 中央差速器皆为行星机构，且随时被动地为前后轴提供转矩的定比分配。
4. 偏置方向，除 44-76 型为右向外，其余皆为左向。
5. 输入方式全部采用内花键。

高版本的主动智能型适时分动器与全时四驱系统非常接近，具有电磁阀、湿式离合器和电控的 ECU 系统，且能与 ABS 和 ESP 等系统兼容，故名为"全时"。然而，它们还不是真正的全时四驱，其立足点仍然是适时四驱技术。

例如 TOD 分动器，它虽能根据车轮附着情况转移转矩，但在前、后车轮没有转速差的情况下，转矩也不能传递给前轴，故不能算作完全的全时四驱分动器。

又如 Haldex 系统，它虽能在车轮不打滑的正常情况下将约 10% 的动力分配给从动轴（后轴），但在大多数情况下，大部分动力仍然是分配给前轴的，后轴获得的动力极限也只不过 50%，这是不利于转弯和急加速的。因为转弯时后轴驱动力有限，且是靠电控实现的，响应速度也不如机械结构。急加速时，后轮附着力更大，因此这就不尽合理，公路操控极限远不如真正的全时四驱。这种四驱系统，是随总布置的需要而开发的。由于前横置发动机能增大车内空间，但却难以布置中央差速器。

再如 ITM 四驱系统，车辆可以 2WD 的模式运行，也可以锁定为四驱模式运行。在 2WD 模式运行时，转矩可以在主、从动轴间实现 0~100% 的转换。尽管它性能非常优越，但它仍然不是具有中央差速器式的可靠的机械全时四驱系统。

（1）黏液耦合器（Viscous Couplings，VC）

黏液耦合器是一个没有传动比变化的动液传动装置，它利用硅油的动能进行动力传递。

VC 既是动力的传输和分配装置，又可作为轮、轴间的限滑装置。它最早由美国公司开发，我国 7407 等工厂曾进行过研制。

VC 的工作原理如图 2-13 所示。

VC 的主动轴不仅与常驱动轴相连，而且与主片套装在一起。而从动轴却不仅与非常驱动轴相连，而且与 VC 壳体及从片固装在一起。主、从片相间安装，其间充满硅油，从而形成一个耦合器。

当车辆正常运行时，由于从动轴的反向带动，主、从动片的转速相等，方向相同。因此动力不传至从动轴。当主动轴车轮打滑时，主片转速高于从片，并搅动硅油致使升温膨胀，且黏度增大，进而排走预充的空气；当主、从动片的转速差达到100r/min时，便能利用其动能传递转矩，即带动从片，进而带动从动轴车轮运转。

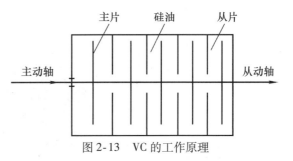

图2-13　VC的工作原理

当从片转速不断升高，达到与主片转速相等时，便出现了所谓的"驼峰"现象。此时主、从片的转速差为零，硅油将不再运动，温度随之下降，从而保护装置不被烧毁。

从动车轴相对于主动车轴的部分运转或一体运转，这就意味着动力的转移和限滑功能的实现。

VC装置仅是一个被动系统，只能传递转矩，不能控制转矩。它的弊端是不需限滑时也会限滑，且对温度变化较为敏感。随着温度的上升，传递的转矩与转速差的关系曲线的斜率会越来越小。

(2) 交互式转矩管理系统（Interactive Torque Management，ITM）

交互式转矩管理系统是美国BW公司开发的转矩传递系统和转矩控制系统。它有ITMⅠ和ITMⅡ两个品类。其外部特征分别如图2-14a和图2-14b所示。

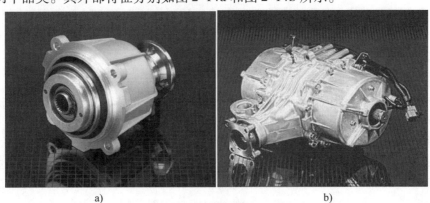

图2-14　交互式转矩管理系统ITM
a) ITMⅠ　b) ITMⅡ

ITMⅠ适装于轴间，以实现轴间转矩交换；ITMⅡ适装于轮间，它既起轮间转矩交换的作用，还起轴间转矩交换的作用。

宝马公司已开发了ITM100、ITM200和ITM-HP等多型产品，且已在轿车、四轮货车以及Sports Sedan和奥迪A3等车型上使用。ITM 200可用于最大总质量3t以下、输入转矩2000N·m以下的车辆，ITM-HP的输入转矩可达2500N·m。近期还推出了改进型的产品。

ITM的结构较为复杂，除电控系统外，机械部分主要有电磁系统、初级离合器、球凸轮系统（放大器）、反馈离合器和湿式离合器等机构，如图2-15所示。

当车辆以2WD的模式运行时，ITM不向从动轴输出转矩。此时若主动轴车轮产生滑转，那么传感器便将电信号输入电磁系统并转化为电磁力。这个电磁力作用于初级离合器后生成转矩。这个转矩不仅直接以轴向力的方式作用于湿式离合器，同时还经反馈离合器形成作用于球凸轮的附加力矩，并放大轴向力，紧紧压住湿式离合器，从而使动力流向从动轴，并实

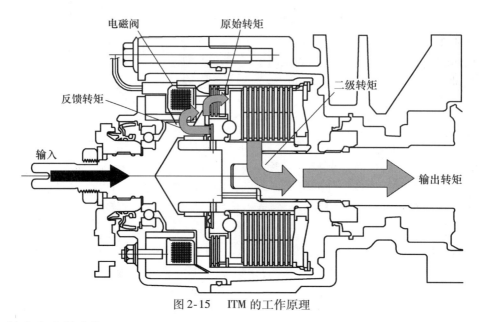

图 2-15 ITM 的工作原理

现转矩转移和防滑功能。

ITM 还设有一个锁止键,当它被按下时,车辆还可以常时 4WD 的模式运行。

ITM Ⅱ 是由两个 ITM Ⅰ 分装于桥体两端构成,其工作原理与 ITM Ⅰ 完全相同,不同的是功能更加全面:假如左(右)轮打滑,动力即可流向右(左)轮;若整轴打滑,动力便流向另一车轴。

ITM 具有如下优点:

1)具有较强的主观能动性:它能主动连续地实现转矩的自动转换。对于转速差的敏感程度远大于其他转矩转换装置。图 2-16 对比绘出了 ITM 与 VC 的传递转矩(T)与转速差(n)的关系曲线。由图可知,当转速差仅为 5r/min 时,ITM 转移的转矩已达其峰值。

2)能增强牵引性能:ITM 不仅能够传递较大的转矩,且对于细微的转速差也能及时反映。峰值转矩从 20%→80% 的上升时间以及从 80%→20% 的衰减时间均不大于 100ms。改进型的时间更短。正因如此,它才能在湿滑的路面上实现最佳的牵引性能。

3)能增强动力性能:它能识别加、减速信号,且可实现 0~100% 转矩的连续平稳和可变地传递,实现最佳的动力性能。高速行驶时,能减少动力传递,增强动力稳定性。

4)能增强安全性:它可与 ABS、ESP、TCS 等系统兼容。在 ABS 工作时,可迅速切断动力传递,保证 ESP/TCS 的最佳工作性能。

5)提高燃油经济性:它较为理想的转矩控制特性保证了燃油的合理消耗,且降低了全轮驱动系统在设计匹配上的要求。

6)增强了驾驶舒适性和灵活性:能识别转向信号,无论转向或停车都没有制动现象。

7)可靠性好:它无需保养,使用寿命可达 38 万 km。

(3)按需分配转矩的分动器(Torque on Demand transfer,TOD)

按需分配转矩的分动器,就是按车轮与路面的附着状况分配转矩的分动器。它可通过人工按钮实现三种工况:常时高档四驱、常时低档四驱和自动高档。

在自动高档工况下,它是一个智能系统。当主动轴打滑时,便自动将转矩转入从动轴。

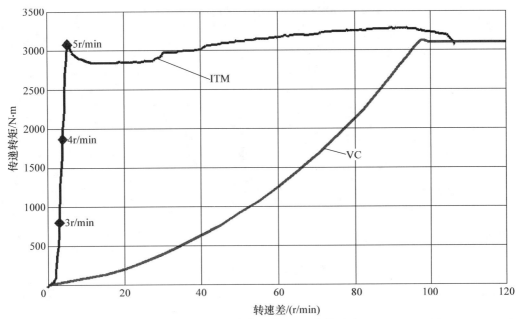

图 2-16 ITM 与 VC 的 $T-n$ 曲线对比

也就是计算机和调节离合器根据车辆的运行情况，以 50 次/s 的转换速度主动调节四轮驱动系统，平稳地按附着条件转换转矩。该系统采用电动换档，简化运行模式选择。动力输出采用金属链传动，保证了低噪声工作。该系统能与 ABS 兼容。

图 2-17 所示为 BW 公司 TOD 分动器的典型结构，表 2-6 列出了该公司的六款 TOD 分动器，并在表中介绍了它们的结构参数、性能特点及装用车型。

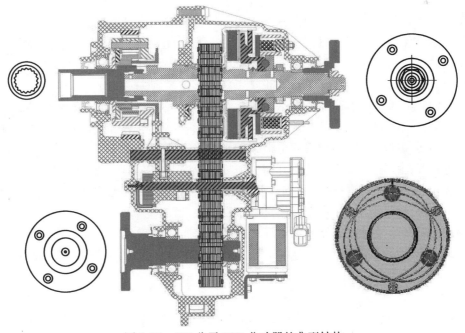

图 2-17 BW 公司 TOD 分动器的典型结构

表 2-6　BW 公司六款 TOD 分动器的有关资料

分动器型号	适配车总质量/kg	低档传动比	总成质量/kg	安装角/(°)	档位排列	偏置方向	装用车型
BW44-11	2500	单速	28.1	34.0	A4WD-4H	左	林肯
BW44-11	2500	2.48	33.7	34.0	A4WD-4H	左	福特
BW44-24	2524	2.48	36.0	36.0	4H-4L	左	现代
BW44-23	2524	2.48	37.3	31.1	4H-4L	左	双龙
BW44-22	2730	2.64	35.4	36.0	2H-4H-N-4L	左	五十铃
BW44-16	3270	2.64	42.3	20.7	2H-4WD-4H-4L	左	福特

1. 计算机和调节离合器根据运行条件，平稳调节四轮驱动系统，以 50 次/s 的速度主动调节动力转换，且完全与 ABS 兼容。
2. 电动换档，简化运行模式选择。
3. 链传动输出，噪声低。
4. 全部内花键输入，除 44-16 型后输出为叉型外，其余全为 CN 法兰输出。
5. 离心泵润滑系统，AFT 滑油，油量除 44-16、44-22 为 1.9L 外，其余皆为 1.42L。

（4）超选四驱分动器

超选四驱分动器具有多种可供选择的驱动模式，它弥补了上述三种分动器的不足。分时四驱，不能实现公路四驱；全时四驱，不需四驱时不经济；适时四驱，公路操控极限低。而超选四驱类的 2H 模式能使经济性变好；4H 模式能利用公路附着条件；超选模式 4HLC、4LLC 可获得传统分时四驱的通过性。图 2-18 所示为一种没有 4LLC 超选模式的超选分动器。

2.3.3　差速器

1. 定义及功用

所谓差速器，是指一个产生速度差的工具，即协调轮间或轴间运动轨迹矛盾的统一物。轮间有了差速器，汽车就可以在驱动轴左右车轮传递动力的同时，保证车辆协调转向；轴间有了差速器，汽车就可以避免产生驱动轴的轴间功率循环等。

如果没有差速器，那么汽车是不能正常工作的。这是因为：

作为轮间：如果没有差速器，那么车辆总是趋于直线行驶。然而，车辆转弯或沿曲线行驶时，在相同时间内的行驶路径，外轮总是大于内轮。就是车辆直线行驶时，左右车轮负荷不等、胎压不等、胎面磨损不均等都可造成滚动半径不等，从而带来等时行程不等。此外，当左右车轮行经凸凹不平等路面情况和行驶阻力不等时，左右车轮的等时行程依然不等。这就必然造成轮胎的蹭磨或滑移，不仅消耗功率和燃料，而且会失去抗侧滑能力。此外还影响转向中心，有违驾驶人的转向意图，使汽车难以操控。

作为轴间：如果没有差速器，那么在多轴驱动车中，由于各轴滚动半径不等，各轴等时行程不等，从而造成功率循环，致使传动系承受附加载荷，且增加轮胎磨损和燃料消耗。

2. 分类及性能指标

（1）分类

差速器因其结构形式、工作原理以及功能作用等的不同，出现了多种类别。例如有轮间差速器、轴间差速器以及同时兼管轮轴的复合式差速器。若按其作用方式不同，还可分主动式和被动式两类等。若按其功能不同，差速器主要可分为三类：

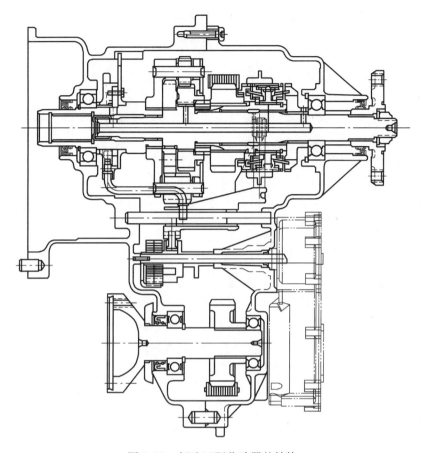

图 2-18 超选四驱分动器的结构

1) 普通差速器（也称开式或对称锥齿轮式）。
2) 限滑差速器，包括滑块凸轮式、摩擦片式、弹簧离合器式、电控式和变速比式。
3) 锁止差速器：可分强制锁止式和自动锁止式。自动锁止式有：牙嵌自由轮式、球笼无齿式、机械锁杠式和轮轴复合式等。

（2）性能指标

差速器的主要性能指标是锁紧系数 K，其定义是差速器的内摩擦力矩 T_r 与作用于差速器壳体的总力矩 T_0 之比，即

$$K = \frac{T_r}{T_0} = \frac{T_2 - T_1}{T_2 + T_1} \tag{2-2}$$

式中　T_1——快转车轮的力矩（N·m）；
　　　T_2——慢转车轮的力矩（N·m）。

锁紧系数 K 是左右车轮力矩分配的决定因素，更是差速器功能的重要标志。K 值的范围从理论上说为 $0\sim\infty$。普通式、限滑式和锁止式三类差速器的不同，就在于 K 值的不同。

普通差速器由于内摩擦较小，其锁紧系数约为 $0.05\sim0.15$。

锁止差速器锁死后，内摩擦力矩 $T_r = \infty$，故 K 值趋于 ∞。

限滑差速器的 K 值显然在普通差速器和锁止差速器之间。从道路附着条件来说，K 值的

临界数值应是最大附着系数 φ_{max} 和最小附着系数 φ_{min} 之比，即

$$K_c = \frac{\varphi_{max}}{\varphi_{min}} = \frac{0.8}{0.1} = 8 \tag{2-3}$$

汽车在坏路行驶中的试验统计，驱动轮间附着系数的比值一般不超过 3~4。事实上各种限滑差速器的 K 值也不是很高。

下面分析一个驱动轴分别装置着普通差速器或锁止差速器时其牵引力的变化。假设轴荷为 G，路面附着系数分别为 φ_{min} 和 φ_{max}，那么

普通差速器的最大牵引力为

$$P_{OM} = \frac{G}{2}\varphi_{min} + \frac{G}{2}\varphi_{min} = G\varphi_{min} = 0.1G$$

锁止差速器的最大牵引力为

$$P_{LM} = \frac{G}{2}\varphi_{min} + \frac{G}{2}\varphi_{max} = \frac{G}{2}(\varphi_{min} + \varphi_{max}) = 0.45G$$

也就是说，锁止差速器相对于普通差速器，其牵引力可以增大4.5倍。

普通差速器快转车轮和慢转车轮的转矩为

$$T_1 = 0.5(1-K)T_0$$
$$T_2 = 0.5(1+K)T_0 \tag{2-4}$$

于是，慢转车轮和快转车轮的转矩之比为：

$$\frac{T_2}{T_1} = \frac{1+K}{1-K} = 1.11 \sim 1.35 \tag{2-5}$$

（3）各类差速器

1）普通差速器。普通差速器也叫开式差速器（Opening Differential）或锥齿轮对称式差速器。自从汽车正式诞生以来，就有了普通的差速器。

普通差速器的主要元件有差速器壳，壳内装有两个半轴齿轮及两个止推垫圈、两个（或四个）行星齿轮及两个（或四个）球面止推垫圈，一个一字型（或十字型）行星轮轴，如图2-19所示。

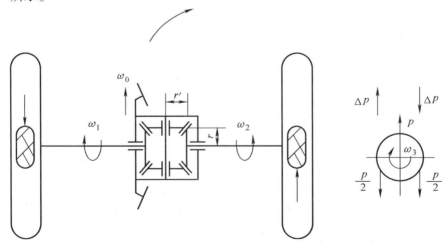

图 2-19 普通差速器

汽车的动力通过从动齿轮传至差速器壳,壳体通过行星齿轮轴推压行星齿轮,强迫它与壳体一起公转,进而带动半轴齿轮转动,并将动力平均分配给左、右车轮。

当左、右车轮所遇到的阻力不相等时,或者等时行程不相等时,两个齿轮将发生差动,行星齿轮随之发生自转,从而协调运动轨迹的矛盾。这正是差速器的功用,它使得转弯、变道及正常行驶成为可能。

然而,这种开式差速器有一个致命的弱点,就是在道路附着力较低的情况下,它不能约束车轮的空转或滑动。它可能让一个车轮空转,而另一个车轮不动,即它可能陷入泥泞、积雪或冰面。然而,普通差速器结构简单,工作平稳可靠,故它仍在一般使用条件下的汽车上广泛使用。

2)限滑差速器。所谓限滑差速器(Limited Slip Differential,LSD),就是限制车轮滑转的差速器。由式(2-2)可知,要想提高差速器的锁紧系数 K,就要提高内摩擦力矩 T_r。为此,大多数限滑差速器就设计成高内摩擦的差速器,例如利用凸轮表面的摩擦或摩擦片加预压弹簧等,当然也有采用变速比等其他措施的限滑差速器。限滑差速器问世于20世纪50年代,美国伊顿(Eaton)公司20世纪60年代早期开始研制限滑差速器,它的产品主要有离合器型、锥形离合器型和螺旋齿轮型等。限滑差速器相对于开式差速器的最大优点是可以限制滑转,可以提高牵引力,最多可以提高4倍。它的最大缺点是不需限滑时仍限滑,在急转弯时有阻力感,一般转弯也会感到内侧车轮在拖行。下面择其部分予以介绍:

① 滑块凸轮式限滑差速器。滑块凸轮式限滑差速器是利用滑块与凸轮表面的摩擦作用设计的。图2-20所示为一种双排滑块凸轮式差速器。

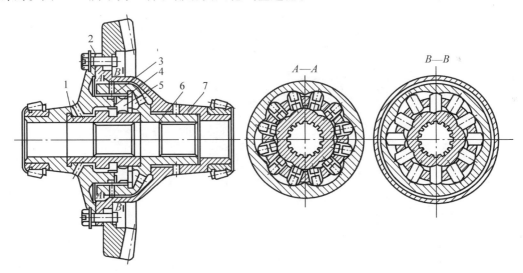

图2-20 滑块凸轮式限滑差速器
1—内凸轮 2—左差速器壳 3、4—调整环 5—滑块 6—外凸轮 7—右差速器壳

差速器的主动件是与差速器壳体连接在一起的套,套的孔中装置了两排相互交错径向排列的滑块,每排有12个滑块,两排滑块的位置相互错开15°,滑块两端面分别与差速器的从动元件内凸轮和外凸轮接触,内凸轮与左半轴用花键联接,外凸轮与右半轴用花键联接。滑块在孔中可以作自由的径向滑动。内凸轮上有两排相互交错成30°的凸轮齿,每排有六个

凸轮齿。外凸轮只有一排凸轮齿，齿数也是六。理论上凸轮轮廓面应是阿基米德螺线，但为使凸轮轮廓面加工简单，实际上用圆弧曲线代替。另外主动套上装有内外卡环，以防止滑块从套的孔中脱出。用双排滑块可以减少传递力矩的脉动。当一排滑块传递力矩时，另一排滑块处于不传递力矩的位置。

驱动力由壳体传至套笼，套笼通过滑块带动内、外凸轮。外凸轮带动右半轴，内凸轮带动左半轴并一起转动。当左右半轴出现速度差时，滑块两端面与内外凸轮表面的摩擦就阻碍左右半轴的滑动。

凸轮式差速器的锁紧系数与凸轮表面的摩擦系数和斜面角 α 有关。当 $\alpha=35°$ 时，$K \approx 0.3$。减少 α，K 值将增加，也将增加摩擦面上的接触应力。

通过试验了解到，采用凸轮式差速器的汽车行驶在光滑路面上时，如果其中一个附着系数较小的驱动轮打滑时，那么汽车挂钩上的牵引力约比采用齿轮差速器的大 1 倍。

凸轮式差速器提高了汽车的通过性，同时能保证转弯时车轮滚动而无滑动，外廓尺寸也不比齿轮差速器大。然而其结构比较复杂，在零件材料、加工成形、热处理、化学处理等方面均有较高的技术要求。

② 摩擦片式限滑差速器。摩擦片式限滑差速器是利用主、从动摩擦片的摩擦来实现其限滑功能的。它是在普通差速器的基础上改进变型而成的，如图 2-21 所示。

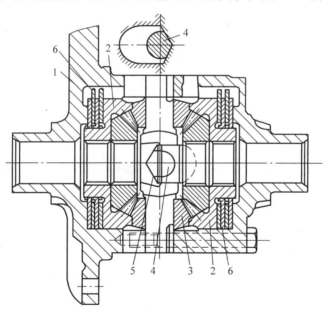

图 2-21　摩擦片式限滑差速
1—差速器壳　2—压盘　3—行星轮　4—十字轴　5—V 形面　6—摩擦片

由图 2-21 可知，在半轴齿轮与壳体之间装有摩擦片，摩擦片有主、从动之分，它和压盘一起装于半轴齿轮的背面。压盘和从动摩擦片有内花键与半轴齿轮上花键连接，主动摩擦片有外花键与差速器壳相连接。压盘和主从动摩擦片可以做微小的轴向移动。

行星齿轮十字轴的端部均制成 V 形面，与之相配的差速器壳孔上也是 V 形面，两个行星轮轴的 V 形面是反方向安装的。

当汽车直线行驶时，两半轴无转速差，传给差速器壳的转矩在两根半轴上平均分配。当传递转矩时，由于差速器壳通过斜面对行星齿轮轴两端压紧，行星轮轴略作偏移，轴向力迫使一根轴往右移动，另一根轴往左移动，通过行星轮使压盘把摩擦片压紧，两个行星轮轴分别压紧各对应的摩擦片。

当汽车转弯或一个车轮在路面上滑转时，左半轴齿轮和右半轴齿轮的转速是不相等的。由于转速差的存在和轴向力的作用，主、从动摩擦片间出现滑转同时产生摩擦力矩。这个力矩的大小与差速器传递给车轮的力矩成正比。在快转半轴的一边，摩擦力矩与驱动力矩的方向相反。而慢转半轴一边，摩擦力矩与驱动力矩的方向相同。一般总是认为作用在行星轮轴上的力是均匀的，左右摩擦力矩的绝对值是相等的。而实际上，如行星轮轴的相互垂直度、差速器孔的位置精度、两边摩擦片厚度均等性等都使行星轮轴上的载荷不均匀，从而影响差速器性能。因此在上述机构中个别零件要求有较高的加工精度，如设计合理，则锁紧系数 K 可达 0.6 左右，有利于提高汽车的通过性，并有结构简单、工作平稳等优点。

③ 弹簧离合器式限滑差速器。弹簧离合器式限滑差速器是美国克里夫兰市伊顿公司的产品。这种差速器是在开式差速器的基础上增加了离合器组和弹簧组。离合器组有两个离合器，分别装于两个半轴齿轮的外侧。每个离合器皆由一组摩擦片和一组带耳限滑片组成，二者相间安装。摩擦片通过花键装于半轴齿轮上，限滑片通过两个耳板装于差速器壳体的耳板槽中，如图 2-22 所示。

弹簧组由四个预载压缩螺簧和两个预载簧片组成，并装于两个半轴齿轮之间。螺簧在 1765N 预压力的作用下，摩擦片和限滑片被压紧在一起，且使壳体和两个半轴齿轮构成一体。

当车辆正常行驶时，转矩通过壳体、限滑片、摩擦片和两个半轴齿轮，平均传至左、右车轮。当车辆行经打滑路面且一侧车轮的打滑力矩小于摩擦力矩时，两侧车轮依然一起转动。但只有在打滑力矩克服弹簧预压力和半轴齿轮的轴向反推力的合力后，差动和滑转才可出现。

该式差速器是一个不完全锁死的中性设计。它能限滑，但不锁死；它能转弯，但不需限滑时也限滑，故不

图 2-22 弹簧离合器式限滑差速器

适于转向轴使用。它的最大限滑程度取决于弹簧和离合器的强度，其最大牵引力可达 2648N，约为同级开式差速器的 4 倍。该装置不需保养、耐久性好、寿命长、稳定性和安全性好。

伊顿限滑差速器有如下三个特点：

a) 渗碳摩擦片耐磨性好，寿命高，极不容易产生震颤声。

b) 螺旋弹簧行程大，离合器的磨损对性能影响不大。

c）锻造齿轮不仅成本低，且其强度是切割齿轮的2倍。

④ 电控式限滑差速器。电控式限滑差速器（Electronic Limited Slip Differential，ELSD）是美国BW公司开发的一种新式的限滑装置。除了电控系统外，其机械部分依然有半轴齿轮和行星齿轮。它和普通差速器的不同在于添加了一个离合器单元和一个球凸轮机构以及一个直流电动机带动的蜗轮蜗杆副，如图2-23所示。

图2-23　BW ELSD限滑差速器

ELSD差速器是将车轮转速差的电信号转化为凸轮机构的轴向力作用于离合器而转移转矩的。它是一个主动系统，能自动提供限滑性能，控制转矩传递，增强车辆动力。它的最大输入转矩可达2000N·m。转矩转换较快，从10%→90%的上升时间和从90%→10%的下降时间均小于100ms，其制动力矩小于50N·m。特别是它能提供令人满意的牵引力性能和操纵性能，其转弯效应优良。不过该装置开发周期长，成本较高。

⑤ 变传动比限滑差速器。变传动比限滑差速器就是行星轮与左右半轴齿轮的力臂比随其转角变化而变化的差速器。它与开式差速器较为相似，不同的只是齿形特殊而已。

设计者将行星轮与半轴齿轮的共轭轨迹设计成具有一个谷底和一个峰顶，它不仅能使传动比随转角的变化而连续变化，且使其具有一个势能最小点（势阱）和一个势能最大点（势垒）。传动比可做周期性的变化，从谷底到峰顶就是一个周期。

传动比的变化必将造成势能的变化。当左右半轴齿轮的转矩差大于传动比的势垒与摩擦力矩之和时，齿轮便越过峰顶而连续差动运转，否则只能在一个周期内摆动。

20世纪初，美国Timken公司和德国ZF公司就开展了对这种差速器的研究，并开发了相应的产品。我国西安交通大学也于20世纪80年代末开展了相应的课题研究，并获得了高性能变传动比的专利（专利号891001026）。

图2-24所示为美国Timken式变传动比差速器的工作原理。

由图2-24可知，当力臂$L_1 = L_2$时，左右半轴没有转速差；当左右半轴出现转速差，且$L_1 > L_2$时，右半轴传递力矩较大；若$L_1 < L_2$时，左半轴传递力矩较大，这就是该式差速器的限滑功能。

也就是说，当汽车直线行驶且左右驱动轮附着相同转速相等时，行星轮没有自转，左、右车轮驱动转矩相等；当某侧车轮打滑时，行星轮便发生自转，改变传动比，将较大的力矩传给另一侧车轮。然而，当某一驱动轮完全失去附着时，此差速器便与开式差速器没有什么区别。当行星轮不断自转时，其传动比和传给左、右车轮的力矩都将做周期性的变化。

变传动比差速器的优点是结构简单、工作稳定、性能可靠，且能在车辆转弯时始终保持两侧车轮上的牵引力为正值，从而降低轮胎磨损。

一般变传动比差速器的缺点：一是传动比的变化范围较小，锁紧系数只有 1.25~1.50，比其他限滑差速器的都要低，远不能满足越野车的需要，故只能在载货汽车上作为轮间差速器使用；二是从势阱到势垒的周节较小，周期较短，脉动与冲击较大。

为此，我国内还曾有人提出改变齿形、延长周期、增大传动比的变化范围、提高锁紧系数和限滑功能。图 2-25 所示为一种齿形构思以及正常工况和车轮打滑时的工作原理。

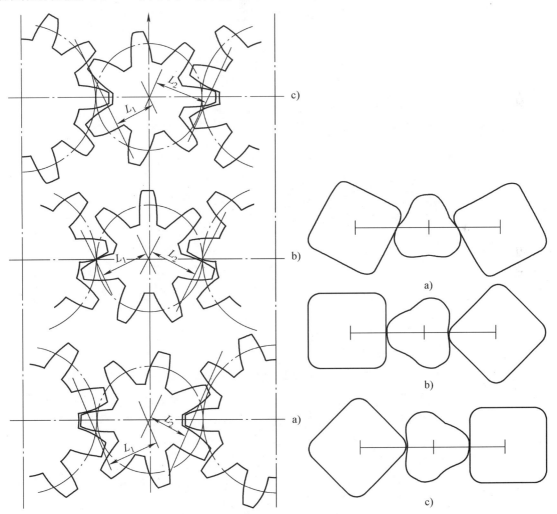

图 2-24 美国 Timken 式变传动比差速器的工作原理

图 2-25 变传动比差速器的齿形设想
a) 车辆止行　b) 左轮打滑　c) 右轮打滑

3）锁止差速器

① 强制锁止差速器。强制锁止差速器就是驾驶人通过按钮将左、右半轴锁为一体的差

速器。它通常在开式差速器的基础上加装差速锁而成，如图 2-26 所示。

当一个车轮打滑时，用差速锁将差速器壳与半轴锁紧在一起，使差速器不起作用。汽车两驱动轮可以传递由附着力所决定的全部力矩。另外，只能在困难行驶条件下，当一轮处于附着力较小的路面时使用差速锁。如果左、右车轮都处于附着系数较小的路面，虽锁住差速器，而驱动力仍然超过车轮与道路间的附着力，则汽车也无法行驶。差速锁通常是在车辆已被陷住后方被接合，此时车辆已失去惯性，已错过摆脱困境的最佳时机。值得注意的是，在好路上使用差速锁或者在坏路上使用差速锁后，必须及时摘除，特别是使用差速锁后不摘除便转弯是不允许的，它不仅会使轮胎严重磨损，甚至造成机件损坏或翻车事故。

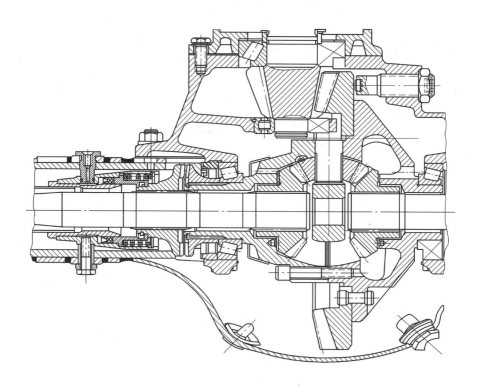

图 2-26 强制锁止差速器

强制锁止差速器可充分利用原有的差速器结构，结构简单，操作方便。目前许多使用范围比较广的重型货车上都装用了差速锁。图 2-26 所示为一种电控气动式差速器，它由气动活塞操纵，并用电磁控制阀控制。当按电钮挂上差速锁后，驾驶室仪表板上即亮起红色信号灯，以提醒驾驶人注意，当汽车驶入好路后应及时摘掉差速锁。

② 自动锁止差速器

a）牙嵌自由轮式自锁差速器。牙嵌自由轮式自锁差速器是一种可以完全锁死，且能保证左、右车轮单独运动的自动锁止差速器，如图 2-27 所示。

装有这种差速器的汽车行驶在不平地段时，即使一个车轮完全不与路面接触，仍可保证另一个车轮的独立传动，这就是比高摩擦差速器优越的地方。如当汽车左转弯时，差速器能自动地将外边驱动轮的半轴与差速器分开，此时汽车就只由内边驱动轮驱动，但如果传至内边车轮的驱动力矩大于附着力矩时，便会使车轮打滑。

当拖带挂车的汽车转弯时，外边驱动轮的传动分开，而内边驱动轮上的牵引力与挂钩上的拉力形成一个阻碍转弯的力矩而使转弯困难。由此可见，将外边车轮的传动完全分开是牙嵌式差速器的一个缺点。

此外，在牙嵌式差速器中，由于左、右车轮的转矩传递时断时续，难免会引起车轮传动装置中载荷的不均匀性。车轮的单边驱动必然要增加半轴的强度。

牙嵌式差速器工作可靠，使用寿命长，锁紧性能稳定，而且制造加工也不复杂。

b）锁杠式自锁差速器。锁杠式自锁差速器是机械锁止差速器（Mechanical Locking Differential，MLD）的典型代表。它是美国伊顿（Eaton）公司的系列产品之一，是一种基本锁死的差速器，适合装于轮间（包括转向车轴），如图2-28所示。

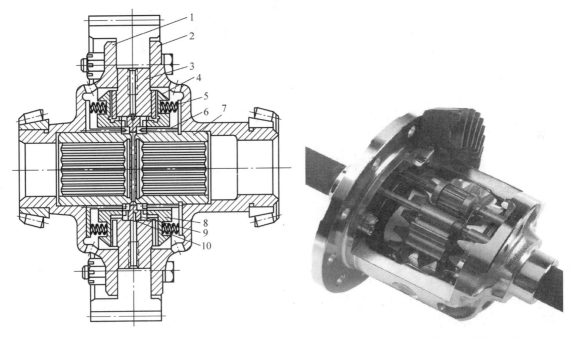

图2-27　牙嵌自由轮式自锁差速器　　　　图2-28　锁杠式自锁差速器的外貌
1、2—差速器壳　3—主动环　4—从动环　5—弹簧
6—垫圈　7—花键轴　8—消声环　9—心环　10—卡环

锁杠式自锁差速器是一种性能优良、工艺成熟、产量最大的适装于轻型越野车的自锁差速器。目前的年产量已达160万套，它除与SUV等各种轻型越野车配套外，还是美军HMMWV系列车型的标准配置。我国也有一些车辆装用。

锁杠式自锁差速器的具体零件如图2-29所示。

由图2-29可知，两个半轴齿轮的外侧各装有一个离合器，法兰端半轴齿轮背和离合器凸轮板构成一幅大斜面的相互咬合的凸轮组。离合器凸轮板的周缘是一个大齿圈，它与装于中部的锁控器的大小齿棍啮合。锁控器上还装有一个飞重式的棘爪。靠近锁控器且与其平行的锁杠，固装于罩体之上。

当车辆正常运行时，两半轴齿轮与壳体一起运转。当某一车轮打滑时，两半轴齿轮便产生了转速差，从而带动锁控器及其飞重棘爪运转。当转速差达到100r/min，将使飞重机构打开并抓住杠架；停下来的飞重将触发自激离合系统，引起凸轮板斜面顶住半轴齿轮；斜面

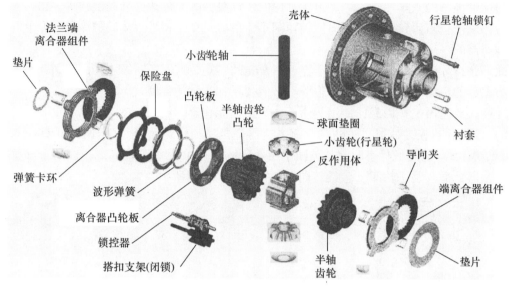

图 2-29　锁杠式自锁差速器的零件

高度逐渐增加,直至左右半轴齿轮以相同速度旋转(全锁),从而防止打滑;当车辆脱离困境时,机构能自动解锁,恢复正常运行。当车速超过 30km/h 后,杠架摆脱控制器,装置失去作用,从而保证了高速行驶的安全性。

该式差速器有如下优点:
- 能自动锁止,及时解除。
- 无需保养,寿命较高。
- 当限则限,自由转向。
- 能与 ABS 及牵引系统、稳定系统兼容。
- 在打滑的情况下,亦能获得较高的牵引力。例如在一轮滑转情况下的牵引钩拉力对比试验中,开式差速器所获得的牵引力为 667N,LSD 为 1569N,而该式差速器为 2697N。即约为限滑差速器的 1.7 倍,约为开式差速器的 4 倍。

该式差速器闭锁稍欠平稳,半轴载荷略高,然而这并不影响使用。假如 T_s 和 T_f 分别为慢转车轮及快转车轮的转矩,那么锁紧系数 $K = T_s/T_f$。当闭锁后,$K \to \infty$。此时,若设 G 为车轮载荷,φ_m 为最大附着系数,那么半轴所承受的最大载荷 $F_m \leq \varphi_m G$,故不会明显过载。

c) 无齿式自锁差速器。无齿式自锁差速器就是利用球轴承在轨道中的凸轮作用来传递动力的差速器,如图 2-30 所示。

本差速器有三个主要元件:驱动笼 1,右轴 2 和左轴 3。驱动笼系管形,环绕笼的表面有 8 个纵槽 4、5,它们互成 45°角排列。槽 4、5 交错排列:4 与右端的内外轨道对准,5 与左端的内外轨道对准。

右轴有一个较大端部,其上有一对交叉的轨道 6 和 7,它们每隔 90°就改变方向,先分后合,循环相连,准确地装于主动笼内。

左轴有一个管状端部 8,其直径稍大于右轴端部,它有一对内部平行轨道 9 和 10。两条轨道每隔 90°就改变路径。正如相对于轨道 6 和 7 那样。端部 8 有通道 11,它从表面延伸到轨道 9 和 10,钢球 12 可从此通道放入。当驱动笼的每个槽中都放入一个球后,通道使用塞子 13 封闭。

当汽车在良好路上正常运行时，主动笼通过槽迫使球轴承产生凸轮作用并带动左右轴和笼一体运转。

当车辆转弯和左右车轮运行路径不等而出现差动时，一个正向驱动力依然施加于两轮。因为当驱动笼在任一方向出现移动，槽将推动球轴承与轨道进入凸轮关系，并立刻强迫它碰触凸轮表面，从而发挥常驱动效果而不致打滑。这就是无齿差速器的自动锁止作用。

d）复合式自锁差速器。复合式自锁差速器就是同时具有轮间防滑和轴间防滑功能的自锁差速器。

这种差速器是我国湖北汽车工业学院的伍德荣教授发明的，曾装在一辆三轴越野车上做过相关试验，效果较好。从结构上说，这种差速器和牙嵌式差速器相似，即在其基础上增加限位滑块、滑套及换档拨叉，并通过操纵系统将各驱动桥差速器的中心环相互联系起来，使之同步动作。

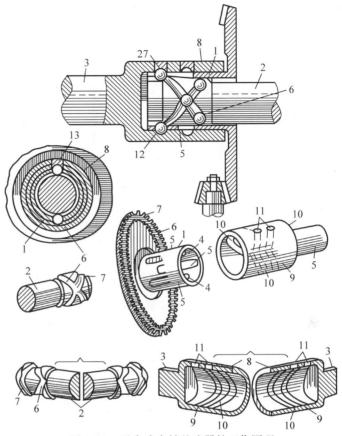

图 2-30 无齿式自锁差速器的工作原理
1—驱动笼 2—右轴 3—左轴 4、5—纵轴 6、7—轨道
8—管状端部 9、10—平行轨道 11—通道 12—钢球 13—塞子

该差速器的设计思想如下：若在全轮驱动汽车的每一个车轮和它的驱动轴之间装一个自由轮，那么就可将差速器取消而不影响它原有的轮间差速作用，并且还进一步兼有轴间差速及自锁防滑功能。其轮轴间的复合差速作用是通过允许快转车轮自由超速旋转而实现的。然而自由轮只能单向传递转矩，所以这种汽车不能倒车，也不能实现发动机制动。假若另外安装一组传递反向转矩的自由轮系，并使之有选择地使传动轴分别与其中的一组相连接，便可通过换位操作，使汽车分别处于前进、倒退和制动的不同工况之中。

图 2-31 所示为这种差速系统的一个具体结构。由图可知，在大齿盘上装有两组方向不同的限位滑块 2 和 3，用以分别使中心环 4 相对于大齿盘固定在两个特定的位置上。差速器的外圆柱面上装有滑套 5，它可沿轴向自由滑动，但不能相对转动。当滑套沿轴滑动时，释放一组滑块而压下另一组滑块。滑套的轴向位置是由气动拨叉控制的。图上位置表明限位滑块 2 被压下，限位滑块 3 被释放。此时，中心环相对于大齿盘的位置被固定。大齿盘、中心环、左右半轴离合套 6 等零件与牙嵌齿的啮合关系如图 2-32 所示。由于大齿盘与中心环相对固定，二者可视为一体。在这种情况下，大齿盘及中心环就分别与左右半轴离合套组成两

个可传递发动机转矩的正向自由轮系统。齿面 A 系传力面，齿面 B 不起作用。此时只要不移动滑套，中心环的相对位置就不会改变。

此时，若左右车轮之一或二者同时超越大齿盘快速旋转，那么与其固定为一体的中心环的斜齿面的作用，会使超速的半（轴）离合器沿斜齿面（图 2-32 中箭头所示方向）分离出去，实现自由超越旋转，从而也就实现了轮间（在仅有一边车轮分离时）或轴间（在两边车轮同时分离时）的复合差速作用。

当汽车需要倒退时，或者在汽车前进中需要实现发动机制动时，必须及时地将差速器转变为反向的自由轮系统。此时，可通过气动操控系统，将滑套沿轴向移至另一端，释放限位滑块 2，压下限位滑块 3（图 2-31）。于是中心环相对于大齿盘被固定在另一位置上。牙嵌齿的啮合关系如图 2-33 所示。这时的差速器成为反向自由轮系统，齿面 A 不起作用，齿面 B 为传力面，它传递的是倒车力矩或制动力矩。

在利用发动机制动行驶的过程中，若发生轴间或轮间的转速差，慢转车轮与中心环将发生相对运动，从而分离出去滞后旋转实现差速作用。

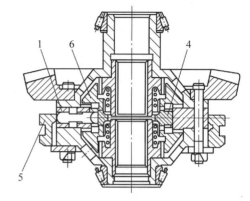
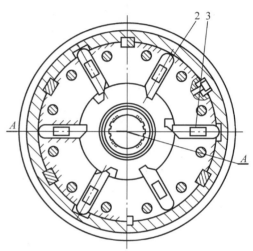

图 2-31 复合式自锁差速器
1—齿条 2、3—限位滑块 4—中心环
5—滑套 6—半轴离合套

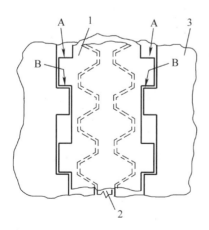

图 2-32 正向自由轮系统
1—齿条 2—中心环 3—半轴离合套

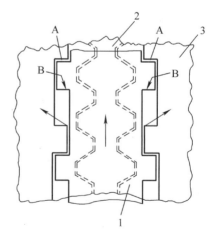

图 2-33 反向自由轮系统
1—齿条 2—中心环 3—半轴离合套

因此，只要将各个驱动桥差速器的中心环都固定在其大齿盘相同的对应位置上，则全部的半轴离合套都与它们的大齿盘构成相同方向的自由轮。整个多轴汽车的差速系统就能同时实现轮间及轴间的复合差速作用。

为使差速器的正、反自由轮工作状态能随汽车的行驶工况（如转弯）而自动变化，除气动操控系统外，也可采用电磁阀控制等不同方案。

复合式自锁差速器具有如下功能：

① 各个驱动桥上的轮间差速。

② 全部驱动桥之间的轴间差速。

③ 自动锁止及防滑功能。

④ 全时制全轮驱动系统，转向桥可经常保持在驱动接合状态，既简化了驾驶操作，也提高了通过能力。

⑤ 兼有自由滑行和发动机的制动功能，可按照驾驶人的意愿，以两种不同的模式工作：

- 当加速踏板全放松时，系统自动切断全部驱动车轮与传动轴之间的连接，消除发动机的制动作用，保证汽车能在变速器不摘档的情况下自由滑行。
- 与传统模式相同，在节气门全关时，不切断传动轴与车轮间的连接，保持发动机的制动作用。

试验证明：前一种模式比后一种模式节油25%。

2.3.4 牵引力控制系统

牵引力控制系统（Traction Control System，TCS）也叫循迹控制系统，是根据各车轮的转速及驾驶人的转向意图自动控制驱动力的系统。它的使命是保证汽车在各种行驶工况下都能获得最佳的牵引力，保证汽车的行驶稳定性。

牵引力控制系统是为解决如下问题而设计的：

1）汽车在起步加速时，需要足够的驱动力。要提高驱动力就得加大节气门（油门），提高加速强度。但过大的加速强度，就有可能破坏轮胎与地面的附着而失去牵引力。特别是在冰雪等光滑的路面上：如果是前驱动轮，可能使车辆失控，导致车辆向一侧偏移；如果是后驱动轮，有可能使车辆甩尾。TCS能自动地控制牵引力，使轮胎的滑动量处于合理的范围之内，从而保证汽车的行驶稳定性。

2）汽车在制动减速时，需要提供较大的制动力。制动力不仅取决于制动强度，也取决于轮胎与地面的附着状况。在光滑路面制动时车轮最易打滑，乃至使车辆失控。如何才能充分利用地面的附着条件，既能获取最大的制动力，又不致使车辆失控呢？这就要靠TCS。

3）汽车在转弯行驶时需要足够的侧向力，节气门的开度就可能过大，进而使驱动轮打滑，破坏侧向力。此外，前驱动轮打滑，汽车还将出现"不足转向"趋势，转弯半径变大，使汽车沿着较大的圆弧运动，违背驾驶人的意志；后驱动轮打滑，汽车将出现"过多转向"趋势，转弯半径变小，使汽车沿着较小的圆弧运动，违背驾驶人的意愿，严重时还可能导致翻车。谁来掌控既能高速转弯又能满足驾驶人的要求呢？这仍然要靠TCS。

TCS是如何控制牵引力的呢？这是因为它装有一台计算机。计算机依靠电子传感器随时检测四个车轮的转速以及转向盘转角等参数，并根据所检测的参数，采取调节点火时间、减小加速踏板行程和节气门开度、降低变速器档位或制动车轮等措施，以降低驱动力，防止车轮打滑，提高行驶安全性。汽车起步时，TCS检测驱动轮的滑转率。如果滑转率过大，便指令降低发动机的功率,从而降低滑转率,保证轮胎与地面的附着,并降低轮胎磨损。

汽车加速时,如果检测到驱动轮的转速高于从动轮的转速(这是打滑的特征),计算机便立即指令改变点火时间,减少动力输出。或者利用兼容的 ABS 发出制动指令,使车轮停转;如果打滑很严重,则减少供油量,从而降低驱动力。一般说来,低速打滑采取制动措施,高速打滑采取降低发动机转速或降低变速器档位等措施。

汽车转弯时,由转向盘的转角传感器便可知驾驶人的转向意图,而转速传感器又能随时提供左右车轮的转速差,对照二者便可判明汽车的转向特性,判明偏离驾驶人意志的程度,并立即发出指令降低驱动力,实现转向意图。

TCS 不是万能的,其作用是有限的,在某些情况下,它还有可能违背驾驶人的意图。例如熟练驾驶人驾驶后轮驱动车转弯时,为了减小转弯半径,往往加大节气门转弯,以便利用后驱动轮的过多转向趋势,调整汽车在转弯中的状态。然而,TCS 却不让后驱动轮打滑,只能"抗命"地以较大的半径转弯。

TCS 与 ABS 相似而又不相同。TCS 在于控制驱动轮打滑,而 ABS 则是使被制动的车轮处于抱死的边缘。

与 TCS 功能相近的还有如下系统:

① TRC—多装于丰田等日系车上。

② ATC—自动牵引力控制(Automatic Traction Control)。

③ ASR—驱动防滑系统(Acceleration Slip Regulation),多装于大众等德系车上。

2.3.5 安全轮胎

轮胎是车轮的重要组成部分,车轮在汽车动力传动系中占有极其重要的地位,它是汽车与地面发生关系的唯一部件。轮胎不仅要承受 Z 方向的垂直载荷和地面冲击,承受 X 方向的驱动力和制动力,承受 Y 方向的侧向力等,而且还与通过性、舒适性、操控稳定性、制动性、动力性、经济性、可靠性和安全性等诸多性能有着密切的关系。

轮胎的品类繁多,按使用车种分,有轿车轮胎、载重车轮胎、越野车轮胎以及赛车轮胎等;按花纹分,有公路花纹轮胎、越野花纹轮胎、混合花纹轮胎和特种花纹轮胎等;按结构分,有斜交轮胎、正交轮胎和带束斜交轮胎等;按材料分,有钢丝轮胎、纤维轮胎和棉线轮胎等;按断面分,有宽断面轮胎、窄断面轮胎以及普通断面轮胎和低断面轮胎等;按直径分,有大直径轮胎、中直径轮胎和小直径轮胎;按气压分,有低气压轮胎、高气压轮胎和调压轮胎(中央充放气系统)等;特别还有民用普通轮胎和军用安全轮胎之分等。

轮胎在汽车中的地位非常重要,因此要求它具有如下优良性能:

能承担高负荷,适应高车速;在好路行驶安全柔顺,缓冲吸振,具有良好的循迹性和操控性;在坏路行驶要具有良好的抓地性、足够的牵引力和较低的接地压力;还要求具有良好的排水性、气密性、耐久性,还要求低噪声、低阻力、低油耗以及耐磨性和耐老化等;特别作为军用越野车轮胎,更要求它具有战场环境适应性。

军用越野车主要用于战场,因此,轮胎被枪弹击中、手榴弹炸伤或被四面钉扎破等情况极有可能发生。为保证在战场环境下具有一定的生存能力和作战能力,必须装用安全轮胎。

所谓安全轮胎(Safety Tire),就是在胎体受到一定损伤后,仍能在一个短时间内保持汽车的通行能力并顺利脱离险境的汽车轮胎。

安全轮胎的种类很多,例如电控充气式、胎体自补式以及软体内支承式和钢架内支承式

等。这些型式除充气式只适于小渗小漏外,其余三种都能满足战场短时战斗和脱险的要求。现分别介绍如下:

1. 胎体自补式

胎体自补式安全轮胎分为内胎自补式和无内胎自补式两种。它们都是靠预先充入胎中的特制胶液自动修补胎体的损伤。胶液涂层不影响轮胎的基本性能,其防扎和防弹能力在其轮胎整个寿命范围内起作用。一般来说,这种轮胎在胎体受损后,可继续行驶约50km。它们价格并不很高,约为所装同类轮胎的2倍;它们并不很重,约为同类轮胎的1.3倍。但它们有一个致命的弱点,就是易自然老化,故不宜长期库存,只宜临战安装。

无内胎自补式安全轮胎如图2-34所示。该轮胎在经多发步枪子弹穿击试验后,仍能照常运行。

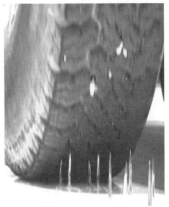

图2-34 无内胎自补式安全轮胎

2. 内支承式

内支承式安全轮胎有软体内支承式和钢架内支承式两种,如图2-35所示。

图2-35 内支承轮胎

软体内支承式是在无内胎轮胎的内部，在轮辋上装上一个橡胶或聚氨酯等材料制成的内部支承体。当轮胎无损运行时，支承体不与外胎接触，一旦外胎损坏，便靠内支承顶在外胎上行驶。橡胶体式可持续行驶约 80km，聚氨酯体式可持续行驶约 40km，其自然寿命约为 3 年。橡胶体式轮胎的价格约为同规格轮胎的 3 倍，聚氨酯式轮胎的价格约为同规格轮胎的 8 倍。这种轮胎质量较大，约为同规格轮胎的 1.8 倍。

　　钢架内支承式的工作原理和软体式的一样，只不过是以钢架代替软体而已。当外胎遭到破坏后，能靠内支承持续行驶 50km 以上。车轮质量约为同规格普通轮胎的 1.4 倍。它的自然存储寿命可达 5 年以上，然而价格昂贵。

第 3 章　新能源汽车的动力传动系

新能源汽车是指采用新型动力系统，主要或完全依靠新型能源驱动且具有明显节能、减排功效的汽车。新型能源主要包括燃气、液化石油气、燃料电池、纯电动、氢能源、太阳能以及油气混合或油电混合等。

新能源汽车的新主要指其动力源和动力传动系新，因此研究新能源汽车，主要就是研究其动力源的类型及其与之相配的动力传动系的总成部件。

3.1　新能源汽车的诞生

汽车这个运载工具，自 1886 年诞生以来，至今已有一个多世纪了。它以其广泛的用途、风驰的速度、简易的操作方便性和庞大的生产规模，缩短了人们相处的距离，加快了人们的生活节奏，改变了人们的生活观念和生活方式，使人类社会产生了巨大而深刻的变化。

蓬勃兴起和迅速发展的汽车工业，已在许多国家的经济生活中占据着举足轻重的地位，发挥着支柱产业的作用，推动着生产力的发展。

汽车是基本的交通工具，是运输业和军事交通的主力军。

汽车具有庞大的生产规模和生产纲领。它在国民生产总值中，占有很高的权重，能大大增加财政收入和国民收入。

汽车业既是技术密集型产业，推动和促进了科技发展；又是劳动密集型产业，提供了大量的就业机会。

汽车是个多行业的综合产品，它推动了钢铁、石油、橡胶、电子和复合材料等数十个相关产业的发展。

我国汽车工业从 1956 年 7 月 15 日第一辆解放牌载货汽车问世以来，历经了从无到有，从小到大，已形成宏大的规模。

然而，随着社会生产的发展，汽车产业已走向了难以控制的局面。我国汽车的保有量已达两亿台，满街的车流，不仅造成了交通堵塞，带来了安全危机，而且严重地污染了大气，威胁着人类的健康和生命安全。

为了持续发展，除政府部门采取了限购、限行和限排放等措施外，科技人员还采取了一系列措施，例如提高燃料品质、改进动力源的结构、增强燃烧效能等。电控系统（ECU）、增压中冷系统（TCT）、共轨系统（CR）以及废气再循环系统（EGR）等先进技术，大大降低了能耗、减轻了污染，使排放标准逐渐从欧Ⅱ（国Ⅱ）提高到了欧Ⅵ（国Ⅵ）。

尽管如此，污染这个问题依然没有得到根本解决。在此情况下，迫使人们另寻他途：设计一种没有污染的汽车！

早在 1837 年，罗伯特·安德生的人就发明了人类第一辆非燃油的电动汽车。它虽然问题很多，但毕竟跨出了第一步。第二次世界大战期间，标致公司推出了可以量产的 VLV 电动汽车。电动汽车和新能源汽车在上述背景下萌芽了，诞生了！

下面对新能源汽车的相关知识做一简单介绍。

3.2 新能源汽车的现状

从世界范围看,美日等国在 20 世纪 90 年代中期就开始研发新能源汽车。从技术变革和产业升级的战略出发,制定和颁布了多项优惠政策,全力推进其产业化。美国的"绿色新政"计划,使混合动力汽车的销售量在 2012 年就已达乘用车的 4%。日本把发展新能源汽车作为"低碳革命"的核心内容。德国在 2008 年提出普及 100 万辆插电式混合动力汽车和电动汽车。自 2018 年以来,各汽车强国纷纷推出了新能源汽车计划。

在我国,科技部在"十五"期间启动了"863 计划"的电动汽车专项,各部委相继制定了"节能与新能源汽车产业发展规划(2012—2020 年)"等一系列文件。为鼓励私人购置新能源汽车,国家还减税、降税,设置补贴、建立充电设施。目前已建成了 20 万个公共充电桩。目前,我国纯电动汽车和混合动力电动汽车已初步实现了产业化。

根据规划,到 2020 年将达到 200 万辆,2025 年将达到 700 万辆,约占乘用车的 25%。目前,我国电动汽车企业已经激增至 486 家。阿里巴巴、恒大地产等工业巨头都有大量投资,各种品牌的电动汽车更是遍地开花。特别是电动 SUV 汽车更是琳琅满目。

当前我国电动汽车的销量已占全球电动汽车总销量的一半。

3.3 新能源汽车的动力传动系

新能源汽车主要分为纯电动汽车、混合动力电动汽车和燃料电池电动汽车三个大类九个型号,如图 3-1 所示。下面分别介绍其动力传动系的结构组成、工作原理及其动力源和动力传递的方式等。

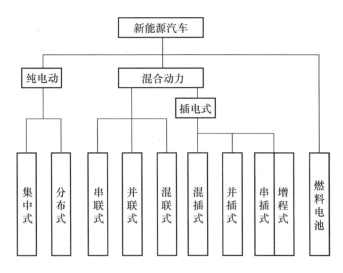

图 3-1 新能源汽车的种类

3.3.1 纯电动汽车的动力传动系

1. 定义

纯电动汽车是以车载可充电动力蓄电池为动力源,用电机驱动车轮行驶的汽车。它包括电力驱动系统、驱动力传递机构和控制系统等。纯电动汽车的优点是结构简单、噪声小、污染轻、静音行驶好和供电能力强;其缺点是续驶里程短、长时间过载能力差以及充电设施建设周期长和环境适应性差等。它比较适合于短途和良好路面行驶。

纯电动汽车的传动系有两种驱动型式:集中式和分布式。因此,它可以方便地实现4×2或者4×4的驱动型式,乃至可以轻易实现多轴汽车的驱动型式。下面就其驱动型式和相关技术分别予以介绍。

2. 驱动型式

(1)集中式驱动

集中式驱动结构简单,由单个装于前(后)桥的车桥电机进行单独驱动,它是纯电动汽车的主力结构。当前国内外大多采用这种结构,如图3-2所示。

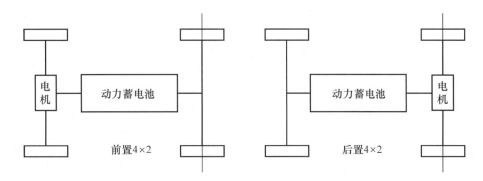

图3-2 集中式驱动

(2)分布式驱动

分布式驱动是指在一辆车上装有多个电机。每个电机或通过各自的减速器及传动轴将动力传给驱动轮,或采用轮毂电机直接驱动车轮。该方案结构紧凑、动力链短、控制响应快速准确,还可进行模块化设计。从当前看,纯电动汽车尚不能满足军用汽车的要求,然而它毕竟易于实现全轮驱动和多轴汽车驱动,如图3-3所示。

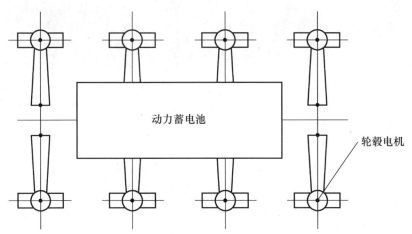

图3-3 8×8分布式驱动

(3) 典型车型

当前，纯电动汽车的适用车型很多，例如我国的绅宝 EV、比亚迪 E6、特斯拉 Mode S 以及奥迪 R8 等。前三种车型的能源部件和动力性能参数见表 3-1。图 3-4 所示为绅宝 EV 纯电动轿车和动力蓄电池布置图。

表 3-1 三型纯电动汽车的能源部件及性能

项目	车型		
	绅宝 EV	比亚迪 E6	特斯拉 Model S
驱动方式	集中式	集中式	分布式
能源	外部充电	外部充电	外部充电 + 太阳能
电池	锂电池组 电压：358V 电量：38kW·h 充电时间（220V）：6h	锂电池组 电量：57kW·h	钛酸锂电池组 电压：295V 电量：85kW·h 充电时间（220V）：5h
电机	永磁同步电机 功率：85kW 转矩：255N·m 转速：9000r/min	前轴电机 + 后轴电机	三相交流异步电机 功率：310kW 转矩：600N·m 转速：5100r/min
动力性能	最高车速：150km/h 加速时间（0→50km/h）：5.3s 续驶里程：220km	续驶里程：300km	最高车速：209km/h 加速时间（0→96km/h）：4.2s 续驶里程：480km

图 3-4 绅宝 EV 纯电动轿车及其电池外形图

3.3.2 混合动力电动汽车的动力传动系

1. 定义

混合动力电动汽车是指传动系由两个或两个以上的驱动系统联合组成的汽车。在车辆运行中，各系统可以单独提供动力，也可以共同提供动力。

自 1995 年第一台混合动力汽车研发成功以来，在 20 多年的历程中，已有多种型式的混合动力电动汽车面世，其中丰田普锐斯和比亚迪混合动力汽车是较为典型的。

混合动力电动汽车动力传动系的结构可分为串联式、并联式和混联式三种基本型式。在此基础上，增加外插电功能，还可实现增程式和插电式两种型式。下面分别介绍。

2. 串联式混合电动汽车

串联式混合动力汽车的结构特点是发动机带动发电机发电（无变速器和分动器）。电能由电机控制器控制既可通过电机驱动车轮，也可输送给动力蓄电池再单独带动电机驱动车轮。串联式混合动力电动汽车的驱动型式如图 3-5 所示。

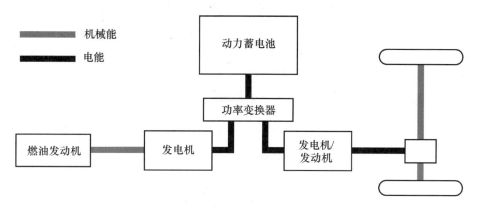

图 3-5　串联式混合动力驱动型式

3. 并联式混合动力电动汽车

并联式混合动力电动汽车的结构特点是：既可单独使用发动机或单独使用电机作为动力源驱动车辆行驶，也可同时使用发动机和电机作为动力源驱动车辆行驶。比亚迪·唐就属于并联混合动力电动汽车。

并联式混合动力汽车的典型驱动型式如图 3-6 所示。

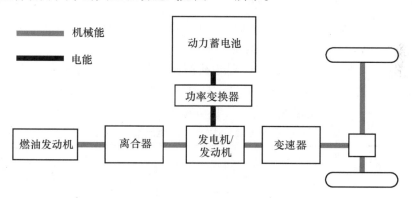

图 3-6　并联式混合动力汽车驱动型式

4. 混联式混合动力电动汽车

混联式混合动力电动汽车，是同时具有串联式和并联式的两种动力传动系统的电动汽车。它既可在串联模式下工作，也可在并联模式下工作，同时具备和兼顾了两种模式的特点。比亚迪 F3DM 就是混联模式。丰田普锐斯开发了三代混联式电动汽车，在第三代中，选用了 73kW 的发动机、60kW 的电机以及 CVT 变速器和镍氢动力蓄电池等。

混联式混合动力电动汽车的结构型式如图 3-7 所示。

串联、并联和混联三种驱动模式的主要区别点见表 3-2。

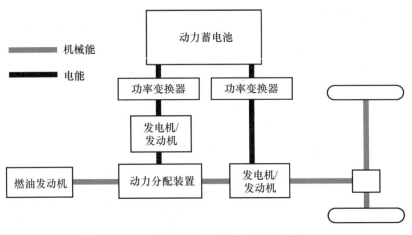

图 3-7　混联式混合动力汽车结构型式

表 3-2　串联、并联和混联三种驱动模式的主要区别

对比项目	串联式	并联式	混联式
发动机能否作为驱动力	不能	能	能
电机能否驱动发电	能	不能	能
能否在发动机驱动和电机驱动间切换	不能	能	能

5. 插电式混合动力电动汽车

插电式混合动力电动汽车是在并联式或混联式的基础上增加外接充电功能的混合动力电动汽车。它装有更大容量和充电便捷的动力蓄电池，从而增大了续驶里程。当前研制的混合动力电动汽车大都具有外插电功能，例如奥迪 Q7 和二代比亚迪·秦。

（1）比亚迪·秦插电式混合动力电动汽车

比亚迪·秦在 1.5T ID 发动机和 110kW 电机的驱动下，已达到了表 3-3 所列的性能指标。它采用高压电、高转速电机及比亚迪高密度、高电容比最新动力蓄电池单元，驱动效率比 DMⅠ提升了 7%（DM：可采用纯电动和混合动力驱动的型式），电池重量比 F3DM 减轻了一半。

表 3-3　比亚迪·秦（DMⅡ）插电式汽车性能参数

总成及性能	参数	数值
发动机	排量/L	1.5T
	额定功率/kW	110
	最大转矩/N·m	240
电机	额定功率/kW	113
	最大转矩/N·m	200
磷酸铁锂电池	电压/V	499
	容量/(kW·h)	10
	充电时间（220V）/h	5
动力性能	最高车速/(km/h)	185
	加速时间（0→100km/h）/s	6.9
	续驶里程（纯电动）/km	50
	油耗/(L/100km)	2.5

(2) 奥迪 Q7e – tron 插电式混合动力电动汽车

奥迪 Q7e – tron 插电式混合动力电动汽车配装了 quattro 全时四轮驱动系统,它是继奥迪 A3 之后的第二款插电式车型。它装有一个六缸 3L 的涡轮增压柴油发动机和一个电动机。最大输出功率 245kW。电池支持最大续驶里程为 56km。其性能参数见表 3-4。

表 3-4 奥迪 Q7e – tron（DMⅡ）插电式混合动力汽车性能参数

总成及性能	参数	数值
发动机	排量/L	3T
	额定功率/kW	175
	最大转矩/N·m	490
电机	额定功率/kW	70
	最大转矩/N·m	100
SDI 锂离子电池	电压/V	—
	容量/(kW·h)	10.9
	充电时间（220V）/h	5.5
动力性能	最高车速/(km/h)	225
	加速时间（0→100km/h）/s	6
	续驶里程（纯电动）/km	56
	油耗/(L/100km)	1.7

6. 增程式混合动力电动汽车

增程式混合动力电动汽车是在串联式混合动力电动汽车之上,增加了外插充电功能而成。它的根本目的也是为了增加续驶里程。

宝马 i3、广汽传祺 GA5 以及通用汽车公司的雪佛兰 Volt 均是增程式混合动力电动汽车。下面对广汽传祺 GA5 和通用汽车公司的雪佛兰 Volt 分别作一具体介绍。

(1) 广汽传祺 GA5 增程式混合动力电动汽车

广汽传祺 GA5 增程式混合动力电动汽车采用 4 缸直列汽油发动机和发电机作为增程系统。最大可增程里程 520km,纯电动续驶里程为 80km,最大总里程 600km。该车有插电和增程两种模式。在短途行驶中,可利用电池储存的电能,即利用插电模式。在增程模式下发动机可为电机提供能量。它的性能参数见表 3-5。

表 3-5 广汽传祺 GA5 增程式混合动力电动汽车的性能参数

总成及性能	参数	数值
发动机	功率/kW	45
	油箱容积/L	45
发电机	功率/kW	45
永磁同步电机	功率/kW	94
	最大转矩/N·m	225
磷酸铁锂电池	电量/(kW·h)	13
	充电时间（220V）/h	4~6
动力性能	最高车速/(km/h)	225
	续驶里程/km	80/600
	耗电量/(kW·h/100km)	16

（2）雪佛兰沃兰达（Volt）增程式混合动力电动汽车

雪佛兰沃兰达增程式混合动力电动汽车在插电模式下，外接电能被储存在 16kW·h 的锂离子电池中，它用以短途行驶。当电池组电量还剩 40% 时，就会自动进入增程模式。此时，发动机便为电机提供电力，以驱动车辆行驶。该车性能参数见表 3-6。

表 3-6 雪佛兰沃兰达增程式混合动力电动汽车的性能参数

总成及性能	参数	数值
发动机	功率/kW	64
	油箱容积/L	—
发电机	功率/kW	55
电机	功率/kW	112
	最大转矩/N·m	168
磷酸铁锂电池	电量/(kW·h)	16
	充电时间（220V）/h	6
动力性能	最高车速/(km/h)	150
	续驶里程/km	60/300
	耗电量/(kW·h/100km)	—

五种典型插电式混合动力电动汽车的主要总成部件及技术路线对比见表 3-7。

表 3-7 五种典型插电式混合动力电动汽车的部件及技术路线

对比内容	串联插电式		并联插电式	混联插电式	
典型车型	雪佛兰 Volt	宝马 i3	比亚迪·秦	比亚迪·唐	普锐斯混动版
技术路线	发动机+发电机+前轴电机	发动机+发电机+后电机	发动机+前置电机+双离合变速器	发动机+前置电机+双离合变速器+后电机	发动机+电机+CVT变速器+发电机
系统组成及参数	汽油发动机（63kW）、发电机（55kW）、电动机（111kW）、锂电池组（16kW·h）	汽油发动机（28kW）、发电机、电动机（125kW）、锂电池组（19kW·h）	汽油发动机（113kW）、双离合变速器、电动机（110kW）、锂电池组（13kW·h）	汽油发动机（151kW）、双离合变速器、前置电机（110kW）、后轴电机（110kW）、锂电池组（18.4kW·h）	汽油发动机（73kW）、CVT变速器、前置电机（60kW）、发电机、锂电池组（5.3kW·h）
驱动力源	电机	电机	发动机、电机	发动机、前置电机、后轴电机	发动机、前置电机
驱动方式	集中式	集中式	集中式	集中式	集中式
纯电续驶里程/km	60	160	70	85	23

3.3.3 燃料电池电动汽车的动力传动系

1. 燃料电池的定义

燃料电池电动汽车（Fuel Cell Vehicle，FCV）与一般汽车最大的不同，就在于动力源是燃料电池（Fuel Cell，FCV）。什么是燃料电池呢？燃料电池是一种非燃烧过程的电化学能的转化装置，它是把氢气等燃料和氧气混合燃烧产生的化学能连续不断地转换为电能。燃料电池虽带有"电池"二字，但却不是传统意义上的储能设备，而是一种新型的发电装置。

2. 燃料电池的工作原理

燃料电池的发电原理与原电池或二次电池相似，电解质隔膜两侧分别发生氢氧化学反应与还原反应，电子通过外电路做功，反应产物是水，如图3-8所示。

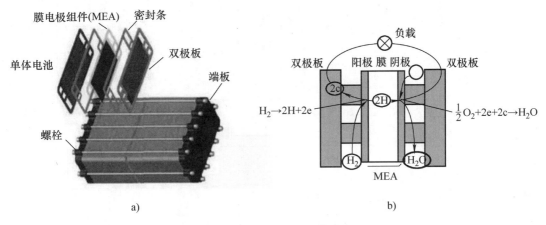

图3-8 燃料电池的工作原理

燃料电池的具体反应是：H_2在阳极催化剂的作用下被氧化成氢离子H^+和电子e^-，H^+通过质子变换膜达到正极，与O_2在阴极反应生成水H_2O。而e^-通过外电路达到阴极。反应连续不断地进行就产生了电流，如图3-9所示。

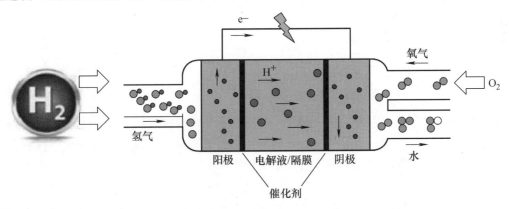

图3-9 燃料电池的具体反应过程

3. 燃料电池的系统结构

燃料电池的动力系统由电堆和各大子系统两部分组成。燃料电池动力系统如图3-10所示，燃料电池电堆结构如图3-11所示。

（1）电堆（Fuel Cell Stack，FCS）

燃料电池电堆（模块）是燃料电池发电系统的核心，包括膜电极组件和双极板等部件。电堆通常由数百节单个电池串联而成，以满足一定功率和电压的要求。在额定的工作条件

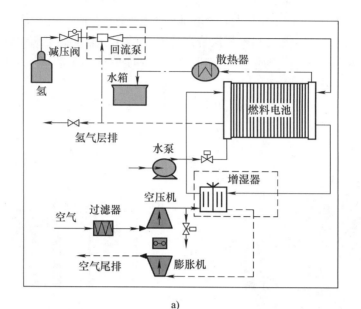

图3-10 燃料电池的动力系统

下,单个电池的工作电压约为0.6~0.7V。燃料电池单个电池之间的均一性是制约燃料电池电堆性能的重要因素。均一性不仅与材料的均一性、制造的均一性和流体的均一性有关,而且还与电堆的组装过程、操作过程等密切相关。

(2) 各大子系统

燃料电池包括燃料供应子系统、氧化剂供应子系统、水热管理子系统以及电管理子系统与控制子系统等。这些系统的主要部件包括空压机、增湿器、氢气循环泵、高压氢气瓶以及泵、阀件等。

4. 燃料电池的类型

根据运行机理的不同,燃料电池可分为酸性燃料电池和碱性燃料电池两大类。根据电解质的不同,燃料电池则分为如下五类:

1) 质子交换膜燃料电池 (PEMFC)。
2) 固体氧化物燃料电池 (SOFC)。

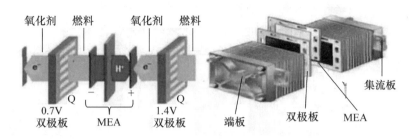

图 3-11 燃料电池电堆结构

3）熔融碳酸盐燃料电池（MCFC）。
4）磷酸燃料电池（PAFC）。
5）碱性燃料电池（AFC）。

碱性燃料电池是最早开发的产品，且稳定用于航天领域；磷酸燃料电池是第一代燃料电池，技术较成熟，商业化程度高，在美、日广泛应用于大型电站；熔融碳酸盐燃料电池和固体氧化物燃料电池分别属于第二代和第三代技术，多用于发电厂；质子交换膜燃料电池由于具有比功率高、启动速度快和操作温度低等优点，应用前景最为广阔，将成为汽车领域的主流技术，是车用燃料电池的首选。五类燃料电池的性能对比见表3-8。

表 3-8 五类燃料电池的性能对比

性能	碱性燃料电池	磷酸燃料电池	熔融碳酸盐燃料电池	固体氧化物燃料电池	质子交换膜燃料电池
比功率/(W/kg)	35~105	100~200	30~40	15~20	300~750
功率密度/(W/cm^2)	0.5	0.1	0.2	0.3	1~2
燃料种类	H_2	H_2、天然气	H_2、天然气、沼气	H_2、天然气、沼气	H_2、甲醇、天然气
正极氧化物种类	O_2	空气	空气	空气	空气
催化剂	镍为主	铂	非贵金属	非贵金属	铂
电解质	KOH	H_3PO_4	$Li_2CO_3-K_2CO_3$	ZrO_2	全氟硫酸膜
发电效率（%）	45~60	35~50	50~60	50~70	50~60
启动时间	几分钟	2~4h	>10h	>10h	几分钟
电荷载体	OH^-	H^+	CO_3^{2-}	O_2	H^+
反应温度/℃	80~120	180~220	600~700	750~1000	25~105
代表公司	AFC Energy AkzoNobel	富士电机	FuelCell Energy	Westinghouse	Balard
主要应用领域	航天器	发电厂为主	发电厂	发电厂、用户侧	汽车

5. 燃料电池的关键材料与部件

燃料电池的材料与部件很多，较为关键的部件除电堆之外，还有电催化剂、固态电解质膜、气体扩散层、双极板和膜电极组件等。

（1）电催化剂（Catalyst）

电催化剂是燃料电池的关键材料之一，其作用是降低反应的活化能，促进氢氧在电极上氧化还原反应，提高反应效率。

催化剂有 $Pt-M$ 催化剂、Pt 核壳催化剂、Pt 单原层催化剂和非贵金属催化剂。

(2) 固态电解质膜（Proton Exchange Membrane，PEM）

车用燃料电池中的质子交换膜是一种固态电解质膜，其作用是隔离燃料与氧化剂，并传递质子（H^+）。

(3) 气体扩散层（Gas Diffusion Layer，GDL）

在质子交换膜的燃料电池中，气体扩散层位于流场和催化层之间，其作用是支撑催化剂层，稳定电极结构，并具有质、热、电的传递功能。GDL必须具备良好的机械强度、合适的孔隙结构以及良好的导电性稳定性。

(4) 双极板（Bipolar Plate，BP）

燃料电池双极板的作用是传导电子、分配反应气体，并带走生成的水。双极板的材料是电和热的良导体，且具有一定的强度和气体致密性，以及耐腐蚀性和与其他材料的相容无污染性。此外，还要求易于加工和成本低廉。

双极板的材料包括石墨碳板、复合材料板和金属板三大类。为追求较高的功率密度，目前各大公司均采用金属导板。

(5) 膜电极组件（Membrane，MEA）

膜电极组件是集膜、催化层和扩散层于一体的组合件。燃料电池中的电堆是燃料电池发电系统的核心，而其中的膜电极组件更是电化学反应的核心中的核心。膜位于中间，两侧分别为阴极和阳极的催化层和扩散层。他们通常采用热压法黏结为一体。

6. 燃料电池及燃料电池汽车的优越性

燃料电池是理想的"内燃机替代者"。氢是燃料电池的主要燃料，从燃料安全性上看，氢的反应物为水，无毒无害，绿色环保。氢密度小，高压氢泄漏燃烧时形成的火炬向上，不向周围扩散。氢的安全性高于天然气和石油等燃料。

燃料电池汽车与纯电动汽车相比的优点：燃料氢外带，几分钟就能充装完毕；70MPa的车载氢气瓶，保证提高续驶里程。电-电混合模式，还可使输出功率相对稳定，可提高使用寿命。

再从性能上看，燃料电池的能量转化率可达50%~70%，功率密度约为3kW/L。而柴油机的功率密度仅为1.3kW/L。燃料电池的能量密度可达500~700W·h/kg，循环寿命约为4200次，乃至优于锂电池。不同电池的性能的对比见表3-9。

表3-9 各种电池的性能对比

性能	FC	LFP	LMO	LTO	LCO	NCA	NCM
能量密度/(W·h/kg)	500~700	150	170	90	170	300	270
功率密度/(kW/L)	3.1	1.5	1.4	1.5	1.6	1.4	1.2
单体电压/V	0.6~0.7	3.2~3.3	3.8	2.3~2.3	3.6~4.5	3.6	3.6~3.7
循环寿命/次	4200	2000	>500	>4000	>700	>1000	1000~4000
工作温度/℃	-20~120	-20~60	-20~60	-40~60	-20~60	-20~60	-20~55

总之，燃料电池汽车的动力性能好，充电快，续驶里程长，且安全又接近零排放，是新能源汽车的有力竞争者。

7. 燃料电池汽车的动力传动系

燃料电池汽车用动力系统主要包括燃料电池发动机、燃料电池、电机驱动系统和DC/

DC变换器。也就是说，燃料电池汽车（FCV）的动力传动系统包括：动力源（燃料电池 FC）、直流/直流（DC/DC）变换器、控制器、电机等。此外，还装有一个与控制器相连的可充电的动力蓄电池。其主流技术是燃料电池与二次电池（电-电）构成混合模式。燃料电池输出的电压要通过直流/直流（DC/DC）变换器，使之与电机匹配，如图3-12所示。

该系统的动力流程是：当车辆正常运行时，燃料电池提供的动力经DC/DC变换器，再经控制器到达电机，并驱动车轮运转。当需要大功率输出时，燃料电池与动力蓄电池共同供电。在低负荷或怠速工况下，燃料电池在提供不同驱动力的同时，还给动力蓄电池充电。这种混合模式既可适应外界负荷变化的需要，也可使燃料电池的输出功率相对稳定，有利于提高电池寿命。

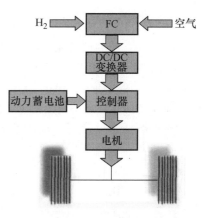

图3-12 燃料电池汽车的动力传动系

8. 燃料电池汽车的发展前景

燃料电池汽车是未来极具竞争力的新能源汽车。传统的汽车强国纷纷推出燃料电池汽车的战略规划，美、日、德、韩和我国，目标都是在2030年分别累计达到百万辆的销量，且建设上千万座加氢站。

目前燃料电池系统的成本约占整车成本的一半，但氢燃料电池的成本有望随批量的增长而大幅下降。燃料电池汽车的成本预计到2030年将下降到目前的56%左右。相比其他类型的汽车，将具有优秀的经济性。尤其在货运和重型交通领域，氢燃料汽车是取代传统汽车的根本途径。

我国在2019年两会期间，氢能被首次写入政府工作报告："继续执行新能源汽车购置优惠政策，推动充电、加氢等设施的建设。"

我国氢燃料电池汽车发展的愿景是：到2030年实现百万辆汽车上路行驶，到2050年与纯电动汽车共同实现零排放。具体发展目标是：

1）到2020年，燃料电池汽车规模累计达到500辆，其中商用车占60%，乘用车占40%，加氢站超过100座。

2）到2025年，燃料电池汽车推广规模达到5万辆，其中商用车1万辆，乘用车超4万辆，加氢站超过300座。

3）到2030年，燃料电池汽车推广规模累计达到100万辆，加氢站超过1000座，可再生能源制氧达到50%以上。

4）在初期，我国氢燃料电池以35MPa加氢站为主，在2020年以后，70MPa的加氢站应大量增加。同时，加油站、充电站（桩）、加氢站的综合能源供应站将成为主要形式。

5）氢能和燃料电池的关键技术，主要是氢能的生产工艺、电池技术以及燃料的运输与配送等。我国燃料电池系统的总体技术已经接近国际先进水平，但是我们还必须完善制氧、储运、加氢、电池系统到应用于氢燃料电池产业链的完整过程。做好如下三个方面的工作：首先是氢气的制取、运输、储存和加注；其次是"电堆"的生产与集成；最后是应用层面，包括交通运输、便携式电源和固定式电源等项目。

3.4 新能源汽车传动系的关键技术

新能源汽车的关键技术,就是动力蓄电池、电机等部件及其相关技术。下面分别介绍。

3.4.1 动力蓄电池技术

新能源汽车的动力蓄电池约有20多种,其主要的有铅酸蓄电池、镍镉蓄电池、钠硫蓄电池、空气蓄电池、锂离子蓄电池和镍氢蓄电池等。

铅酸蓄电池不仅重量大、寿命短、充放电性能差,而且含有重金属铅,对环境污染严重,故目前在新能源汽车上应用较少。

镍镉蓄电池虽技术成熟、性能稳定,但低温性能差,且具有记忆性,特别是含有重金属镉,欧盟禁止使用。

镍氢蓄电池除能量密度低,且有轻微的记忆性和高温性能较差外,技术成熟、比功率高、无污染,充放电迅速,安全性和综合性能都较好。

锂离子动力蓄电池除价格较高、高温性能稍差外,总体性能较好,可快速充电,高功率放电,能量密度高,且循环寿命长。正因为如此,目前国内外的新能源汽车大都采用锂离子动力蓄电池和镍氢电池。

表3-10列出了15种动力蓄电池的主要性能指标。

表3-10　15种动力蓄电池性能的对比

动力蓄电池类型	比能量/ (W·h/kg)	比功率/ (W·h/kg)	充电时间 80%容量/min	循环寿命 80%放电/次	预估成本量 产/(元/kW·h)
铅酸蓄电池	35	150	—	400	400
改型铅酸蓄电池	45	250	—	500	1340
阀控铅酸蓄电池	50	150	15	600	1000
金箔铅酸蓄电池	30	900	15	500	—
镍铁蓄电池	50	100		1000	1000~1340
镍锌蓄电池	70	150		300	1000~1340
镍镉蓄电池	50	200	15	600~1200	2000
镍氢蓄电池	70	200	35	1000	1675
钠硫蓄电池	110	150	—	800	1000
钠镍蓄电池	100	150		700	1675
锂铁硫化物蓄电池	100	300		1000	1340
锂-固体聚合物蓄电池	200	350		1000	1000
锂离子蓄电池	120~150	120~150	60	1200~3000	1000
铝空气蓄电池	220	30			
锌空气蓄电池	200	80~140	—		670

国内外主要的车用动力蓄电池的情况见表3-11。

3.4.2 电机技术

应用在新能源汽车上的电机,从类型上说主要有直流电机、感应电机、永磁电机和开关磁阻电机等;从布置结构和工作位置上说,可分为车桥电机、轮边电机和轮毂电机三种。下

表3-11 国内外主要车用动力蓄电池产品的情况

电池类型	生产厂家		性能参数						应用情况	
	企业名称	国家	单体型式	单体比能量/(W·h/kg)	单体电压/V	单体额定容量/(A·h)	放电倍率	使用温度/℃	电池组比能量/(W·h/kg)	循环寿命/次	应用车型	能量/(kW·h)

电池类型	企业名称	国家	单体型式	单体比能量/(W·h/kg)	单体电压/V	单体额定容量/(A·h)	放电倍率	使用温度/℃	电池组比能量/(W·h/kg)	循环寿命/次	应用车型	能量/(kW·h)
磷酸铁锂蓄电池	A123	中国	圆柱	140	3.2	20	2C~5C	-20~60	80	2000	东风S30EV	20
	比亚迪	中国	叠片	140	3.2	200	2C~4C	-20~60	80	2000	比亚迪E6等	60,80
	实联长宜淮安科技有限公司	中国	圆柱	140	3.2	70	3C~10C	-20~60	>100	3000	IVECO A40/A42/A50D; 厦门金龙10.5m	75/95; 188/360
	上海航天电源	中国	叠片	140	3.2	60	2C~5C	-20~60	79	2000	东风E30	18
	LG化学	韩国	叠片	180	3.6	20	2C~5C	-30~55	100~120	2000	通用、现代	16
	三星SDI	韩国	叠片	180	3.6		2C~5C	-30~55	100~120	2000	宝马i3	23
三元锂蓄电池	CATL宁德时代	中国	叠片	180	3.6		8C~10C	-30~55	100~105	2000	宝马X5/大众帕萨特	12
	挪威电池	中国	叠片	170	3.6	3.1	2C~5C	-30~55	90~100	2000	东风E30L	20
	实联长宜淮安科技有限公司	中国	圆柱	170	3.7	75/80	2C~5C	-30~60	110~120	2000	IVECO V42	80
	松下	日本	18650圆柱	240	3.6	3.1	2C~4C	-30~55	120	2000	特斯拉MODEL S	65/85
锰酸锂蓄电池	盟固利	中国	方形叠片	160	3.6	40	2C~4C	-20~50	90	1500	北汽大客车	200~300
镍氢蓄电池	丰田	日本	方形叠片	90	1.2	6.6	20C	-20~55	50	2000	普锐斯HEV	1.5
	神州/春兰	中国	方形叠片	60	1.2	40	2C~4C	-20~55	40	2000	东风EQ6200-中混大客车	14

面就其类型和结构两个方面分别介绍。

1. 四大类型的电动机

电机分为直流和交流两种：

直流电机：直流电机的优点是调速范围广，起动、制动和过载转矩大，易于控制和可靠性高。然而，有刷直流电机的整流器需经常维护和更换，影响使用。随着无刷直流技术的成熟，发展前景可观。

交流电机：交流电机分为异步电机和同步电机两种。异步电机又称为感应电机。交流电机还可以按有无电刷和是否采用永磁体进行详细分类。交流电机技术成熟，无需维护，可靠性好，但电刷和集电环容易产生故障，转矩控制性能也较差。

为保证车用电机的可靠性和免维护性，首选无换向器的电机。无换向器的电机主要有：无刷直流电机、感应（异步）电机、永磁同步电机（也称永磁无刷电机）和开关磁阻电机四个品类。

目前新能源汽车多用感应电机和永磁电机。欧美多采用感应电机，日本多采用永磁电机。表3-12是四类电机的性能对比。

表3-12 四类驱动电机的性能对比

参数	直流电机	感应电机	永磁电机	磁阻电机
功率密度	低	中	高	较高
过载能力（%）	200	300~500	500	300~500
功率因数	—	82~85	90~93	60~65
恒功率区域	—	1:5	1:2.25	1:3
转速范围/(r/min)	4000~6000	12000~16000	4000~10000	>15000
可靠性	一般	好	优良	好
外形尺寸	大	中	小	小
电机质量	重	中	轻	轻
控制操作性	最好	好	好	好
控制器成本	低	高	高	一般

2. 三种布置位置的电机

下面分别介绍三种不同布置位置的电机：车桥电机、轮边电机和轮毂电机。

（1）车桥电机

为减少对原型车辆的改动，快速实现混合动力驱动，较为简便的方法就是采用车桥电机。这不仅工作原理简单，而且对电机的外形、重量以及密封防护的要求等都较低。这种电机多为永磁同步电机。

（2）轮边电机

轮边电机的布置相对简单，能实现车轮的独立控制，但它保留有单级减速机构和半轴，对整车空间影响较大。此种电机只不过是轮毂电机出现之前的过渡方案。

（3）轮毂电机

轮毂电机可把电机和传动机构一并装入轮边，结构紧凑，可获得较大的可用空间。电机可独立控制，因此可实现差速行驶和独立转向，从而大大提高了车辆的机动性和灵活性。扁平盘式的结构，不仅重量轻、密封好，而且还可传输较大的功率和转矩。

多种型号车型电机和轮边电机的性能参数参见表3-13。

多种型号轮毂电机的性能参数参见表3-14。

表 3-13 国内外主要车用轮边和车桥电机产品情况

电机类型	生产厂家		型号	性能参数								应用车型
	企业名称（简称）	国家		额定功率 /kW	额定转速 /(r/min)	最大转矩 N·m	最大功率 kW	最大转速 /(r/min)	过载系数	尺寸直径× 轴长 (mm×mm)	重量 /kg	冷却方式	电机类型	
轮边电机	比亚迪	中国	—	—	—	200	110	—	—	—	—	液冷	永磁同步	比亚迪
	NTN	日本	—	50	2000	160	100	6000	2	585×800	210	液冷	永磁同步	英国莲花（NTN自行购整车改装）
	上海电驱动	中国	0110WB	70	1300	1300	110	4000	1.5	438×285	222	液冷	永磁同步	宇通、金龙等
	上海电驱动	中国	065WA	32	1000	310	65	4000	2	505×251	158	液冷	永磁同步	宇通、金龙等
车桥电机	东风电机（东方电气）	中国	—	85	1600	507	170	3000	2	500×300	510	液冷	异步电机	宇通、金龙等
	大郡电机	中国	—	16	2500	61	25	5500	1.56	210×340	35	液冷	永磁同步	宇通、金龙等
	华域汽车电动	中国	—	42	4000	215	90	11500	2.14	—	55	液冷	永磁同步	宇通、金龙等

表 3-14 国内外主要车用轮毂电机产品情况

电机类型	生产厂家			性能参数								应用车型
	型号	企业名称	国家	额定功率/kW	额定转速/(r/min)	最大转矩/N·m	最大功率/kW	最大转速/(r/min)	过载系数	尺寸直径×轴长(mm×mm)	质量/kg	冷却方式	电机类型	
轮毂电机(电动轮)	M70	MM(电机)	德国(美国控股)	50	900	1050	100	2200	2	437×134	34	液冷	永磁同步内转子	轻型军车 AGMV
	M73	MM(电机)	德国(美国控股)	120	700	2050	150	3100	1.25	512×142	88	液冷	永磁同步内转子	8×8 轮式装甲车 HEMD
	PD18	Protean	英国(美国控股)	54	720	1000	75	1600	1.38	420×115	34	液冷	永磁同步内转子	乘用车、SUV、福特 F150、奔驰 E 系列
	HMED HUB	MAGTEC(电机)	英国	50	2652	360	100	7000	2	370×300	66	液冷	永磁同步内转子	6×6 轮式装甲车,瑞典 SEP
		MAGTEC(电机)	英国		173	5500	100	456	2	370×598	255	风冷	—	—
	DFM HUB100	深圳大地(电机)	中国	50	1200	800	100	4000	2	420×160	75	—	—	轻型军车、猛士混动
		东风公司(电动轮)	中国		240	4000	100	800	2	420×300	140	—	—	
	AN50-600DC	北京爱尼(电机)	中国	50	1530	1250	200	4800	4	450×150	72	—	永磁同步内转子	轻型军车、猛士混动
		东风公司(电动轮)			310	6250	200	960	4	450×300	137	—	—	

3.5 新能源汽车传动系的研发方向

目前新能源汽车的主要问题是其关键部件和关键技术尚不成熟,特别是其动力蓄电池、驱动电机和电控技术更需完善和提高,从而满足长途、越野和军用行驶的需要。

3.5.1 动力蓄电池技术

目前电动汽车采用的主要是锂离子蓄电池和镍氢离子蓄电池,它们的性能虽然比较好,但距使用要求尚有不小的差距。主要有如下四个方面的问题:

(1) 比能量较小

若要电动汽车的行驶里程要达到传统的汽油车水平,动力蓄电池系统的比能量应不低于 250W·h/kg,单体比能量应不低于 350W·h/kg,目前我国电池系统比能量约为 100W·h/kg,单体比能量约为 150W·h/kg,因此行驶里程很短。

(2) 大流量放电时间短

现用动力蓄电池大流量放电时间很短,严重限制了车辆在恶劣条件的行驶。特别是不能满足爬越长坡和陡坡的要求,更是制约了在特殊地区和在军用汽车上的使用。

(3) 环境适应性差

在用动力蓄电池高低温适应性差,连较好的锂离子蓄电池的工作温度也仅在 -20 ~ 50℃ 的范围。我国幅员广大,在 -20℃ 以下的地区面积很大、时间很长。因此,限制了车辆的使用地域。

(4) 成本较高

锂离子蓄电池虽然性能较好,但成本较高。

3.5.2 驱动电机技术

驱动电机存在和需要研究的问题主要有:

(1) 功率密度低

除永磁电机外,目前驱动电机的功率密度一般都较低。20 ~ 100kW 的电机产品较少,能用于电动汽车的尺寸小、重量轻、结构紧凑的电机就更少。

(2) 技术尚不成熟

目前我国功率较大的电机技术尚不成熟,特别是轮边和轮毂电机,还处于转速高、转矩小、调速范围窄和功率密度低的状态。

(3) 工艺条件差

目前,驱动电机的加工和装配等工艺条件均较差,难以保证高质量的产品,特别是温控技术也不太高。例如永磁电机虽然功率密度较高,但在高温条件下易于退磁。为解决这一问题,目前只能采取落后的水冷措施。

3.5.3 电控技术

纯电动汽车和混合动力电动汽车均大量采用电控技术,如电池控制技术、电机控制技术,以及转向和整车控制技术等。

电池控制技术主要是掌握电池的安全性、电池组的一致性、充放电的能力和车辆的续驶里程等。

电池控制目前与国外相比尚有一定差距。例如，特斯拉汽车电控技术的精细化程度就较高，可直接控制 800 多个 18650 圆柱形电池单体。

电机特别是轮毂电机的控制就更为复杂，需要控制双向 4 个自由度的参数。

由上述可知，新能源汽车，无论是动力蓄电池还是驱动电机，都需要提高其能量密度和功率密度，都需要完善其高效的控制系统，都需要加大力度，加强这些技术的研发，都需要缜密规划、系统考虑，向集成化、系统化、模块化和智能化的方向发展，向军民通用化的方向发展。

第2部分

汽车动力性能计算

第4章 动　　力

汽车的动力性能，就是受发动机动力支配的行驶性能。它是汽车各大性能中最基本、最重要的一种性能。汽车动力性能的好坏，是汽车工作效能的标志。牵引车的牵引力、起重车的起吊量、载重车的运输生产率以及军用汽车完成使命任务的周期等，无不与动力性能有关。

如何评价汽车动力性能的好坏呢？这需要建立有效的评价指标。

粗略地看，单位重量（负荷）功率 k_p 是较为直观的，即

$$k_p = \frac{P_m}{G} \tag{4-1}$$

式中　P_m——发动机的最大（额定）功率，kW；

　　　G——整车最大总重量（负荷），kN。

k_p 值虽已抓住了影响汽车动力性能的主要因素，但车辆造型对于空气阻力的影响、风扇等附件所消耗的功率、传动系的复杂程度以及装配调整质量等一系列问题均未得到应有的反映。

俄国的曲达科夫院士曾提出了一个极有影响的汽车动力性能的评价指标——动力因数 D_0：

$$D_0 = \frac{F_t - F_w}{G} \tag{4-2}$$

式中　F_t——驱动轮上的驱动力，N；

　　　F_w——空气阻力，N。

显然，动力因数弥补了单位负荷功率的不足，是一个简单而又具有理论意义的评价指标。然而，该指标尚存许多不足之处。除直观性差外，特别不能反映发动机动力特性的过程变化。

为了更加准确和鲜明地描述汽车的动力性能，又提出了满载状态下的爬坡能力、最高车速和加速能力三个方面的评价指标和表征参数。

汽车的爬坡能力，是指汽车在良好路面或干燥土路上，在不同档位下的可能爬坡度。一般以 i_m（%）表示，有时也用 α_m（°）表示。汽车的爬坡度既是动力性能的标志，也是通行能力的标志。不同档位下所能爬越的最大爬坡度，体现着汽车对外界负荷变化的适应能力。传动系的总传动比 i_g 虽不包括动力因数，但能部分反映汽车对外界负荷的适应范围。变速

器、分动器和主传动器均取低档时的总传动比,决定着汽车的最大爬坡度。除经常行驶于良好路面的轿车外,其余车辆一般均要求具有良好的爬坡能力。现代轻型客车的 i_m 值也达到了 30%。越野汽车由于要在坏路和无路条件下行驶,故 i_m 值一般不低于 60%。若按其动力性能计算,个别越野车可能超过 100%。

汽车的最高车速 v_m 从理论上讲一般指加速度 $dv/dt = 0$ 时的车速。装有限速器的发动机,在动力足够时,其最高车速一般就是所限额定转速点的车速。从广义上讲,汽车的最高车速不仅包括在水平良好路面上变速器处于高档的汽车所能达到的最高行驶速度,也包括不同变速器档位(分动器取高档)、不同坡道以及干燥土路上的最高车速。

考虑不同档位、不同坡道和不同路面的各种情况,这既是实用的需要,也是对动力性的全面考察。所谓良好路面,是指混凝土或沥青路面,一般以车速 $v = 50 km/h$、滚动阻力系数 $f_{50} = 0.0165$ 为根据。干燥土路的滚动阻力系数,一般取 $v = 50 km/h$,$f_{50} = 0.03$。

变速器不同档位下的最高车速是档位利用率的标志。高档包括直接档和超速档。超速档的最高车速有时反而会低于直接档的最高车速。设置超速档的目的,主要在于提高发动机的寿命和燃油经济性。低档最高车速的计算值,往往大大高于最大(额定)功率点的车速。这样的车速虽然没有使用意义,但它却是动力性能的表征参数。

坡道车速是一个很能说明汽车动力性能的指标。在坡度较大、变速器档位较高时,动力性能较差的车辆就难以行驶。从坡道车速不仅可以看出汽车在常用坡道上的高档利用率,而且也是加速性能和平均技术速度的标志。作为军用汽车,这是一个非常重要的指标。在美国军用汽车的战术技术要求中,一般都要提这个指标。例如,美军 M151 A2 型汽车,其总质量为 1740kg,当牵引质量为 680kg 时,要求在平坦道路上的车速 $v \geq 90 km/h$,在 6.5% 的平整干坡上 $v \geq 48 km/h$,在 60% 的平整干坡上(不牵引),$v \geq 4 km/h$。

汽车的加速能力能较全面地反映汽车动力特性的过程变化。加速性能好的车辆,不仅能缩短起步和超车的时间,而且能提高平均速度。一般常用加速度、加速时间和加速行程来表示汽车的加速能力。

加速度 a 就是车速 v 对于时间 t 的变化率(m/s^2),即 $a = dv/dt$。这是汽车增速能力的标志。一般计算和测量不同车速和不同变速器档位下的加速度。

加速时间是指汽车从某一较低车速 v_1,加速至某一较高车速 v_h 所用的时间 $t(s)$。加速时间又分原地起步加速时间(或换档加速时间)t_c 和超车加速时间(或高档加速时间)t_h。测试原地起步加速时间,系从 I 档起步开始($v_1 = 0$),并选择恰当的换档时机,连续逐步换档,直至加速到车速等于 v_h 为止。v_h 一般取最高车速的 80%,即 $v_h = 0.8 v_m$。根据试验规程,常用 0~400m 的加速时间 t_{400}(s)来表明汽车原地起步的加速能力。

所谓恰当的换档时机,是指既要保证加速过程的加速度,又不至于使发动机的转速过高。当取变速器相邻档位的加速度相等时的点换档,便可获得最大的加速度。然而,由于发动机转速过高等原因,这有时是不能实现的。

测试超车加速时间,是用最高档或次高档由车速 v_1 起全力加速至 v_h 为止。v_1 一般取最高车速的 20%~30%,即 $v_1 = 0.2 \sim 0.3 v_m$。

加速行程是指汽车从某一较低车速加速至某一较高车速所行经的路径 $S(m)$,它对应于加速时间的行程。在试验规程中,虽不另行测试这一指标,但它可以间接计算出来,且具有相当的直观性。

动力装置是汽车的"心脏",是汽车工作的动力源泉。汽车动力装置有如下五类:
1) 往复活塞式内燃机。
2) 转子发动机。
3) 燃气轮机。
4) 高能电池和燃料电池。
5) 太阳能转换器。

这五类动力装置各有优缺点。下面就汽车发动机的参数指标、选型依据和动力特性等问题分别予以介绍。

4.1 发动机的参数指标及选型依据

4.1.1 汽车发动机的有关参数及评价指标

在汽车动力装置中,实际广泛使用的是往复活塞式内燃机,故此处侧重介绍该类发动机的有关参数及其评价指标。

1. 结构和性能参数

往复活塞式内燃机的参数很多,其主要的结构参数和性能参数见表4-1。

表4-1 往复活塞式内燃机的结构和性能参数

参数	代号	单位	参数	符号	单位
缸径	D	mm	最大功率转速	n_p	r/min
行程	S	mm			
缸数	i	—	最高允许转速	n_m	r/min
行程数	τ	—			
排量	Q	L	功率	P	kW
压缩比	ε	—	最大转矩功率	P_t	kW
整机质量	m_e	kg			
外廓尺寸	$L \times W \times H$	mm	最大(额定)功率	P_m	kW
转速	n	r/min			
最低稳定转速	n_l	r/min	转矩	T	N·m
			最大转矩	T_m	N·m
最大转矩转速	n_t	r/min	最大功率转矩	T_p	N·m

表4-1中的部分符号,请参见图4-1。

缸径和行程是往复活塞式内燃机的基本参数。缸径影响发动机的宽度和长度,行程影响发动机的高度。追求大转矩的低速发动机,一般行程都大。我国四冲程机的缸径,汽油机一般为60~100mm,柴油机一般为80~140mm。我国四冲程机的行程,汽油机一般为65~115mm,柴油机一般为90~160mm,见表4-2和表4-3。

缸径 D(cm)、行程 S(cm)与缸数 i,三者一起决定着发动机的排量 Q,即

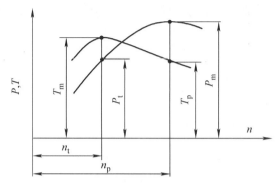

图 4-1 内燃机的功率、转矩及转速

$$Q = \frac{\pi S i D^2}{4000} \tag{4-3}$$

排量既是活塞扫除容积的总量,更是发动机最大功率和工作能力的标志。我国小轿车还依据排量的大小分成了五个等级,见表 4-4。

压缩比 ε 是单缸容积与燃烧室容积之比。ε 值越高,表明技术越先进。提高 ε 值,不仅受爆燃、表面点火、运动件负荷加大等因素的制约,且因燃料种类不同而有所不同。汽油机的 ε 值一般为 7~10,柴油机一般为 16~19,见表 4-2 和表 4-3。

整机质量和外廓尺寸在相同的最大功率下是越小越好。显然这是由技术水平和设计水平所决定的。

最低稳定工作转速 n_1 是发动机低速能力的标志。汽油机的 n_1 值一般为 700~1000r/min,柴油机的为 400~700r/min。

高转速能够提高发动机的功率。但高转速下的高寿命必须要有先进的技术作后盾。早期发动机的最大(额定)功率转速 n_p 是较低的。例如 EQ6100 和 CA6102 汽油机只有 3000r/min,6140B 柴油机只有 1800r/min。随着科技的发展,n_p 值也逐步提高。例如 Sofim 8142.27S 增压柴油机已提高到 3800r/min,美国 1996 年生产的 Ford 3.41 SHO V8 汽油机达到了 6500r/min。表 4-2 中 23 种汽油机的 n_p 的平均值约为 4900r/min。表 4-3 中 26 种柴油机的 n_p 的平均值约为 2639r/min。

在最大功率转速 n_p 一定的情况下,最大转矩转速 n_t 的分布关系甚大。它们二者一起构成的转速区间 $\Delta n = n_p - n_t$,Δn 在一定程度上决定着发动机的动力特性。Δn 值越大,发动机对外界负荷变化的适应能力就好;反之,该区间的功率平均值就越高,发动机的加速性能就越好。表 4-2 中的 23 型汽油机,Δn 值在 1300~3700r/min 之间变化,其平均值约为 2028r/min。美国通用汽车公司的 GMLT1 V8F 型发动机的 Δn 值为 2600r/min。我国 SQR484J 汽油机竟达 3700r/min。表 4-3 中 26 型柴油机的 Δn 值在 400~2300r/min 之间变化,其平均值约为 1074r/min。

发动机的最高允许转速在一定意义上决定着发动机的最大转速。柴油机的最高允许转速是由限速器限定的,而汽油机的最高允许转速一般按式(4-4)计算:

$$n_m = (1.05 \sim 1.15) n_p \tag{4-4}$$

功率是发动机的主要性能参数。若缸径 D、缸数 i 和行程数 τ 已定,在保证最佳燃油经济性的前提下,输出功率 P 可用平均有效压力 p_e(kPa) 以及转速 n(r/min) 这两个强化参数来表示:

表 4-2 部分汽油机的基本参数

机型	ε	D/mm	S/mm	Q/L	g_m	$\frac{L}{mm} \times \frac{W}{mm} \times \frac{H}{mm}$	m_e/kg	P_m/kW	n_p/(r/min)	T_m/N·m	n_t/(r/min)
JL462Q	8.7	62	66	0.797	—	888×565×423	95	26.1	5500	54	3250
492QA	7.2	92	92	2.445	292	860×580×726	175	57	3800	171.5	2500
Chrysler 1.8	9.0	87.5	74	1.728	—	—	—	58	5200	130	3200
SGMW-B12	9.8	69.7	79	1.206	—	—	—	63	6000	108	4000
486Q	8.8	86	86	1.998	290	819×552×625	158	63	4600	157	3000
CA492QA	8.2	92	92	2.446	286	856×652×640	170.5	64	3900	183.4	2400
NJG427A	7.5	95	95	2.694	—	—	—	64.7	4000	186.2	2500
Chrysler TBI2.2 增、中	8.5	87.5	92	2.213	285	—	135	67	4800	160	3000
Toyota 5A16 气门 DOHC	9.3	78.7	77	1.498	290	670×589×644	117	68	6000	124	3200
My491Q	8.8	91	86	2.237	299	706×547×647	140	70	4600	176	3000
Chrysler MFI	8.6	98.5	81.0	2.466	285	—	153	73.5	4800	178	2500
682QK	8.0	82	74	2.345	292	920×615×795	190	73.6	4800	167	3500
Toyota 3SZ	10	72	91.8	1.495	294	650×560×660	111	75	6000	130	4400
Chrysler TBI2.5	8.5	87.5	104	2.057	285	—	—	75	4800	185	3000
CF 4G 27	8.5	95	95	2.694	265	913×548×694	175	88.2	4500	216	3000
EQ6100	7.0	100	115	5.419	—	—	—	99.3	3000	363	1300
CA6102	7.4	101.6	114.3	5.560	306	—	—	99.3	3000	372	1300
LS685	8.2	85.7	114.3	3.956	—	—	—	100	3800	290	2400
JL4G18 CWT DOHC	10	79	91.4	1.792	260	631×610×620	112	102	6100	172	4200
4G15I DOHC	9.0	75.5	82	1.468	—	—	—	110	6000	210	3500
SQR48 4B16 气门、增、中	9.8	83.5	90	1.971	—	641×651×644	150	125	5500	235	1900
SQR48 4J 增、中、直喷	9.8	83.5	90	1.971	—	641×651×644	150	170	5500	330	1800
Alloytec V6 3.6L DOHC	10	94	85.6	3.564	—	—	—	190	6500	340	3200
均 值	8.7217	86.05	89.89	—	286.85	—	—	—	4900	—	2872

注：增表示增压；中表示中冷。

表 4-3 部分柴油机的基本参数

机型	ε	$D/$ mm	$S/$ mm	$Q/$ L	g_m	$\dfrac{L}{\text{mm}} \times \dfrac{W}{\text{mm}} \times \dfrac{H}{\text{mm}}$	$m_e/$ kg	$P_m/$ kW	$n_p/$ (r/min)	$T_m/$ N·m	$n_t/$ (r/min)
Sofim 8142.27S 增	18	93	92	—	213	650×580×800	216	76	3800	226	2200
Comuns 4BJ 增	18.5	102	120	3.922	217	765×582×852	320	77	2800	334	1600
4JB1 增	17.2	93	102	2.771	—	742×634×718	250	85	3600	285	2100
SQR481A 增、中、共	17.5	81	92.4	1.904	205	634×698×687	150	93	4000	271	2000
Sofim 8140.45 增、中	18.5	98	100	3.010	230	705×734×783	—	95	3800	300	1500
VMR425 DOHC 增、中、共	17.5	92	94	2.499	210	710×630×765	253	105	4000	340	2000
Comuns 6BT 增	17.5	102	120	5.883	210	1035×711×865	399	118	2600	559	1500
YC6105 QC 增	16.5	105	125	6.694	211	—	—	125	2600	530	1700
CY4D47Ti 增、中	18.0	110	125	4.751	215	1181×700×833	365	125	2300	580	1500
8120 球室、风、V8	16.5	120	140	12.667	—	—	—	132	2000	706	1450
YC6112 增、中	17.5	112	112	6.6	225	1227×795×948	594	136	2400	643	1500
SQR681RV6 增、中、共	17.5	81	92.4	2.857	210	670×839×685	190	136	4000	396	2000
SX6130Q 球室	17.0	130	150	11.946	238	—	960	144	2000	765	1200
6140B 球室、多燃料	19.0	140	160	14.778	243	—	1400	147	1800	850	1400
Steyr WD615 74/64 增	—	126	130	9.726	194	1557×675×965	810	175	2200	1000	1350
Deutz BF8L413F 增、风	18.0	125	130	12.763	216	1211×1038×860	770	188	2500	817	1500
Steyr WD615 71/61 增	16.0	126	130	9.726	215	1542×675×965	810	191	2600	830	1650
X6130Z 增	16.0	130	150	11.946	—	—	—	191	2000	1078	1300
Steyr WD615 73/63 增、中	—	126	130	9.726	194	1542×675×965	850	204	2200	1160	1350
Comuns NTC-300 增、中	—	140	152	14.039	209	1502×856×	1144	221	2100	1255	1300
Steyr WD615 78 增、中、谐波	17.0	126	130	9.726	197	1557×675×965	850	225	2200	1250	1350
WP10.37 增、中、共	—	126	130	9.726	205	1611×820×1074	1020	276	2200	1500	1400
WD615.38 增、中	—	126	130	9.726	198	1557×675×965	875	280	2400	1460	1500
Comins ISME420 30 电控	—	125	147	10.824	—	1335×825×1159	940	306	1900	2010	1200
WPR 48C 增、中、共	—	126	155	11.596	205	1611×875×1094	1050	353	2100	1970	1350
Deutz BF12L413FC 增、中	16.5	125	130	19.144	209	1582×1196×	1335	368	2500	1569	1800
均 值	17.3	114.85	125.72	—	213	—	—	—	2639	—	1565

注：增表示增压；中表示中冷；共表示共轨；风表示风冷。

表 4-4 我国小轿车的排量等级

等级	排量（Q）的范围/L
微型级	$Q \leq 1.0$
普通级	$1.0 < Q \leq 1.6$
中级	$1.6 < Q \leq 2.5$
中高级	$2.5 < Q \leq 4.0$
高级	$Q > 4.0$

$$P = \frac{\eta Q p_e n}{30000\tau} \tag{4-5}$$

式中 η——内耗系数。

发动机平均有效压力的损耗，包括活塞、连杆曲柄机构和配气机构的摩擦损失，以及滑油阻滞和惯性损失等。其总和约占指示功率的 7%～20%，即 $\eta = 0.80 \sim 0.93$。

最大（额定）功率是发动机极为重要的表征参数，是选择发动机的主要依据。最大转矩功率与最大功率二者还在一定程度上决定着发动机的动力特性。

转矩同样是发动机的主要性能参数，它是决定驱动力的主要因素。强力的输出转矩，是汽车在不同外界阻力下顺利通行的保证。发动机的最大转矩还决定着汽车的最大爬坡能力。

转矩 $T(\text{N} \cdot \text{m})$ 与平均有效压力 $p_e(\text{kPa})$ 的关系可由式（4-6）表示：

$$T = \frac{\eta Q p_e}{\pi \tau} \tag{4-6}$$

2. 评价指标

（1）最大平均有效压力

气缸的最大平均有效压力 p_{em} 是指在工作行程和最大转矩转速点时缸内的平均有效压力。它是发动机强化程度的重要指标之一。其数值的高低是每一工作循环效能的标志。它也是发动机设计水平和制造完善性的标志。影响它的因素很多，除发动机转速外，式（4-7）定性地表达了 p_e（单位为 kPa）与其他因素的关系：

$$p_e = f(\beta_v \beta_i \beta_m \beta_k \alpha) \tag{4-7}$$

式中 β_v——充气系数；

β_i——指示热效率；

β_m——机械效率；

α——过量充气系数；

β_k——充量密度，自然吸气四行程机可取 $\beta_k = 1$。

由式（4-7）可知，如果空燃比最佳，α 值符合经济要求那么要提高 p_e 值，主要须在提高 β_v、β_i、β_m 和 β_k 上下工夫。

p_e 值还随转速的升高而升高，当经最大转矩点时获得最大值，然后逐步下降。如果已知升转矩 λ_T，则最大平均有效压力 p_{em}（单位为 kPa）为

$$p_{em} = \frac{\pi \tau}{\eta} \lambda_T \tag{4-8}$$

表 4-5 中的 23 种汽油机的 p_{em} 值的平均值为 1187kPa，其中老式 EQ6100 汽油机的 p_{em} 只

有 979kPa，而 SQR 48 4J 汽油机的 p_{em} 却高达 2447kPa。美国三大汽车公司 1996 年生产的数十种汽油机的 P_{em} 的平均值约为 1230kPa，其中 GM super charged 3.8L V6 型增压机为 1460kPa。

表 4-6 中的 26 种柴油机的 p_{em} 值的平均值为 1574kPa，其中 8120F 风冷柴油机低至 814kPa，而 Comins ISME 420 30 电控柴油机却高达 2713kPa。

（2）活塞平均速度

活塞平均速度 v_p 是指最大功率转速点活塞的平均运动速度（m/s）。它是发动机强化程度的另一个重要指标。其计算公式为

$$v_p = \frac{Sn_p}{30} \tag{4-9}$$

由表 4-5 可知，汽油机 v_p 值的平均值为 13.65m/s，最小值为 11.3m/s，最大值为 18.6m/s。由表 4-6 可知，柴油机 v_p 值的平均值为 10.58m/s，最小值为 9.3m/s，最大值为 12.67m/s。提高 v_p 值就能增大输出功率，但会使摩擦副的磨损加剧，寿命下降。v_p 值增加，还将使充气系数下降。因此，一般说来，汽油机的 v_p 值不宜大于 18m/s，柴油机不宜大于 13m/s。

（3）强化系数

强化系数 C_s 是活塞平均速度 v_p 与最大平均有效压力 p_{em} 的乘积。它与单位活塞面积上的功率成正比，这是发动机强化程度的综合标志，也是技术进步的综合标志。C_s 值越大，发动机的热负荷和机械负荷就越高。强化系数的计算公式为

$$C_s = p_{em} v_p = \frac{\pi \tau s n_p}{30 \eta} \lambda_T \tag{4-10}$$

由表 4-5 可知，汽油机 C_s 的平均值为 $15037 kW/m^2$，其中老式发动机 CA6102 C_s 仅为 $9598 kW/m^2$，而 SQR 48 4J C_s 却高达 $40376 kW/m^2$。由表 4-6 可知，柴油机 C_s 的平均值为 $15577 kW/m^2$，最小值为 $6510 kW/m^2$，最大值为 $25626 kW/m^2$。

（4）程径比

程径比 S_d 就是活塞行程与气缸直径之比，即

$$S_d = \frac{S}{D} \tag{4-11}$$

由表 4-5 可知，汽油机 S_d 值的平均值为 1.012，其中老汽油机 LS685 的 S_d 为 1.33，而 Chrysler MFI 的 S_d 却小至 0.82。由表 4-6 可知，柴油机 S_d 值的平均值为 1.085，其中最大值为 1.23，最小值为 0.88。

（5）升功率

升功率 λ_p 是最大功率与总排量 Q 之比，也是每升工作容积所能发出的最大有效功率。它是一个较为直观的发动机的主要性能评价指标，也是发动机强化程度的显著标志。要充分利用排量，就得提高转速和平均有效压力。升功率（kW/L）可由式（4-12）计算：

$$\lambda_p = \frac{P_m}{Q} \tag{4-12}$$

如已知最大功率点的平均有效压力 p_{ep}，那么升功率还可表示为

表 4-5 部分汽油机的基本参数

机型	p_{em}/kPa	v_p/(m/s)	C_s/(kW/m)	S_d	λ_p/(kW/L)	λ_T/(N·m/L)	λ_m/(kg/kW)	λ_g/[g/(kW·h)]	e_r	e_p	e_t	A	D	λ
DA465	1100	12.0	11071	1.11	35.1	75.3	—	—	1.421	0.792	1.125	1.646	0.986	1.794
TJ376	1111	13.6	12989	0.96	38.2	76.0	2.26	305	1.750	0.666	1.165	3.035	0.833	2.628
492QA	1024	11.7	10306	1.00	23.3	70.1	3.07	292	1.520	0.788	1.197	2.815	0.894	1.929
Chrysler1.8	1068	12.8	11758	0.85	32.6	73.1	—	—	1.625	0.751	1.221	3.481	0.876	2.164
486Q	1149	13.2	13038	1.00	31.5	78.6	2.51	290	1.523	0.783	1.201	2.909	0.892	1.958
CA492QA	1096	12.0	11310	1.00	26.2	75.0	2.66	286	1.625	0.720	1.170	2.794	0.860	2.257
Toyota 5A	1210	13.8	16692	0.88	45.4	82.8	1.72	290	1.875	0.611	1.146	2.973	0.806	3.069
NJC427A	1010	12.7	11028	1.00	24.0	69.1	3.32	292	1.600	0.753	1.206	3.203	0.877	2.125
Chrysler TBI2.2	1057	14.7	13356	1.05	30.3	72.3	2.01	285	1.600	0.750	1.200	3.125	0.875	2.133
Toyota 3SZ	1271	15.9	20260	1.11	50.2	87.0	1.48	294	1.364	0.799	1.089	1.091	0.900	1.707
MY491Q	1150	13.2	13054	0.95	31.3	78.7	2.00	299	1.533	0.790	1.211	3.029	0.895	1.941
Alloytec V6 3.6L	1394	18.6	25854	0.91	53.3	95.4	2.08	—	2.031	0.600	1.218	4.543	0.800	3.385
Chrysler MFI	1055	13.0	11795	0.82	29.8	72.2	2.08	285	1.920	0.634	1.217	4.272	0.817	3.028
682 QK	1039	11.8	10543	0.90	31.4	71.1	2.58	292	1.371	0.831	1.139	1.651	0.915	1.650
Chrysler TBI2.5	1081	16.6	15437	1.19	30.0	74.0	1.87	285	1.600	0.775	1.240	3.629	0.888	2.065
CF 4G 27	1169	14.3	14376	1.00	32.8	80.0	1.98	279	1.500	0.768	1.152	2.199	0.884	1.953
BJ6V92	988	12.3	10449	0.87	27.7	67.6	2.27	235	1.614	0.729	1.177	2.860	0.865	2.214
SQR 48 4B	1742	16.5	28743	1.08	63.4	119.2	1.20	—	2.859	0.374	1.083	2.508	0.687	7.741
Volvo C303	1080	11.3	10493	0.90	30.8	73.9	—	—	1.700	0.629	1.069	1.329	0.815	2.703
EQ6100	979	11.5	10680	1.15	18.3	67.0	4.303	306	2.308	0.498	1.148	3.653	0.749	4.635
CA6102	1014	11.4	9598	1.13	18.6	69.4	—	306	2.500	0.469	1.172	4.403	0.735	5.330
LS685	1071	14.5	12646	1.33	25.3	73.3	—	—	1.583	0.729	1.154	2.457	0.865	2.171
SQR 48 4J	2447	16.5	40376	1.08	86.3	167.5	0.88	—	3.056	0.366	1.118	3.550	0.683	8.350
均值	1187	13.65	15037	1.012	35.47	81.23	2.247	288.8	1.8054	0.6785	1.166	2.920	0.843	2.997

表 4-6 部分柴油机的基本参数

机型	p_{em}/kPa	v_{ap}/(m/s)	C_s/(kW/m)	S_d	λ_p/(kW/L)	λ_T/(N·m/L)	λ_m/(kg/kW)	λ_g/[g/(kW·h)]	e_r	e_p	e_t	A	D	λ
Sofim 8142.27S 增	1318	11.7	13262	0.99	30.3	90.2	2.85	213	1.727	0.686	1.184	3.271	0.843	2.517
Comins 4BJ 增	1238	11.2	11921	1.18	19.7	84.7	4.15	—	1.867	0.676	1.261	4.806	0.838	2.762
4JB1 增、中、共	1503	12.24	18397	1.10	30.7	102.9	2.94	250	1.714	0.737	1.264	4.350	0.869	2.326
SQR481A 增、中、共	2080	12.32	25626	1.14	48.9	142.3	1.61	205	2.000	0.610	1.221	4.525	0.805	3.279
Sofim 8140.45 增、中	1456	12.67	18443	1.02	31.6	99.7	2.53	230	2.533	0.496	1.257	6.187	0.748	5.107
VMR425 DOHC	1989	12.53	24925	1.02	42.0	136.0	2.41	210	2.000	0.678	1.356	6.563	0.839	2.949
Comins 6BT	1463	10.4	13082	1.18	20.0	100.1	3.39	212	1.857	0.734	1.363	6.145	0.867	2.530
YC6105 QC 增	1192	10.8	11075	1.19	19.3	81.6	—	211	1.529	0.755	1.154	2.309	0.878	2.025
8120 球室、风、V8	814	9.3	6510	1.17	10.5	55.7	4.37	252	1.379	0.810	1.117	1.439	0.905	1.702
YC6112 增、中	1419	9.0	10982	1.00	20.5	97.1	2.92	225	1.600	0.743	1.188	2.968	0.872	2.153
CY4D47TI 增、中	1784	9.58	17097	0.88	26.3	122.0	6.69	215	1.533	0.729	1.118	1.835	0.865	2.103
SX6130Q	937	10.0	8655	1.15	12.0	64.1	4.63	238	1.667	0.670	1.117	2.096	0.835	2.488
6140B 球室、多燃料	840	9.6	6937	1.14	10.0	57.5	1.40	243	1.286	0.848	1.090	0.918	0.924	1.517
Steyr WD 615 74/64	1502	9.5	12272	1.03	18.0	102.8	4.10	210	1.630	0.908	1.317	4.652	0.904	2.017
SQR681RV6	2025	12.32	24948	1.14	47.6	138.6	4.24	—	2.000	0.610	1.220	4.508	0.805	3.279
Deutz BF8L413F	1213	10.0	10430	1.04	16.7	83.0	4.17	216	1.533	0.782	1.199	2.885	0.891	1.960
Steyr WD 615 71/61	1246	11.3	12113	1.03	19.6	85.3	5.19	215	1.576	0.751	1.183	2.827	0.876	2.099
X6130 Z 增	1318	10.0	11335	1.15	16.0	90.2	3.78	—	1.539	0.768	1.182	2.696	0.884	1.958
Steyr WD 615 73/63	1743	9.5	14242	1.03	21.0	119.3	3.70	194	1.630	0.804	1.310	4.573	0.902	2.027
Comins NTC-300 增	1306	10.6	11908	1.09	15.7	89.4	3.13	209	1.615	0.775	1.251	3.820	0.888	2.084
Steyr WD 615 78 增	1878	9.5	15340	1.03	23.1	125.8	3.07	197	1.630	0.785	1.280	4.227	0.893	2.076
WP10.37 增、中、共	2254	9.53	21488	1.03	28.4	154.2	—	205	1.571	0.797	1.252	3.658	0.899	1.971
WD615.38 增、中	2194	10.40	22818	1.03	28.8	150.1	2.98	198	1.600	0.819	1.311	4.448	0.910	1.954
Comins ISME 420 30	2713	9.31	25258	1.18	28.3	185.7	—	—	1.583	0.825	1.307	4.325	0.913	1.919
WP12 48 增、中、共	2256	10.85	24478	1.23	30.4	154.4	3.63	205	1.556	0.789	1.227	3.305	0.895	1.972
Deutz BF12L413FC	1235	10.8	11468	1.04	19.2	84.5	3.54	209	1.389	0.829	1.151	1.837	0.915	1.676
均值	1574	10.58	15577	1.085	24.41	107.69		216.46	1.675	0.743	1.226	3.660	0.872	2.325

$$\lambda_p = \frac{\eta n_p p_{em}}{30000\tau} \tag{4-13}$$

有人以功率指标因数 $\lambda_{pc} = P_m/Q^{\frac{2}{3}}$ 代替升功率,二者的意义是较为接近的。

由表4-5可知,汽油机 λ_p 值的平均值为35.47kW/L,其中最大值为86.3kW/L,最小值为18.3kW/L。由表4-6可知,柴油机 λ_p 值的平均值为24.41kW/L,其中最大值为48.9kW/L,最小值为10.0kW/L。

(6) 升转矩

升转矩 λ_T 是最大转矩与总排量的比值,即每升工作容积所发出的有效转矩。它和升功率一样,是一个较为直观的主要的性能评价指标,也是发动机强化程度的显著标志。因为最大平均有效压力 p_{em} 值高,升转矩也就高。升转矩(单位为N·m/L)可表示为

$$\lambda_T = \frac{T_m}{Q} \tag{4-14}$$

若已知最大平均有效压力 p_{em},那么升转矩还可表示为

$$\lambda_T = \frac{\mu p_{em}}{\pi\tau} \tag{4-15}$$

由表4-5可知,汽油机 λ_T 值的平均值为81.23N·m/L,最小值为67.0N·m/L,最大值为167.5N·m/L。由表4-6可知,柴油机 λ_T 值的平均值为107.69N·m/L,最小值为55.7N·m/L,最大值为185.7N·m/L。

(7) 比质量

比质量 λ_m 是发动机整机质量 m_e 与最大功率的比值,即发出每1kW功率中所需的质量。降低比质量,是发动机设计所追求的目标之一,也是设计和工艺水平的标志。

比质量 kg/kW 表示为

$$\lambda_m = \frac{m_e}{P_m} \tag{4-16}$$

由表4-5可知,汽油机 λ_m 值的平均值为2.247kg/kW,最好的数值为1.20kg/kW,最差的数值为4.303kg/kW。由表4-6可知,柴油机 λ_m 值的平均值为3.54kg/kW,最好的数值为Deutz风冷机1.40kg/kW,最差的数值为6.69kg/kW。随着科技的发展,现代高速发动机的比质量正在不断下降。

(8) 比油耗

比油耗 λ_g 是每工作小时的油耗量 Q_h 与最大功率的比值,即每1kW功率在每工作小时内的耗油量。它既是一个设计和工艺水平的指标,又是一个使用性能指标。比油耗 [g/(kW·h)] 可表示为

$$\lambda_g = \frac{Q_h}{P_m} \tag{4-17}$$

由表4-5可知,汽油机 λ_g 值的平均值为288.8g/(kW·h),最小值为235g/(kW·h),最大值为306g/(kW·h)。由表4-6可知,柴油机 λ_g 值的平均值为216.46g/(kW·h),最小值194g/(kW·h),最大值为252g/(kW·h)。

(9) 转速因子

转速因子 e_r(也称为转速适应性系数)在一定程度上决定着发动机的适应性能。其数

值越大，适应性就越好。它可表示为

$$e_r = \frac{n_p}{n_t} \tag{4-18}$$

由表 4-5 可知，汽油机 e_r 的均值约为 1.8，最小值约为 1.37，最大值约为 3.1。由表 4-6 可知，柴油机 e_r 的均值约为 1.68，最小值约为 1.29，最大值约为 2.53。

（10）功率因子

功率因子 e_p 是决定发动机性能的重要因素。数值越大，动力性能就越好。它可由式（4-19）计算：

$$e_p = \frac{P_t}{P_m} \tag{4-19}$$

由表 4-5 可知，汽油机 e_p 的均值约为 0.68，最小值约为 0.37，最大值约为 0.83。由表 4-6 可知，柴油机 e_p 的均值约为 0.74，最小值约为 0.50，最大值约为 0.91。

（11）转矩因子

转矩因子 e_t（转矩适应性系数）是发动机动力特性的标志指标。它既影响发动机的动力性能，又影响发动机的适应性能。两种发动机，若 P_m、n_p 和 n_T 均相同，那么 e_t 大者，必然是 T_m 大，$(n_p - n_T)$ 区间内的功率总量和转矩总量都较大。一般说来，e_t 值大，动力特性就好，它的计算公式为

$$e_t = \frac{T_m}{T_p} \tag{4-20}$$

由表 4-5 可知，汽油机 e_t 的均值约为 1.17，最小值约为 1.08，最大值约为 1.24。由表 4-6 可知，柴油机 e_t 的均值约为 1.23，最小值约为 1.12，最大值约为 1.36。

（12）动力性系数

动力性系数 D 是发动机动力性能的标志，它也是从最大转矩点加速到最大功率点的加速能力的象征。其数值大，动力性能就好。它可用式（4-21）计算：

$$D = \frac{e_t}{e_t - e_p} \sum_{i=1}^{k} \frac{C_i}{i+1}\left[1 - \left(\frac{1}{e_r}\right)^{i+1}\right] \tag{4-21}$$

式中　k——动力特性计算式的最高次数，$k = 3$ 或 $k = 4$；

　　　C_i——动力特性计算式的系数。

为简化计算，也可采用近似式（4-22）

$$D \approx \frac{1}{2}\left(1 + \frac{1}{e_p}\right) \tag{4-22}$$

D 的理论数值范围为：0.5～1.0。由表 4-5 可知，汽油机 D 值的均值约为 0.84，最小值约为 0.68，最大值约为 0.99。由表 4-6 可知，柴油机 D 值的均值约为 0.87，最小值约为 0.75，最大值约为 0.92。

（13）适应性系数

适应性系数 A 是发动机适应性能的标志，也就是当外界负荷变化时，发动机抵抗转速从 n_p 降到 n_T 的能力。数值越大，适应性越好，它可用式（4-23）计算：

$$A = \frac{100}{e_t}\left[\sum_{i=1}^{k} \frac{C_i}{i}\left(1 - \frac{1}{e_r^i}\right) - \left(1 - \frac{1}{e_r}\right)\right] \tag{4-23}$$

式中　　k——动力特性计算式的最高次数，$k=3$ 或 $k=4$；

　　　　C_i——动力特性计算式的系数。

为简化计算，也可采用近似式（4-24）

$$A \approx 50\left(1 - \frac{1}{e_t}\right)\left(1 - \frac{1}{e_r}\right) \tag{4-24}$$

A 的理论数值范围为 $0 \sim 50$，由表 4-5 可知，汽油机 A 值的均值为 2.92，最小值约为 1.09，最大值约为 4.54。由表 4-6 可知，柴油机 A 值的均值为 3.66，最小值约为 1.44，最大值约为 6.56。

（14）分配系数

分配系数 λ 是转速因子与功率因子的比值，是发动机动力特性在动力性能和适应性能两个方面分配合理性的标志。它可由式（4-25）计算：

$$\lambda = e_r/e_p \tag{4-25}$$

由表 4-5 可知，汽油机 λ 值的均值约为 3.0，最小值为 1.65，最大值为 8.35。由表 4-6 可知，柴油机 λ 值的均值约为 2.33，最小值约为 1.52，最大值约为 5.11。

在发动机的设计和评价中，建议以表 4-7 的数值作为参考。一般说来，超出表 4-7 的数值范围，动力特性分配就不尽合理。

表 4-7　分配系数 λ 的合理数值

发动机类型	λ
汽油机	3.0（1±10%）
柴油机	2.4（1±10%）

在设计发动机时，表 4-7 中 λ 的正负号可以根据使用环境和转速高低酌情选取。外界负荷变化不大和 n_p 值高者，可以采用负号，反之采用正号。但作为一般情况，均不宜超过 10%。

3. 排放、噪声及起动指标

（1）排放

内燃机排放物中含有大量有毒物质，会污染大气，危害健康。为防治污染，保护和改善生态环境，保障人体健康，从 20 世纪 80 年代初期开始，我国已经先后分六个阶段制定并实施汽车排放标准。

1）轻型汽车实施汽车排放标准。轻型汽车的排放标准在 1999 年 7 月发布，2001 年修订。

第一阶段：GB 18352.1—2001《轻型汽车污染物排放限值及测量方法（Ⅰ）》，等效采用欧盟 93/59/EC 指令，参照采用 98/77/EC 指令部分技术内容，等同于欧Ⅰ，从 2001 年 4 月 16 日发布并实施。

第二阶段：GB 18352.2—2001《轻型汽车污染物排放限值及测量方法（Ⅱ）》，等效采用欧盟 96(10)69/EC 指令，参照采用 98(10)77(10)EC 指令部分技术内容，等同于欧Ⅱ，从 2004 年 7 月 1 日起实施。

第三阶段：GB 18352.3—2005《轻型汽车污染物排放限值及测量方法（中国Ⅲ、Ⅳ阶段）》，部分等同于欧Ⅲ，于 2007 年 7 月 1 日实施。

第四阶段：部分等同于欧Ⅳ，于2011年7月1日实施。

中国轻型汽车国Ⅲ、国Ⅳ排放标准在污染物排放限值上与欧Ⅲ、欧Ⅳ标准完全相同，但在试验方法上做了一些改进，在法规格式上也与欧Ⅲ、欧Ⅳ标准有很大差别。

第五阶段：GB 18352.5—2013《轻型汽车污染物排放限值及测量方法（中国第五阶段）》，于2018年1月1日起实施。

第六阶段：GB 18352.6—2016《轻型汽车污染物排放限值及测量方法（中国第六阶段）》于2016年12月23日发布，2020年7月1日起实施。2019年7月，北京、上海、深圳、天津、重庆等地正式开始实施国家第六阶段机动车排放标准。GB 18352.6—2016 规定的 a、b 阶段轻型汽车污染物排放限值参见表4-8和表4-9。

表4-8 国Ⅵa阶段标准排放限值

标准		测试质量(TM)/kg	m_{CO}/(mg/km)	m_{THC}/(mg/km)	m_{NMHC}/(mg/km)	m_{NO_x}/(mg/km)	m_{N_2O}/(mg/km)	m_{PM}/(mg/km)	n_{PN}/(个/km)
第一类车		全部	700	100	68	60	20	4.5	6×10^{11}
第二类车	Ⅰ	TM≤1305	700	100	68	60	20	4.5	6×10^{11}
	Ⅱ	1305<TM_s≤1760	880	130	90	75	25	4.5	6×10^{11}
	Ⅲ	1760<TM	1000	160	108	82	30	4.5	6×10^{11}

注：CO——一氧化碳，THC——碳氢化合物，NMHC——非甲烷烃，NO_x——氮氧化物，N_2O——一氧化二氮，PM——颗粒物浓度，PN——颗粒物粒子数量

表4-9 国Ⅵb阶段标准排放限值

标准		标准	m_{CO}/(mg/km)	m_{THC}/(mg/km)	m_{NMHC}/(mg/km)	m_{NO_x}/(mg/km)	m_{N_2O}/(mg/km)	m_{PM}/(mg/km)	n_{PN}/(个/km)
第一类车		全部	500	50	35	35	20	3.0	6×10^{11}
第二类车	Ⅰ	TM≤1305	500	50	35	35	20	3.0	6×10^{11}
	Ⅱ	1305<TM_s≤1760	630	65	45	45	25	3.0	6×10^{11}
	Ⅲ	1760<TM	740	80	55	50	30	3.0	6×10^{11}

国Ⅵ标准排放限值相对国Ⅴ标准排放限值有显著提高。国Ⅴ标准与国Ⅵ标准排放限值变化情况参见表4-10。相对欧标排放情况参见表4-11。

表4-10 国Ⅴ标准与国Ⅵ标准排放限值变化情况表

标准	m'_{CO}/(mg/km)	m'_{THC}/(mg/km)	m'_{NMHC}/(mg/km)	m'_{NO_x}/(mg/km)	m'_{N_2O}/(mg/km)	m'_{PM}/(mg/km)	n'_{PN}/(个/km)
国Ⅴ	1.0000	0.1000	0.0680	0.0600	无此项	0.0045	6×10^{11}
国Ⅵa	0.7000	0.1000	0.0680	0.0600	0.0200	0.0045	6×10^{11}
国Ⅵb	0.5000	0.0500	0.0350	0.0350	0.0200	0.0030	6×10^{11}
国Ⅵa与国Ⅴ	↓30.00%	无变化	无变化	无变化	新增	无变化	无变化
国Ⅵb与国Ⅴ	↓50.00%	↓50.00%	↓48.53%	↓41.67%	新增	↓33.33%	无变化

表 4-11 欧标与国Ⅵ排放对比情况

标准	m_{CO}/(mg/km)	m_{NMHC}/(mg/km)	m_{NO_x}/(mg/km)	m_{PM}/(mg/km)	n_{PN}/(个/km)
欧Ⅴ	1000	68	60	5	—
欧Ⅵ	1000	68	60	4.5	—
国Ⅵa	700	68	60	4.5	6×10^{11}
国Ⅵb	500	35	35	3	6×10^{11}

2) 重型汽车实施汽车排放标准。重型汽车的排放标准包括重型压燃式发动机标准和重型点燃式发动机标准。

① 对于重型压燃式发动机汽车：GB 17691—2001《车用压燃式发动机排气污染物排放限值及测量方法》，于 2001 年 4 月 16 日发布，参照欧盟 91/542/EEC 指令。第一阶段：相当于欧Ⅰ水平，型式核准试验自 2000 年 9 月 1 日起执行，生产一致性检查自 2001 年 9 月 1 日起执行；第二阶段：相当于欧Ⅱ水平，型式核准试验自 2003 年 9 月 1 日起执行，生产一致性检查自 2004 年 9 月 1 日起执行。

GB 17691—2005《车用压燃式、气体燃料点燃式发动机与汽车排气污染物排放限值及测量方法（中国Ⅲ、Ⅳ、Ⅴ阶段）》，修改采用了欧盟指令 2001/27/EC 的有关技术内容，于 2005 年 5 月发布，分别于 2008 年、2013 年、2017 年 7 月 1 日实施。

GB 17691—2018《重型柴油车污染物排放限值及测量方法（中国第六阶段）》，2018 年 6 月 22 日颁布。将分为两个阶段实施，分别是国Ⅵa 和国Ⅵb。国Ⅵa 将于 2019 年 7 月 1 日对燃气车辆实施，2020 年 7 月 1 日对城市车辆（城市公交车、环卫车、邮政车等）实施，2021 年 7 月 1 日对所有车辆实施；国Ⅵb 将于 2021 年 1 月 1 日对燃气车辆实施，2023 年 7 月 1 日对所有车辆全面实施。

② 对于重型点燃式发动机车辆，GB 14762—2008《重型车用汽油发动机与汽车排气污染物排放限值及测量方法（中国Ⅲ、Ⅳ阶段）》，第Ⅲ阶段型式核准试验自 2009 年 7 月 1 日执行；第Ⅳ阶段型式核准试验自 2012 年 7 月 1 日执行。

(2) 噪声

噪声分发动机和车辆噪声两种。车辆噪声又分车内噪声和车外噪声两种。

当测定方法符合 GB 1859 的规定时，缸径小于等于 160 mm 的多缸液冷柴油机，其噪声功率级上 L_w 应符合 GB/T 14097—2018《往复式内燃机 噪声限值》的规定见表 4-12。

表 4-12 中小功率液冷柴油机噪声限值

标定功率 P_b/kW	标定转速 n_b/(r/min)					
	≤1500	$1500 < n_b \leq 2000$	$2000 < n_b \leq 2500$	$2500 < n_b \leq 3000$	$3000 < n_b \leq 3500$	>3500
31.5~40.0	108	109	110	111	112	113
40.0~50.0	109	110	111	112	113	114
50.0~63.0	110	111	112	113	114	115
63.0~80.0	111	112	113	114	115	116
80.0~100.0	112	113	114	115	116	117

(续)

标定功率 P_b/kW	标定转速 n_b/(r/min)					
	≤1500	1500 < n_b ≤ 2000	2000 < n_b ≤ 2500	2500 < n_b ≤ 3000	3000 < n_b ≤ 3500	>3500
100.0 ~ 125.0	113	114	115	116	117	118
125.0 ~ 160.0	114	115	116	117	118	119
160.0 ~ 200.0	115	116	117	118	119	120
200.0 ~ 250.0	116	117	118	119	120	121
250.0 ~ 315.0	117	118	119	120	121	122
315.0 ~ 400.0	118	119	120	121	122	123
400.0 ~ 500.0	119	120	121	122	123	124
500.0 ~ 630.0	120	121	122	123	124	125
630.0 ~ 800.0	121	122	123	124	125	126
800.0 ~ 1000.0	122	123	124	125	126	127
1000.0 ~ 1250.0	123	124	125	126	127	128
1250.0 ~ 1600.0	124	125	126	127	128	129
1600.0 ~ 2000.0	125	126	127	128	129	130
2000.0	126	127	128	129	130	131

注：直喷式柴油机噪声声级限值相应增加 1dB（A）。

机动车噪声应符合 GB 7258—2017《机动车运行安全技术条件》的规定。加速行驶车外最大允许噪声级应符合 GB 1495—2016《汽车加速行驶车外噪声限值及测量方法》的规定，见表 4-13。

表 4-13 加速行驶车外噪声限值

车辆分类		噪声限值/dB（A）	
		第一阶段 2002.10.01 ~ 2004.12.30 期间生产的汽车	第二阶段 2005.01.01 以后 生产的汽车
M_1		77	74
M_2（GVM ≤ 3.50t）或 N_1（GVM ≤ 3.50t）	GVM ≤ 2t	78	76
	2t < GVM ≤ 3.5t	79	77
M_2（3.5t < GVM ≤ 5t），或 M_3（GVM ≥ 5t）：	P < 150kW	82	80
	P ≥ 150kW	85	83
N_2（3.5t < GVM ≤ 12t），或 N_3（GVM ≥ 12t）：	P < 75kW	83	81
	75kW ≤ P < 150kW	86	83
	P ≥ 150kW	88	84

注：1. GVM 为最大总质量（t），P 为发动机额定功率（kW）。
  2. M_1、M_2（GVM ≤ 3.50t）和 N_1 类汽车装用直喷式柴油机时，其限值增加 1dB（A）。
  3. 对于越野汽车，其 GVM > 2t 时：如果 P < 150kW，则其限值增加 1dB（A）；如果 P ≥ 150kW，则限值增加 2dB（A）。
  4. M_1 类汽车，若其变速器前进档多于四个，则 P > 140kW，P/GVW 之比大于 75kW/t，并且用第三档测试时其尾端出线的速度大于 61km/h，则其限值增加 1dB（A）。

(3) 起动性

起动性直接影响汽车的机动性能,影响操作者的安全和劳动强度,是内燃机工作可靠性的重要标志。良好的起动性能,不仅应在一定的温度下能够迅速可靠地起动,而且耗能少、磨损小。

GB/T 12535—2007《汽车起动性能试验方法》规定:停放在一定环境温度下12h以上,在冷透的情况下,当无任何辅助装置时,能着火自行运转。作为一般起动的拖动时间,限定为15s。低温起动为30s。当出现断续着火时,可延长15s。起动可连续进行三次,两次起动的间隔时间为2min。

环境温度规定如下:

一般起动:汽油车为(−10±3)℃;柴油车为(−5±3)℃。

低温起动:必须有三种温度,(−25±2)℃,(−35±2)℃,(−41±2)℃。

4. 动力寿命

可靠性和耐久性是发动机最重要的性能。一台发动机,如果可靠性很差,那么其他指标再好也是毫无实用价值的。

发动机的可靠性一般用当量故障率和固有有效度来衡量;而耐久性则用试验时间来考核。20世纪80年代我国规定通过台架试验的时间,汽油机为100h,柴油机为150h。随着科技的发展和工艺条件的改善。通过台架试验的时间,汽油机为600h,柴油机为1500h。

作为整车的合理使用寿命,应注意:

1) 燃料消耗率不大于额定值的15%。

2) 使用年限不超过12(14)年。

3) 累计行驶里程不大于50(60)万km。

我国发动机水平已经大为提高,如重型汽车集团的MAN系列发动机生产厂家已经提出可以保1000000km以上。

同时,国标GB/T 12679—1990《汽车耐久性行驶试验方法》规定:整车动力性降低25%或燃料消耗量增加30%均判为致命故障;维修和保养费用达到了出厂价的80%,判为发生了耐久性损坏。

发动机的大修条件为:气缸磨损的圆柱度达到0.35~0.50mm或者圆度误差达到0.1~0.125mm,最大功率较初试值降低25%以上或者气缸压力达不到初试值的75%,燃料和机油消耗量显著增加时。

此外,我国还有部分省市制订了汽车动力使用寿命的地方标准。在国外,为推动汽车工业的发展和再生产的需要,不管车辆使用情况如何,一律以出厂年限作为报废年限。

4.1.2 发动机的选型依据

汽车发动机的选型需要考虑的问题很多。除汽车的用途和使用条件外,还应考虑下列因素:汽车的最大总质量,整车总布置的可能性,可靠性、经济性、动力性、适应性以及排放和噪声等。从客观上讲,还应考虑材料和燃料资源的可行性,国产发动机的系列状况、生产条件、生产成本以及发展规划等。下面重点谈谈基本型式的选择和性能指标的选定这两大问题。

1. 基本型式的选择

汽车发动机基本型式的选择需面对基本类型、结构型式、燃料种类和冷却方式等问题。

(1) 基本类型

在前述五类动力装置中，到底选用哪一类呢？显然，客观需要是其主要根据。然而，在一定条件下，各类动力装置的固有特性和优缺点则是选型的决定因素。

1）往复活塞式内燃机：这是较为成熟且应用最为广泛的动力装置。按其布置方式又分直列、V型、平置、斜置、对置和星型等多种型式。按其燃料种类，又分汽油机、柴油机、燃气机等数种型式。按其冷却方式，又分液冷和风冷两种。按其燃烧方式，又分压燃式和点燃式。点燃式中还分化油器式和喷射式两种。喷射式中进而分为单点喷射（TBI）多点喷射（MFI）以及电子控制燃料喷射（EFI）等多种型式。按其气缸压力又分非增压式和不同压力的增压式两种。增压式还分增压中冷和两级增压等多种型式。

2）转子发动机：转子发动机也称转缸发动机或汪克尔发动机。该类发动机结构简单，体积和质量均较小，振动和噪声低，高速性能好，平均有效压力和升功率、升转矩都较高。但一般低速性能差，燃料和机油消耗量大，气密问题和可靠性问题均需进一步提高。正因如此，目前只在少数轿车上采用。

3）燃气轮机：该类动力装置的体积和质量均较小，振动轻，转矩特性好，适合于大功率输出和全负荷下工作。其缺点是在部分负荷和低负荷下工作时，热效率低。怠速工况下的比油耗约为往复活塞式汽油机的3倍。此外，涡轮叶片材质要求高，整机成本也高。目前仅在少数重型和超重型汽车以及汽车列车上采用。

4）高能电池和燃料电池：高能电池包括银锌电池、钠硫和锂硫高温电池等。此外，还有低温燃料电池，它是将电化反应产生的能量储存于电极外面的动力源。按电解液区分，目前已有五种燃料电池结构。该类动力装置的主要优点是能减少污染，节省石油资源。其问题是：电池、电机和控制系统质量过大，电池寿命短，成本高。

戴姆勒-奔驰公司于1994年展示了"NECAR1"燃料电池车，1999年又展示了新款的"NECAR4"。2005年，日本的三轴"卡思"电动汽车，可以乘坐8人，充电1h，可行走300km，最高车速已达310km/h，加速到100km/h的时间约为7s。现今电动汽车已经走向家庭，据中汽协会数据，2018年我国新能源汽车全年累计产量127万辆，销量125.6万辆，其中新能源乘用车累计生产107万辆，占新能源汽车总产量的84.3%，新能源乘用车总销量105.3万辆，纯电动汽车占75%。比亚迪、北汽新能源等已经开发有续驶里程达500km以上的电动汽车。

5）太阳能转换器：这是一种将太阳能转变成电能的动力装置。虽然这种装置有取之不尽的能源，并能实现零污染，但由于成本较高等因素，过去只能在日照条件较好的地区用在轻型、小型汽车上。然而，近年来，研究已取得突破性进展，例如瑞士联邦工学院的凯尔·格雷策尔发明的高效转换器，其效率已高达33%。它的工作原理是：光子撞击二氧化钛薄层上的感光层时，便释放出自由电子，自由电子经二氧化钛收集便形成电流。此种装置的成本亦相对低廉。

(2) 结构型式

往复式内燃机在汽车上用得较多的是直列式和V型布置两种。它们各有其优缺点。

1）直列式：其优点是结构简单、宽度小、布置灵活、成本低、工作可靠、易维修。其缺点是不适于大排量发动机。因缸径过大影响性能，缸数过多影响长度，加大行程又影响高度。而且比质量也较大。故直列式最适合于中、小型汽车。

2) V型：V型发动机的优点是：长度短、高度低、质量小；曲轴和曲轴箱刚度大，扭振特性好；易于设计出尺寸紧凑的高速大功率发动机，且容易实现不同缸数的系列机型，如V6、V8、V10和V12等。由于长度小，在总布置上有很大的自由度，从而使汽车的轴距、总长和整备质量均较小。

V型发动机的缺点是：宽度大，横向布置困难，特别是平头车；主轴承支承面积小，缸体铸造技术要求高；造价也较高。综观优缺点，V型发动机一般适合于大功率高级轿车以及重型和超重型车辆。

（3）燃料种类

采用不同燃料的发动机，不仅有着不同的用途，而且有着不同的优势。到底选装哪种燃料的发动机，首先是由客观情况和实际需要所决定的。例如建国初期，由于石油奇缺，故不少公共汽车装用煤气机。再如为解决可保障性问题，部分军用汽车采用多燃料机等。然而，使用最为广泛的还是汽油机和柴油机。二者的评价参数可参阅表4-5和表4-6。柴油机与汽油机对比，其优缺点如下。

1）优点

① 使用成本低。这不仅是柴油价格约低15%，而且比油耗约低33%。

② 工作可靠，耐久性好。由于没有点火系统，加之活塞平均速度约低29%，所以故障率大为降低，平均无故障里程约长40%，平均寿命约长20%。

③ 易于实现大功率设计，因可采用较高的增压度和较大的缸径。

④ 排气污染较低。

⑤ 不易发生火灾。

⑥ 油箱容积较小。

2）缺点

① 工作粗暴，振动和噪声均大。

② 整机质量较大，比质量 λ_m（kg/kW）约大60%。

③ 外廓尺寸大，总布置较困难。

④ 难以实现高转速工作。最大功率转速的平均值只能达到汽油机的55%。虽然升转矩约大30%，但升功率却约小45%。

⑤ 制造成本较高。

⑥ 起动较困难。

鉴于上述优缺点，加之汽油机和柴油机在动力特性上没有明显的区别，所以二者是各有优势，可根据具体情况各取所用。一般说来，最大总质量在5t以上的中、重型和超重型车辆可采用柴油机。最大总质量小于5t的轿车、轻型乘坐车、货车和越野车可采用汽油机。

（4）冷却方式

汽车的冷却方式，有液冷和风冷两种。液冷相对于风冷的优缺点如下：

1）优点

① 冷却均匀可靠。由于散热均匀，缸盖、活塞等主要零件的热负荷低，故工作可靠。同时缸筒变形小，活塞与气缸间的间隙可以减小，机油消耗少，因此合于产生大功率的需要。

② 噪声较低。

③ 最高平均有效压力可以高出15%，比油耗较低。

④ 制造成本低。因风冷机铝合金缸盖成本高，铸造麻烦。
⑤ 能适应增压机大散热量的需要，因增加散热面积和水泵流量限制较少。
⑥ 车内采暖易于解决。
⑦ 能避免骤冷骤热下的开裂现象。

2) 缺点
① 适应性差。不便在沙漠和缺水地区使用，在严寒和酷暑条件下，易于冻裂和"开锅"，战场损坏也将被迫停驶。
② 制造成本高，冷却系维修不便。
③ 气缸温度低，腐蚀性磨损大。

鉴于上述优、缺点，绝大多数汽车采用液冷式发动机。但风冷机在小缸径和小功率（20kW 以下）发动机上也得到了广泛的使用，在军用越野汽车上也有一定的应用。

2. 性能指标的选定

(1) 原则及一般指标

当发动机的基本类型、结构型式、燃料种类和冷却方式都选定之后，还需选定各种性能指标。选定性能指标的首要原则是在价格合适的情况下，保证满足使用需要，其次是使用可靠，最后才是主要指标先进。

从技术指标上看，发动机的质量不能太大，油耗不能太高，动力性和适应性都要好。也就是说，主要指标，如比质量 λ_m、比油耗 λ_g、动力性系数 D 和适应性系数 A 等评价指标一般应满足表 4-14 的要求。

从使用角度看，虽然某些发动机的部分指标相当先进，但在一定条件下依然不可选用。例如，表 4-5 中的 Toyota 3SZ 发动机，其强化系数和升功率都是较先进的，然而适应性系数却是最小的。因此，该发动机绝不可以在军用越野汽车上采用。相反，表 4-6 中的 VMR425 DOHC 和 cummins 6BT 柴油机则是完全适于军用越野汽车的。

表 4-14 四冲程内燃机部分评价指标的参考限值

评价指标	限值	
	汽油机	柴油机
比质量 λ_m	≤2.5	≤4.0
比油耗 λ_g	≤300	≤220
转速因子 e_r	≥1.70	≥1.70
功率因子 e_p	≥0.60	≥0.70
转矩因子 e_t	≥1.16	≥1.18
动力性系数 D	≥0.84	≥0.86
适应性系数 A	≥2.9	≥3.5

从可靠性角度看，凡是最大（额定）功率转速高，活塞平均速度高，最大平均有效压力和强化系数以及升功率和升转矩均高的先进发动机，就得更加注意它的可靠性及其使用寿命。这种发动机必须要有先进技术和先进工艺以及现代化的生产手段来保证，必须是经过全速全负荷试验的产品，否则不可随意选用。

(2) 四大参数的选定

最大功率、最大转矩以及它们的相应转速，这是发动机的四大表征参数。它们既决定着发动机的主要性能指标，也决定着能否满足使用需要。

1）最大功率转速 n_p。

最大功率转速 n_p 的选定，必须权衡下列因素：汽车的类型、最高车速、发动机的缸径、行程、缸数、最大功率、活塞平均速度以及生产技术和工艺水平等。

增大 n_p 值是提高发动机功率和减小质量最为有效的措施。提高 n_p 值是汽车发动机的发展趋势。n_p 值的高低是科技水平发展的标志。美国部分汽车公司 1996 年汽油机产品的 n_p 值平均已到 5200r/min，个别机型已达 6500r/min。当前个别柴油机的 n_p 值已达 4000r/min，然而，n_p 值的提高必然带来一系列负面影响。例如，在一定的行程下，提高 n_p 值，活塞的平均速度就得增高，这就必然使活塞组的热负荷增高、曲轴连杆机构的惯性负荷加大、各摩擦副的磨损加剧、发动机和传动系的振动和噪声加大、寿命减少等。因此，最大功率转速不可过高。

到底如何确定 n_p 值呢？建议参考式（4-26）取值：

$$n_p = k n_{pm} \tag{4-26}$$

式中　n_{pm}——最大功率转速的最高值，r/min；

　　　k——技术水平系数，一般 $k = 0.5 \sim 1.0$。

最大功率转速的可能最高值又如何确定呢？作为汽油机，假如限制行程 $S \geqslant 0.08\text{m}$，活塞平均速度 $v_p \leqslant 18\text{m/s}$，那么 $n_{pm} \approx 6750\text{r/min}$。作为柴油机，假若限制 $s \geqslant 0.085\text{m}$，$v_p \leqslant 12.5\text{m/s}$，则 $n_{pm} \approx 4410\text{r/min}$。

k 值是技术水平的象征，现代发动机可适当提高。但对于采用增压、增压中冷、谐波进气等特殊措施的发动机，则可偏于下限取值。

计算示例：

若为普通轻型越野汽车选定一个四冲程汽油机的最大功率转速，可取技术水平系数 $k = 0.55$，于是 $n_p = 0.55 \times 6750 = 3713\text{r/min}$。

2）最大功率 P_m。

最大（额定）功率 P_m 是发动机的首要参数。P_m 值大，汽车的动力性能就好。然而，动力过大不仅功率利用率低，燃料经济性差，而且发动机和传动系的质量也将增加。因此，必须根据使用需要合理地选定最大功率。

一般说来，P_m 值可参照统计数据，结合动力性计算，并按使用需要调整确定。

① 按统计数据取值。对现有汽车的最大总质量 M_m 和最大功率 P_m 进行统计，然后拟合成 $P_m = f(G_m)$ 的关系式。利用此关系式，根据具体车型的 M_m 值，便可算出 P_m 值。

根据经验，$P_m = f(M_m)$ 这个关系式，可用一个多次方程来描绘，即

$$P_m = \sum_{i=0}^{k} a_i M_m^i \tag{4-27}$$

式中　k——方程的最高次数，一般可取 $k = 3$ 或 $k = 4$；

　　　M_m——最大总质量，t；

　　　a_i——方程各项的系数。

根据大量车型的统计，我国各类汽车的方程系数见表 4-15。

计算示例：给一般轻型越野汽车选定发动机的最大功率，若该车最大总质量 M_m = 1.955t，那么，按回归方程计算：

$$P_m = 50.2 + 6.68 \times 1.995 + 0.056 \times 1.995^2 - 0.0008 \times 1.995^3 \text{kW} = 63.5 \text{kW}$$

表 4-15　国产汽车的最大功率方程系数

a_i	客车	货车	越野车	国内轿车	国外轿车
a_0	19.3	19.0	50.2	13.3	192.2
a_1	16.82	9.31	6.68	0.39	-305.03
a_2	-1.400	-0.201	0.056	22.205	192.256
a_3	0.0507	0.0029	-0.0008	-5.8659	-35.5465
a_4	—				

② 按汽车动力性要求计算。按汽车动力性能计算，就是根据所设计车辆的最大负荷等已知参数在不同路面和不同坡道上所要求的最高车速，按其功率平衡关系进行计算。所需最大功率见式（4-28）。

$$P_m = \frac{1}{3600\eta_a\eta_m}\left[Gv_m\ (f_v\cos\alpha + \sin\alpha) + \frac{C_D A v_m^3}{21.1454}\right] \quad (4\text{-}28)$$

式中　η_a——附件损失系数；

η_m——传动系的效率；

G——汽车总负荷，N；

α——坡道角度，(°)；

C_D——空气阻力系数；

A——迎风面积，m^2；

v_m——平直良好路面或干燥土坡上的最高车速，km/h；

f_v——随车速变化的滚动阻力系数，良好路面：$f_v = 825 \times 10^{-5} + 165 \times 10^{-6} v_m$，干燥土路：$f_v = 15 \times 10^{-3} + 3 \times 10^{-4} v_m$。

计算示例：给一般轻型越野汽车选定发动机的最大功率。

a）要求车辆在平直良好路面上的最高车速 $v_m \geq 110$km/h。其有关参数如下：$G = 19170$N，$A = 2.69\text{m}^2$，令 $\eta_a = \eta_m = 0.9$，$C_D = 0.7$，$f_v = 0.0264$。代入式（4-26）可得：

$$P_m = \frac{1}{3600 \times 0.9 \times 0.9}\left[19170 \times 110 \times 0.0264 + \frac{0.7 \times 2.69 \times 110^3}{21.1454}\right]\text{kW} = 59.7\text{kW}$$

b）要求在20%的干燥土坡上行驶，其最高车速 $V_m \geq 40$ km/h。此时的 $f_v = 0.027$，代入式（4-28）可得：

$$P_m = \frac{1}{3600 \times 0.9 \times 0.9}\left[19170 \times 40 \times (0.027 \times \cos 11.3° + \sin 11.3°) + \frac{0.7 \times 2.69 \times 40^3}{21.1454}\right]\text{kW}$$
$$= 60.5\text{kW}$$

c）按使用需要进行调整

统计数据是客观规律的反映，按其取值不会产生很大的偏差。然而，统计数据绝不可能反映具体车辆的实际情况。按动力性能计算的数值，可以满足主要指标的要求，但难免所取系数不准确，很难满足某些特殊要求。因此还需在考虑两方面数据的基础上，根据具体情况予以调整。事实上，坡道车速的要求本身就是一个调整。例如，现有发动机的客观情况也迫使我们进行调整。再则是在某些特殊情况下，还必须把动力性能大为提高。例如，经常行驶于泥泞、沙土等软地面的车辆，往往需要放气行驶，为克服下陷阻力所需的功率远大于按一般条件计算的功率。再如某些高级轿车，在经济性允许的情况下，也要超常地加大动力指标。特别对于选装动力性系数 D 较低的发动机，更应以较高的最大功率绝对值来弥补相对值的不足。

对于前述轻型越野汽车，按统计数据和动力性要求的计算结果均较接近，从提高动力指标看，可以将 P_m 值调整为 62.5kW。

3）最大转矩转速 n_t。

最大转矩转速与最大功率转速有着密切的关系，它们之间既不能过于靠近，也不能过于拉开。如果过于靠近，转速因子 e_r 必然减小，发动机对负荷变化的适应能力降低，高档利用率降低，高档最低稳定车速偏高，变速器的换档频次增高；反之，如果过于拉开，则最大转矩点的功率减小，功率因子 e_p 减小，发动机的平均加速功率下降，动力性能变坏。

在最大功率转速 n_p 已定的情况下，可在统计数据的基础上，按转速区间 $\Delta n = n_p - n_t$ 和转速因子的要求以及动力特性分配的合理性等多种方法确定最大转矩转速 n_t。

① 按转速区间 Δn 的要求计算。最大功率转速 n_p 与最大转矩转速 n_t 的差（$\Delta n = n_p - n_t$）的数值范围，汽油机一般为 1300~3700r/min，柴油机一般为 400~2300r/min。建议汽油机平均取 $\Delta n = 2000$r/min，柴油机平均可取 $\Delta n = 1000$r/min。对于现代高速发动机，Δn 可适当加大。按此要求，便可由式（4-29）确定 n_t 值：

$$n_t = n_p - \Delta n \tag{4-29}$$

计算示例：

某汽油机的最大功率转速 $n_p = 4500$r/min，求最大转矩转速 n_t。若取 $\Delta n = 2000$r/min，那么 $n_t = n_p - \Delta n = 4500 - 2000 = 2500$（r/min）。

某柴油机的额定功率转速 $n_p = 2600$r/min，求最大转矩转速 n_t。若取 $\Delta n = 1000$r/min，那么 $n_t = n_p - \Delta n = 2600 - 1000 = 1600$r/min。

② 按转速因子 e_r 的要求计算。转速因子 e_r 的数值范围，汽油机一般为 1.36~3.0，平均值约为 1.8，柴油机一般为 1.3~2.5，平均值约为 1.7。按表 4-14 中的转速因子 e_r 的限值要求，便可由式（4-30）确定 n_t：

$$n_t = n_p / e_r \tag{4-30}$$

计算示例：

某汽油机的最大功率转速 $n_p = 4000$r/min，并要求转速因子 $e_r = 1.7$，计算最大转矩转速 n_t。

$$n_\text{t} = n_\text{p}/e_\text{r} = 4000/1.7 = 2350 \text{ (r/min)}$$

某柴油机的额定功率转速 $n_\text{p} = 2800\text{r/min}$，并要求 $e_\text{r} = 1.7$，计算 n_t。

$$n_\text{t} = n_\text{p}/e_\text{r} = 2800/1.7 = 1650 \text{ (r/min)}$$

③ 按动力特性的合理分配关系计算。动力特性在动力性和适应性两方面的分配，也就是转矩因子 e_t 在功率因子 e_p 和转速因子 e_r 两个方面的分配。其分配系数 λ 由式（4-25）决定，λ 的合理数值见表 4-7。在最大功率转速 n_p 和转矩因子 e_t 已定的情况下，可由式（4-31）计算 n_t 值。

$$n_\text{t} = \frac{n_\text{p}}{\sqrt{\lambda e_\text{t}}} \tag{4-31}$$

计算示例：

某汽油机的最大功率转速 $n_\text{p} = 4400\text{r/min}$，转矩因子 $e_\text{t} = 1.2$，并取 $\lambda = 3$，计算最大转矩转速 n_t。

$$n_\text{t} = \frac{n_\text{p}}{\sqrt{\lambda e_\text{t}}} = \frac{4400}{\sqrt{3 \times 1.2}} \text{ r/min} = 2320 \text{r/min}$$

某柴油机的额定功率转速为 $n_\text{p} = 2800\text{r/min}$，转矩因子 $e_\text{t} = 1.16$，并取 $\lambda = 2.4$，计算最大转矩转速 n_t。

$$n_\text{t} = \frac{n_\text{p}}{\sqrt{\lambda e_\text{t}}} = \frac{2800}{\sqrt{2.4 \times 1.16}} \text{ r/min} = 1678 \text{r/min}$$

4) 最大转矩 T_m。最大转矩是发动机的重要参数，它在很大程度上决定着汽车的驱动力、动力因素、加速性能和爬坡能力等动力性能参数。最大转矩越大，汽车动力性能就越好。然而，转矩过大，除转矩利用率降低外，还必然使发动机和传动系的质量加大。合理的最大转矩值，应根据需要按统计数值和性能要求选定。

① 按统计数据取值。对现有汽车的最大总质量 M_m 和最大转矩 T_m 进行统计，然后拟合成 $T_\text{m} = f(M_\text{m})$ 的关系式。利用此关系式，根据具体车型的 M_m 值，便可算 T_m 值。

根据经验，$T_\text{m} = f(M_\text{m})$ 这个关系式，也可用一个多次方程来描绘，即

$$T_\text{m} = \sum_{i=0}^{k} a_i M_\text{m}^i \tag{4-32}$$

式中 k——方程的最高次数，一般可取 $k = 3$ 或 $k = 4$；

M_m——最大总质量，t；

a_i——方程各项的系数。

根据对大量车型的统计，我国各类汽车的方程系数见表 4-16。

计算示例：给一般轻型越野汽车选定最大转矩。

该车的最大总质量 $M_\text{m} = 1.955\text{t}$，故按统计方程有

$$T_\text{m} = 120 + 24.3 \times 1.955 + 2.28 \times 1.955^2 - 0.087 \times 1.955^3 + 0.001 \times 1.955^4 \text{N} \cdot \text{m}$$
$$= 175.6 \text{N} \cdot \text{m}$$

表 4-16　国产汽车的最大转矩方程系数

a_i	客车	货车	越野车
a_0	-96	10.7	120
a_1	135.3	41.84	24.3
a_2	-16.19	-0.426	2.28
a_3	0.724	0.0059	-0.087
a_4	—	—	0.0010

② 按性能要求计算。根据发动机的动力特性和汽车爬坡能力所要求的已知条件，具有下述三种计算方法：

a）按发动机转矩因子要求计算：当已定最大功率 P_m 及其相应转速 n_p 时，则可参照表 4-14 中的转矩因子 e_t 的限值，利用式（4-33）计算所需最大转矩。

$$T_m = 9549.3 e_t \frac{P_m}{n_p} \tag{4-33}$$

b）按发动机功率因子要求计算：当已定最大功率 P_m 和最大转矩转速 n_t 时，则可参照表 4-14 中的功率因子 e_p 的限值，利用式（4-34）计算所需最大转矩。

$$T_m = 9549.3 e_p \frac{P_m}{n_t} \tag{4-34}$$

c）按汽车最大爬坡度要求计算：在已定最大转矩转速 n_t 的情况下，按所要求的汽车最大爬坡度 α 及其相应车速 v_m，利用式（4-28）算出最大转矩转速点所消耗的功率 P_t，然后利用式（4-35）计算所需最大转矩。

$$T_m = 9549.3 \frac{P_t}{n_t} \tag{4-35}$$

最大爬坡度 α 作为一般车辆就是按动力性能要求的最大爬坡度，此时的相应车速可以按 15km/h 计算。作为越野汽车，只能按附着条件所决定的最大爬坡度计算。此时，大多数取 $\alpha = 31°$（60%）。按动力性能考虑的最大爬坡度，往往都大于 60%，因此在取相应车速时，不可取得太低，一般可取 $v_m = 10 \sim 12$km/h 计算。

计算示例：同样给一般轻型越野汽车选定发动机的最大转矩。其有关参数如下：$G = 19170$N，$A = 2.69$m^2，$P_m = 62.5$kW，$n_p = 3800$r/min，$n_t = 2500$r/min，取 $\eta_a = 0.9$，$\eta_m = 0.8$，$C_D = 0.7$，要求：$e_p = 0.75$，$e_t = 1.15$，爬越 60% 的坡道时，车速 $v_m = 12$km/h，$f_v = 0.0186$，下面分别计算：

- 按转矩因子要求计算

所要求的最大转矩为：

$$T_m = 9549.3 \times 1.15 \times 62.5/3800 \text{N} \cdot \text{m} = 180.6 \text{N} \cdot \text{m}$$

- 按功率因子要求计算

所要求的最大转矩为：

$$T_m = 9549.3 \times 0.75 \times 62.5/2500 \text{N} \cdot \text{m} = 179 \text{N} \cdot \text{m}$$

- 按最大爬坡度要求计算

最大转矩点的功率为：

$$P_\mathrm{t} = \frac{1}{3600 \times 0.9 \times 0.8}\left[19170 \times 12 \times (0.0186\cos 31° + \sin 31°) + \frac{0.7 \times 2.69 \times 12^3}{21.1454}\right]\mathrm{kW}$$
$$= 47.3\mathrm{kW}$$

所要求的最大转矩为：

$$T_\mathrm{m} = 9549.3 \times 47.2/2500 \mathrm{N \cdot m} = 180.6 \mathrm{N \cdot m}$$

综合统计数据和动力性要求的计算结果，可以将 T_m 值调定为 $180\mathrm{N \cdot m}$。

4.2 发动机的动力特性

汽车发动机的功率 P、转矩 T 以及有效油耗 g_e 与曲轴转速 n 之间的关系称为发动机的转速特性。发动机的动力特性仅指功率、转矩与曲轴转速之间的特性关系，即 $P = f(n)$ 与 $T = F(n)$ 的函数关系。这一函数关系，既包含发动机的动力性能，也包含发动机对外界负荷变化的适应能力，特别还包含动力特性在动力性和适应性这两个方面的分配关系。动力特性与可靠性和经济性等性能一样，是评定和选择发动机的重要依据。

P、T 与 n 之间的关系若以曲线表示，则此曲线称为发动机的动力特性曲线。若发动机节流阀全开（或高压油泵在最大供油位置），则此特性曲线称为动力外特性曲线。若节油门部分开启（或部分供油），则称为部分负荷动力特性曲线。

表 4-17 和表 4-18 分别列出了 Motor – Typ 615.64/74 柴油机和 Chrysler 2.5L 汽油机的功率、转矩及其相应转速的数值。其中，转矩的数值只列出了测试值，而功率除列测试值外，还对比列出了试验数据的拟合式和理论式的计算值。

图 4-2 和图 4-3 是上述两型发动机的动力外特性曲线。

表 4-17 Motor – Typ 615.64/74 柴油机的动力外特性参数

$n/(\mathrm{r/min})$	$T/\mathrm{N \cdot m}$	P/kW				
		测试值	计算值			
			拟合式		理论式	
	测试值		三次式	四次式	三次式 A	四次式
1100	930	108.0	107.0	107.2	113.8	112.6
1200	993	125.0	123.4	123.7	125.3	125.0
1300	1000	136.1	136.8	136.9	136.1	136.1
1400	995	145.6	147.4	147.5	146.2	145.9
1500	987	155.0	155.7	155.7	155.2	154.2
1600	975	162.7	162.0	161.9	163.1	161.0
1700	938	167.5	166.5	166.5	169.6	166.2
1800	905	170.0	169.7	169.8	174.5	170.1
1900	862	171.2	171.7	172.0	177.7	172.7
2000	830	172.8	173.0	173.5	179.1	174.2
2100	792	173.8	174.0	174.4	178.1	174.9

(续)

$n/(\text{r/min})$	$T/\text{N}\cdot\text{m}$	P/kW				
	测试值	测试值	计算值			
			拟合式		理论式	
			三次式	四次式	三次式 A	四次式
2200	760	175.0	174.9	174.9	175.0	175.0
有关参数	$e_r = 1.6923$ $e_p = 0.7779$ $e_t = 1.3165$	$C_0 = -366.72$ $C_1 = 0.747$ $C_2 = -0.000348$ $C_3 = 5.46 \times 10^{-8}$	$C_0 = -432.1$ $C_1 = 0.923$ $C_2 = -0.00052$ $C_3 = 1.2845 \times 10^{-7}$ $C_4 = -1.15 \times 10^{-11}$	$C_0 = 0$ $C_1 = 0.6562$ $C_2 = 2.2347$ $C_3 = -1.8909$	$C_0 = 0$ $C_1 = -0.4852$ $C_2 = 7.2392$ $C_3 = -9.0228$ $C_4 = 3.2688$	

表 4-18 Chrysler 2.5L 汽油机的动力外特性参数

$n/(\text{r/min})$	$T/\text{N}\cdot\text{m}$	P/kW				
	测试值	测试值	计算值			
			拟合式		理论式	
			三次式	四次式	三次式 A	四次式
1840	182	35.0	35.0	34.6	34.6	33.0
2000	183	38.2	38.7	37.6	38.5	37.3
2400	185	46.5	47.8	47.3	47.9	47.6
2840	193	57.5	57.0	57.3	57.5	57.5
3200	192	64.5	63.5	64.2	64.2	64.0
3600	186	70.0	69.2	69.8	69.9	69.3
4020	172	72.5	73.1	72.8	73.3	72.5
4430	158	73.5	74.5	73.5	73.5	73.5
4800	145	73.0	73.2	72.7	70.5	72.8
5000	138	72.0	71.3	72.1	67.5	72.0
有关参数	$e_r = 1.5599$ $e_p = 0.7832$ $e_t = 1.2203$	$C_0 = -2.8$ $C_1 = 0.014$ $C_2 = 5.535 \times 10^{-6}$ $C_3 = -1.073 \times 10^{-9}$	$C_0 = 71.3$ $C_1 = 0.0907$ $C_2 = 5.793 \times 10^{-5}$ $C_3 = -1.2153 \times 10^{-8}$ $C_4 = 8.3994 \times 10^{-13}$	$C_0 = 0$ $C_1 = 0.5175$ $C_2 = 2.1925$ $C_3 = -1.71$	$C_0 = 0$ $C_1 = -0.2084$ $C_2 = 5.1833$ $C_3 = -5.7414$ $C_4 = 1.7665$	

4.2.1 功率、转矩和转速三者的关系

发动机起动后,随着转速 n 的提高,功率 P 和转矩 T 也相应增加。当 n 达到最大转矩转速 n_t 时,发动机发出最大转矩 T_m。当 n 继续增加时,转矩开始下降,但功率却依然增加,直到达其最大(额定)功率 P_m。此时发动机的转速为 n_p。对于柴油机,其转速也就限定到此为止;对于汽油机,转速还可继续增加,然而功率却随转速的增加而下降。允许汽油机的最高转速为 n_m。为降低油耗和延长发动机的使用寿命,n_m 值应由式(4-4)限定。由于发

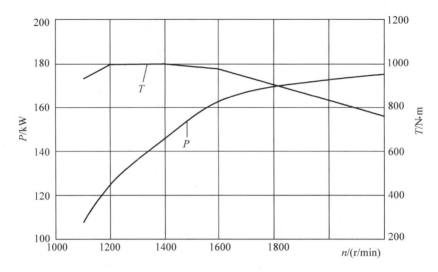

图 4-2 Motor – Typ 615.64/74 柴油机外特性曲线（注：P 值、T 值均 ±5%）

动机曲轴的角速度 $\omega = \dfrac{\pi n}{30}(\text{rad/s})$，因此，当曲轴半径为 $r(\text{m})$ 时，其端点的线速度 $v = \pi n r/30(\text{m/s})$。假若作用于曲柄端点的力为 $F(\text{N})$，那么，所生的功率 $P = Fv = \pi n M/30(\text{N·m/s}$ 或 W）。

若计算单位功率以 kW 表示，转矩以 N·m 表示，那么一般汽车发动机的功率、转矩和转速三者之间的关系为

$$P = \frac{Tn}{9549.3} \tag{4-36}$$

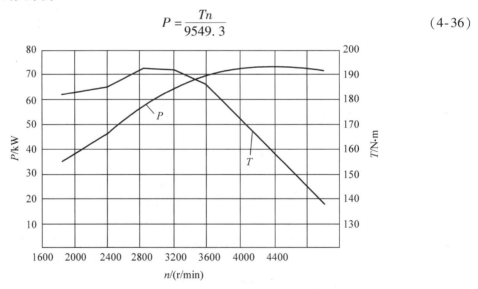

图 4-3 Chrysler 2.5L 汽油机动力外特性曲线

4.2.2 功率、转矩与转速的特定关系

式 (4-36) 虽然是一个非常有用的公式，但它必须在知道两个参数后才能确定第三个参数。作为具体的发动机，在实际应用中，必须掌握功率、转矩分别与转速的关系。即 $P = f(n)$ 和 $T = F(n)$ 的函数关系。在具有稳定生产条件的情况下，针对某一型号的发动机，这

个函数关系是基本不变的,而且是可以通过稳定工况下的台架试验测出的。

台架试验一般是不带水泵、风扇、电机以及真空泵、空滤器和消声器等附件的全功率试验。因此,厂家所给的特性数据,若非净功率数据,在使用中尚需扣除上述附件的损耗。附件损耗是随转速的增大而加大的。在低转速时,这个损耗几乎可以忽略不计,而当 $n = n_p$ 时,损耗可达 5% ~ 20%。对于转速变化的损耗,在实际计算中,不少人往往把它看作是等比例的线性变化。一般在计算最大功率时,都将全功率乘以 0.9 近似地转化为使用功率。此外,所带附件越多,损耗越大,最大功率越小,损耗的百分比越高。对于这两种因素应酌情考虑。

1. 试验数据的拟合

在进行动力匹配和发动机控制以及在进行公式推演时,都必须掌握 $P = f(n)$ 和 $T = F(n)$ 的连续而具体的函数式。然而,发动机厂家所提供的功率、转矩随转速变化的试验数据,仅是一些离散的数值。特别是那些高转速发动机,其试验取点密度往往不高,这就无法保证计算的精确度。因此,很有必要对已掌握的试验数据进行拟合处理。

根据经验,大多数汽车发动机的功率与转速的关系都可以用一个 N 次方程 $P = \sum_{k=0}^{n} c_k n^k$ 来描绘。假如试验的子样数为 m,自变量(转速)为 n,因变量(功率)为 P,那么式 (4-37) 就是具有 $(N+1)$ 个方程的正规方程:

$$\sum_{i=1}^{m} \left[\sum_{k=1}^{N} C_k n_i^k - P_i \right] \sum_{k=0}^{N} n_i^k = 0 \tag{4-37}$$

式 (4-37) 还可改写成式 (4-38) 的形式:

$$\sum_{k=0}^{N} C_k A_k - B_0 = 0$$

$$\sum_{k=0}^{N} C_k A_{k+1} - B_1 = 0$$

$$\sum_{k=0}^{N} C_k A_{k+2} - B_2 = 0$$

$$\sum_{k=0}^{N} C_k A_{k+N} - B_N = 0 \tag{4-38}$$

式中

$$A_k = \sum_{i=1}^{m} n_i^k$$

$$B_k = \sum_{i=1}^{m} n_i^k P_i$$

解此正规方程,便可得到拟合方程的回归系数 C_k。

根据经验,拟合方程的次数 N 一般可取为 3 或 4。

拟合精度本书采用较为直观的相对偏差进行判断。设拟合后各点的功率测试值为 P_t,回归值为 P_r,则相对偏差为

$$\varepsilon_i = \left(\frac{P_r - P_t}{P_t} \right) \times 100\% \tag{4-39}$$

其平均误差为

$$\bar{\varepsilon} = \sum_{i=1}^{m} |\varepsilon_i| / m \tag{4-40}$$

根据 Motor – Typ 615.64/74 柴油机和 Chrysler 2.5L 汽油机的功率测试值，采用三次式和四次式进行拟合，拟合后的回归系数 C_k 及用拟合式计算的功率值见表 4-17 和表 4-18。

2. 动力特性表达式

(1) 曾用方法

当试验数据较为完整时，$P = f(n)$ 的关系式可用拟合方法得到。然而发动机厂家一般只提供最大（额定）功率 P_m、最大转矩 T_m 及其二者的相应转速 n_p 和 n_t 四个参数。在此情况下，能否仅根据这四个参数给出一个较为精确实用的计算公式呢？回答是肯定的！这个问题经过一个长期的摸索过程，不少先驱者已在动力外特性的计算方面做了大量的工作。

李宁（И. М. ЛеНИн）教授提出了相对特性法。该法认为："同类发动机都具有统一的相对特性"，即任意点的功率 P 与转速 n 的关系可由最大（额定）功率 P_m 及其相应转速 n_p 的百分比来表示，见表 4-19。

列杰尔曼给出了下列三次经验式：

$$P = P_m \sum_{i=1}^{3} C_i (n/n_p)^i \tag{4-41}$$

式中的系数 C_i 见表 4-20。

表 4-19 三类发动机的相对特性

n/n_p （%）	P/P_m （%）		
	汽油机	直喷柴油机	预燃室柴油机
20	23	15	17
40	50	38	40
60	74	62	65
80	93	85	84
100	100	100	100
120	94	—	—

表 4-20 列氏经验式的系数

发动机类别		C_1	C_2	C_3
汽油机		1.0	1.0	-1.0
柴油机	直接喷射	0.5	1.5	-1.0
	预燃室	0.6	1.4	-1.0
	对置活塞	0.65	1.35	-1.0
	涡流室	0.70	1.30	-1.0

纲氏（Х. ГaH）给出了任意点的转矩 T 随最大转矩 T_m 和最大功率点的转矩 T_p 及其相应转速 n_p 变化的表达式，即

$$T = T_m - (T_m - T_p)\left(\frac{n_t - n}{n_t - n_p}\right)^2 \tag{4-42}$$

李宁和列杰尔曼的方法都是利用了最大功率及其相应转速这两个参数。其计算精度不可能很高。事实上，在转速 $n_t - n_p$ 区间内各点计算功率与实测功率相对误差的均值，有的发动机竟然超过 10%。值得注意的是：列氏公式与李宁方法虽然表现形式不同，而实质却完全是一致的。当把表 4-19 的数据进行拟合处理时，立刻可以得到表 4-20 的系数。

由于纲氏公式利用了 T_m、T_p、n_t、n_p 这四个参数，因此，它的计算精度必然高于李氏和列氏公式。然而，纲氏公式还不完全令人满意：首先，由式（4-42）可知，用纲氏公式计算的转矩值必然是以最大转矩点为对称轴的。因为 $[n_t-(n_t+\Delta n)]^2 = [n_t-(n_t-\Delta n)]^2$。由此可知，用纲氏公式计算的转矩值在低转速区间的误差必然较大。此外纲氏公式对那些动力特性较好的发动机，例如采用增压或者增压中冷等先进技术的发动机，其计算误差依然较大。

（2）推荐方法

1）公式的建立。本书将建立一套完整的计算方法。

根据测试统计和实际计算，发动机的动力特性完全可用其最大功率 P_m 和相对转速 n/n_p 的多次方程来描述：

$$P = P_m \sum_{i=0}^{k} C_i \left(\frac{n}{n_p}\right)^i \tag{4-43}$$

式（4-43）中的最大（额定）功率 P_m 及其相应转速 n_p 是已知的，需要确定的只是方程的最高次数 k 和系数 C_i。

最高次数 k 一般可取为 3 或 4。这既是客观规律的反映，也是受已知条件约束的。因为建立公式可以利用的已知条件仅有如下五个：

① 转速 $n=0$ 时，功率 $P=0$。
② 转速 $n=n_t$ 时，转矩取得最大值，功率 $P=P_t$。
③ 转速 $n=n_t$ 时，转矩对转速的一阶导数为零，即 $dT/dn=0$。
④ 转速 $n=n_p$ 时，功率取得最大值，即 $P=P_m$。
⑤ 转速 $n=n_p$ 时，功率对转速的一阶导数为零，即 $dP/dn=0$。

$dP/dn=0$ 的假设，对于柴油机来说是不对的。但从实际上说，只是把额定功率视为最大功率，依然是可行的。当然这样导出的公式，是不能（也不需要）计算额定功率以外的点的。

由上述情况可知，只要知道了 P_m、T_m 以及 n_p 和 n_t 四个参数，加上式（4-36）和式（4-43），便可导出一个四次方程来。

下面就利用五个已知条件确定式（4-44）这个四次方程的系数 C_i。

$$P = P_m \sum_{i=0}^{4} C_i \left(\frac{n}{n_p}\right)^i \tag{4-44}$$

① 由于 $n=0$ 时，$P=0$，由式（4-42）可得

$$C_0 = 0 \tag{4-45}$$

② 当 $n=n_t$、$P=P_t$ 时，将 $P_t/P_m=e_p$，$n_t/n_p=1/e_r$ 和 $C_0=0$ 代入式（4-44）可得：

$$e_p e_r^4 = C_1 e_r^3 + C_2 e_r^2 + C_3 e_r + C_4 \tag{4-46}$$

③ 当 $n=n_t$、$dT/dn=0$ 时，由于 $P=Tn/9549.3$，由式（4-44）和式（4-45）可得：

$$T = 9549.3 P_m \left(\frac{C_2}{n_p} + C_2 \frac{n}{n_p^2} + C_3 \frac{n^2}{n_p^3} + C_4 \frac{n^3}{n_p^4}\right)$$

$$\frac{dT}{dn} = 9549.3 P_m \left(\frac{C_2}{n_p^2} + 2C_3 \frac{n}{n_p^3} + 3C_4 \frac{n^2}{n_p^4}\right)$$

由 $n=n_t$、$n_t/n_p=1/e_r$，可得：

$$C_2 e_r^2 + 2C_3 e_r + 3C_4 = 0 \tag{4-47}$$

④ 当 $n = n_p$、$P = P_m$ 时，由式 (4-44) 可得
$$C_1 + C_2 + C_3 + C_4 = 1 \tag{4-48}$$

⑤ 当 $n = n_p$、$dP/dn = 0$ 时，由式 (4-44) 可得
$$C_1 + 2C_2 + 3C_3 + 3C_4 = 0 \tag{4-49}$$

由式 (4-48) 和式 (4-49) 可解得：
$$3C_1 + 2C_2 + C_3 - 4 = 0 \tag{4-50}$$

由式 (4-47) 和式 (4-48) 可解得：
$$3C_1 + (3 - e_r^2)C_2 - (3 - 2e_r)C_3 - 3 = 0 \tag{4-51}$$

由式 (4-46) 和式 (4-48) 可解得：
$$(e_r^3 - 1)C_1 + (e_r^2 - 1)C_2 - (e_r - 1)C_3 + 1 - e_p e_r^4 = 0 \tag{4-52}$$

由式 (4-50) 和式 (4-51) 可解得：
$$9 - 8e_r + 6(e_r - 1)C_1 - (e_r^2 - 4e_r + 3)C_2 = 0 \tag{4-53}$$

由式 (4-50) 和式 (4-52) 可解得：
$$e_p e_r^4 - 4e_r + 3 - (e_r^3 - 3e_r + 2)C_1 - (e_r^2 - 2e_r + 1)C_2 = 0 \tag{4-54}$$

由式 (4-53) 和式 (4-54) 可解得：
$$C_1 = \frac{e_r^3 e_t - 3e_r^2 e_t + 4e_r - 2}{(e_r - 1)^3} \tag{4-55}$$

由式 (4-53) 和式 (4-55) 可解得：
$$C_2 = \frac{6(e_r - 1)C_1 - 8e_r + 9}{e_r^2 - 4e_r + 3} \tag{4-56}$$

由式 (4-50) 可解得：
$$C_3 = 4 - 3C_1 - 2C_2 \tag{4-57}$$

由式 (4-48) 可解得：
$$C_4 = 1 - C_1 - C_2 - C_3 \tag{4-58}$$

归纳上述推导，可以得到由参变量 n_t、n_p、T_m、P_m（或 e_r、$e_p = e_t/e_r$）表示的功率 P 与转速 n 的四次关系式：

$$P = P_m \sum_{i=1}^{4} C_i \left(\frac{n}{n_p}\right)^i \tag{4-59}$$

式中

$$C_1 = \frac{e_r^3 e_t - 3e_r^2 e_t + 4e_r - 2}{(e_r - 1)^3}$$

$$C_2 = \frac{6(e_r - 1)C_1 - 8e_r + 9}{e_r^2 - 4e_r + 3}$$

$$C_3 = 4 - 3C_1 - 2C_2$$

$$C_4 = 1 - C_1 - C_2 - C_3$$

由前述五个已知条件，如果任去其一，则可组合出五种情况，从而导出五个三次方程来。这五个三次方程，在不同的转速区间将有着不同的计算精度。如果舍弃某一条件，则在相应区间会失控，从而产生较大误差，然而却可带来其他区间精度的提高。五个已知条件所能组合的五种情况是：

① $P=0$, $P=P_t$, $dT/dn=0$, $P=P_m$。（中严低松）
② $P=0$, $P=P_t$, $P=P_m$, $dP/dn=0$。（高严中松）
③ $P=0$, $dT/dn=0$, $P=P_m$, $dP/dn=0$。（高严中最松）
④ $P=0$, $P=P_t$, $dT/dn=0$, $dP/dn=0$。（高松中低严）
⑤ $P=P_t$, $dT/dn=0$, $P=P_m$, $dP/dn=0$。（中高严低松）

由这五种情况导出的五个三次方程连同式（4-59）这个四次方程一并列入表 4-21 之中。

2）公式的可行性。为考察表 4-21 中所列公式的可行性，特用这些公式逐一对 LS685Q 汽油机进行计算。计算结果见表 4-22。从表 4-22 的数据可知，三次式 A 和四次式在全部转速区间都较为接近实测值，在 $n_t \sim n_p$ 区间内精度更高，特别是三次式 A。当转速 $n < n_t$ 时，三次式 D 的精度却远高于其他各式，但最大功率段却发生较大偏差。当转速 $n > n_p$ 时，三次式 C 的精度也高于其他各式，但最大转矩段却又出现较大偏差。作为三次式 B 和 E 虽能保证 n_p 和 n_t 两个关键点的功率值，但总体偏差又大于三次式 A 和四次式。这些计算结果都是在意料之中的，是和建立公式的前提条件完全相符的。

表 4-21 发动机动力特性计算式

公式条件			$P = P_m \sum_{i=0}^{k} C_i (n/n_p)^i$ $e_r = n_p/n_t$ $e_t = T_m/T_p$
三次式 $k=3$	A	$P=0$ $P=P_t$ $dT/dn=0$ $P=P_m$	$c_0 = 0$ $c_1 = (1 - 2e_r e_t + e_r^2 e_t)/(e_r - 1)^2$ $c_2 = 2e_r(e_t - 1)/(e_r - 1)^2$ $c_3 = -e_r^2(e_t - 1)/(e_r - 1)^2$
	B	$P=0$ $P=P_t$ $P=P_m$ $dP/dn=0$	$c_0 = 0$ $c_1 = (e_r^2 e_t - 3e_r + 2)/(e_r - 1)^2$ $c_2 = (3e_r^2 - 2e_r^2 e_t - 1)/(e_r - 1)^2$ $c_3 = e_r(e_r e_t - 2e_r + 1)/(e_r - 1)^2$
	C	$P=0$ $dT/dn=0$ $P=P_m$ $dP/dn=0$	$c_0 = 0$ $c_1 = (3e_r - 4)/(e_r - 1)/2$ $c_2 = 1/(e_r - 1)$ $c_3 = -e_r/(e_r - 1)/2$
	D	$P=0$ $P=P_t$ $dT/dn=0$ $dP/dn=0$	$c_0 = 0$ $c_1 = e_r e_t(3e_r - 4)/(3e_r^2 - 4e_r + 1)$ $c_2 = 2e_r e_t/(3e_r^2 - 4e_r + 1)$ $c_3 = -e_r^2 e_t/(3e_r^2 - 4e_r + 1)$
	E	$P=P_t$ $dT/dn=0$ $P=P_m$ $dP/dn=0$	$c_0 = (3e_r - 1 - 2e_r e_t)/(e_r^3 - 3e_r^2 + 3e_r - 1)$ $c_1 = [e_r(e_r^2 + e_r + 4)e_t - 6e_r^2]/(e_r^3 - 3e_r^2 + 3e_r - 1)$ $c_2 = 3 - 3c_0 - 2c_1$ $c_3 = 1 - c_0 - c_1 - c_2$
四次式 $k=4$		$P=0$ $P=P_t$ $dT/dn=0$ $P=P_m$ $dP/dn=0$	$c_0 = 0$ $c_1 = (e_r^3 e_t - 3e_r^2 e_t + 4e_r - 2)/(e_r - 1)^3$ $c_2 = [6(e_r - 1)c_1 - 8e_r + 9]/(e_r^2 - 4e_r + 3)$ $c_3 = 4 - 3c_1 - 2c_2$ $c_4 = 1 - c_1 - c_2 - c_3$

表 4-22　LS685Q 汽油机的 n-P 值（用不同公式计算）

转速 n /(r/min)	功率 P/kW						
	实测值	四次式	三次式				
			A	B	C	D	E
4000	—	90.7	99.2	92.6	93.3	86.7	91.6
3800	95.9	94.9	98.1	95.4	95.5	88.8	95.1
3600	96.2	96.2	96.2	96.2	96.2	89.4	96.2
3400	93.4	95.1	93.5	95.4	95.6	88.8	95.2
3200	—	92.3	90.1	93.1	93.7	87.1	92.5
3000	85.2	88.0	86.1	89.4	90.7	84.3	88.4
2800	81.2	82.9	81.6	84.7	86.7	80.6	83.3
2600	76.4	77.2	76.5	78.9	81.9	76.1	77.5
2400	70.8	71.3	71.1	72.4	76.4	71.0	71.3
2200	65.3	65.3	65.3	65.3	70.2	65.3	65.3
2000	57.6	59.4	59.2	57.7	63.6	59.2	59.6
1800	49.6	53.8	53.0	50.0	56.7	52.7	54.7
1600	44.3	48.5	46.6	42.2	49.6	46.1	59.9
1400	39.2	43.2	40.2	34.5	42.3	39.3	48.5
1200	32.1	38.6	33.8	27.2	35.1	32.6	48.0
1000	26.2	33.7	27.5	20.3	28.1	26.1	49.7
方程系数	C_0	0	0	0	0	0	1.0732
	C_1	1.9109	0.8383	0.1560	0.7143	0.6638	-3.7435
	C_2	-3.6936	0.8892	2.6881	1.5713	1.4602	7.2701
	C_3	5.6545	-0.7275	-1.8440	-1.2857	-1.1948	-3.5989
	C_4	-2.8718	—	—	—	—	—

注：P_m = 96.2kW，T_m = 283.3N·m [对应转速 2200r/min]，e_r = 1.6346，e_t = 1.11。

为进一步考察三次式 A 和四次式的计算精度和适应范围，再用这两种公式分别对 Steyr-WD 615.68 增压、中冷柴油机进行计算，并与实测值对比且进行偏差统计。计算和统计结果见表 4-23。

表 4-23　Steyr WD 615.68 柴油机的 n-P 值

转速 n/ (r/min)	功率/kW				
	实测值 P_t	三次式 A		四次式	
		计算值 P_c	相对偏差（%）	计算值 P_c	相对偏差（%）
2200	232.0	232.0	0.00	232.0	0.00
2100	231.5	234.3	1.21	231.5	0.00
2000	229.5	233.8	1.87	229.8	0.13
1900	227.0	230.8	1.67	226.7	-0.13
1800	222.0	225.5	1.58	222.1	0.05
1700	215.0	218.1	1.44	215.7	0.33
1600	207.0	208.9	0.92	207.6	0.29

（续）

转速 n/ (r/min)	功率/kW				
	实测值 P_t	三次式 A		四次式	
		计算值 P_c	相对偏差（%）	计算值 P_c	相对偏差（%）
1500	197.0	198.2	0.61	197.7	0.36
1400	186.0	186.0	0.00	186.0	0.00
1350	179.5	179.5	0.00	179.5	0.00
1300	173.0	172.8	−0.12	172.7	−0.17
1200	156.0	158.8	1.79	157.9	1.22
			$\bar{\varepsilon}=0.93$		$\bar{\varepsilon}=0.22$
有关资料	\multicolumn{5}{l}{$P_m = 232$kW［对应转速为 2200r/min］，$T_m = 1269.7$N·m［对应转速为 1350r/min］}
	\multicolumn{5}{l}{$e_r = 1.62963$，$e_p = 0.7737$，$e_t = 1.260856$}
	三次式 A	\multicolumn{4}{l}{$C_1 = 0.6034$，$C_2 = 2.1438$，$C_3 = -1.7472$}
	四次式	\multicolumn{4}{l}{$C_1 = -0.2799$，$C_2 = 5.9066$，$C_3 = -6.9735$，$C_4 = 2.3468$}
	\multicolumn{5}{l}{$\varepsilon = 100\left(\dfrac{P_c - P_t}{P_t}\right)\%$，$\bar{\varepsilon} = \sum_{i=1}^{m}	\varepsilon_i	/m$}

由表 4-23 的数据可知，三次式 A 和四次式的计算结果，相对于测试值的精度都很高。在全部转速区间内，各点相对偏差的均值 $\bar{\varepsilon}$ 都未超过 1%。特别是四次式，$\bar{\varepsilon}$ 值仅为 0.22%，如果只考虑 $n_t \sim n_p$ 区间的 10 个点，则 $\bar{\varepsilon}$ 值不到 0.13%。

值得注意的是，计算 LS685 汽油机时，三次式 A 的精度高于四次式，而计算 WD 615.68 柴油机时，四次式的精度却又高于三次式 A。那么，到底哪一个公式更具有优越性呢，原则上说，四次式由于建立公式时，利用的已知条件多于三次式，故其适应范围较广。然而，两式还是各有所长且各有所适。在利用三次式进行公式推演时，易于得到显式函数。若从计算精度上看，根据大量计算结果的观察和分析，发现了如下规律：四次式更加适合于动力特性较好的发动机。也就是说，凡是转矩因子 e_t 的数值大者，适合用四次式计算，e_t 小者，适合用三次式 A 计算。在一般情况下，可按表 4-24 的条件选择计算公式。

表 4-24　计算式的选择条件

判别条件	转速范围		
	$n < n_t$	$n_t \leq n \leq n_p$	$n > n_p$（汽油机）
$e_t < 1.15$	三次式 D	三次式 A	三次式 C
$e_t = 1.15 \sim 1.20$	四次式或三次式 D	四次式或三次式 A	四次式或三次式 C
$e_t > 1.20$	四次式	四次式	四次式

然而在大多数情况下，我们只关心 $n_t \sim n_p$ 区间的数值，也就是只采用四次式和三次式 A 进行计算。

为了深入考查本书方法的可行性，我们还选择了大家熟知的 9 种汽油机和 8 种柴油机进行广泛的对比计算。计算结果见表 4-25。在 $n_t \sim n_p$ 区间内，其计算值与测试值的相对误差均值 $\bar{\varepsilon}$ 的平均值，仅为 0.63%。相对误差的最大值 ε_m 为 2.76%，这是 DA465 汽油机在转

速 $n=3750\mathrm{r/min}$ 时的数值，此时的测试值为 21kW，而计算值为 21.58kW。由此可知，本书计算方法的精度是相当高的。

本书提供的计算方法，同样可用于部分负荷下的计算，其前提条件是要提供部分负荷下的最大功率、最大转矩及其二者的相应转速。如果能够根据不同的负荷率确定相应的最大功率等四个参数，其实用意义就更大了。

由于本书方法适于各种往复式汽车发动机的计算，这不仅为汽车动力性计算提供了方便，且可在发动机的动力特性测试中减少测点，降低成本。特别可使建立控制发动机的数学模型成为可能。

本书方法虽能保证在 $n_\mathrm{t} \sim n_\mathrm{p}$ 区间的相对误差的均值一般不超过 1%，但在低转速区间，误差还是相当大的。此外，对于多进气道增压中冷等特殊发动机，本书方法是不适用的。

表 4-25　$n_\mathrm{t} \sim n_\mathrm{p}$ 区间各点计算功率的相对误差

发动机类别	发动机型号	最大功率 P_m/kW	转速因子 e_r	转矩因子 e_t	测算点数 m	相对误差 最大值 ε_m	均值 $\overline{\varepsilon}$
汽油机	DA465	24.5	1.67	1.20	7	2.76	1.41
	TJ376Q	38.0	1.75	1.17	4	0.00	0.00
	Fiat 128	40.5	1.67	1.20	4	0.84	0.26
	CZ492/Q-1	63.0	1.58	1.14	7	2.00	1.20
	492 100Q	70.3	1.57	1.07	5	1.77	0.66
	Chrysler 2.5L	73.5	1.56	1.22	5	-1.00	0.35
	CF 4G27	88.4	1.61	1.17	8	-0.62	0.30
	LS 685 Q	96.2	1.64	1.11	7	1.73	0.50
	CA6120	103.5	2.50	1.17	10	-1.63	0.77
柴油机	YZ4105Q	70.7	1.50	1.15	6	-1.64	0.43
	Sofim 8146 27S	73.6	1.73	1.16	7	-1.50	0.66
	Deutz F6 L912	88.0	1.56	1.13	7	2.20	1.22
	YC 6105 QC	106.1	1.65	1.11	7	2.49	1.39
	Comins EQ6BT	113.8	1.73	1.38	7	2.26	0.91
	Steyr WD615.63	204.0	1.69	1.31	9	1.01	0.26
	Steyr WD615.68	232.0	1.63	1.26	10	0.36	0.13
	Deutz F12 413F	268.0	1.77	1.12	7	0.50	0.19
均值			—			—	0.63

3）计算值与拟合值的对比。式（4-59）和表 4-21 中的 A 式，对各测试点功率计算值的精度与测试值回归式所计算的数值比较，是否相差甚远呢？为回答这一问题，我们选择了表 4-26 中的 17 个机型进行了对比计算。对于各测点的相对偏差 ε_i 以及整体的相对偏差均值 $\overline{\varepsilon}$ 均采用式（4-39）和式（4-40）计算。

由表 4-25 的数据可知，回归式的精度一般要高于理论计算式的精度。从 17 个机型各点

相对误差均值 $\overline{\varepsilon}$ 的均值看，回归式的全程精度远高于 $n_\mathrm{t} \sim n_\mathrm{p}$ 区间的精度。然而，从工程计算的角度看，它们的偏差却都是可以接受的，其 $\overline{\varepsilon}$ 的均值都未超过1%。在 $n_\mathrm{t} \sim n_\mathrm{p}$ 区间的 0.63% 和 0.42% 是相当接近的。

值得一提的是，在 $n_\mathrm{t} \sim n_\mathrm{p}$ 区间内计算式的 $\overline{\varepsilon}$ 均值，不少发动机反低于回归式。在表4-26中，这样的发动机就有 TJ376Q 等6个型号。特别是在最大功率点和最大转矩点，计算式几乎都能保证100%的准确。这一点是回归式无法做到的。

表4-26 计算式与回归式的误差分析

		相对误差的均值 $\overline{\varepsilon}$（%）			
		计算式		回归式	
	机型	全程各点	$n_\mathrm{t} \sim n_\mathrm{p}$ 区间各点	全程各点	$n_\mathrm{t} \sim n_\mathrm{p}$ 区间各点
汽油机	465	1.18	1.41	0.46	0.60
	TJ376Q	0.73	0.00	0.47	0.50
	Fiat 128	0.88	0.26	0.12	0.16
	CZ492/Q-1	1.35	1.20	0.89	1.13
	492 100Q	1.48	0.66	0.55	0.69
	Chrysler 2.5L	0.73	0.35	0.75	0.57
	CF 4G27	0.82	0.30	0.27	0.31
	LS 685 Q	2.15	0.50	1.08	1.01
	CA6120	1.08	0.77	0.33	0.33
柴油机	YZ4105Q	0.49	0.43	0.24	0.19
	Sofim 8146 27S	0.58	0.66	0.28	0.32
	Deutz F6 L912	1.12	1.22	0.11	0.13
	YC 6105 QC	1.43	0.39	0.25	0.25
	Comins EQ6BT	0.83	0.91	0.33	0.36
	Steyr WD615.63	0.24	0.26	0.26	0.27
	Steyr WD615.68	0.22	0.13	0.19	0.14
	Deutz F12 413F	0.19	0.19	0.10	0.10
	平均值	0.91	0.63	0.39	0.42

表4-27列出了 Chrysler 2.5L 汽油机的各种功率值。由表中数据可知，计算式与回归式比较，相对于测试值的误差 ε 的均值 $\overline{\varepsilon}$，无论是三次式还是四次式，也无论是全程还是 $n_\mathrm{t} \sim n_\mathrm{p}$ 区间都是较小的。特别值得注意的是，作为回归式，必须要选准回归方程的次数，也就是必须保证其较高的相关性，否则误差将是很大的。例如表4-27中的四次回归式，其误差就远大于三次回归式。相反，作为理论计算式，无论是三次式还是四次式，其偏差都是可以接受的。

表 4-27　Chrysler 2.5L 发动机功率计算值与回归值的比较

转速 $n/(\text{r/min})$	测试值 P_t	计算式 三次式 P_c	计算式 三次式 ε(%)	计算式 四次式 P_c	计算式 四次式 ε(%)	回归式 三次式 P_c	回归式 三次式 ε(%)	回归式 四次式 P_c	回归式 四次式 ε(%)
4800	70.3	70.52	0.32	72.8	3.43	70.22	-0.12	66.69	-5.31
4430	73.5	73.50	0.00	73.5	0.00	73.34	-0.22	80.17	9.07
4020	72.5	73.30	1.10	72.4	-0.14	73.21	0.98	74.42	2.65
3600	70.0	69.88	-0.17	69.3	-1.01	69.77	-0.33	64.24	-8.23
3200	64.5	64.19	-0.48	64.0	-0.78	63.40	-0.78	59.43	-7.86
2840	57.5	57.50	0.00	57.5	0.00	57.19	-0.53	59.41	3.32
2400	46.5	47.92	3.06	47.6	2.31	47.44	2.02	56.04	20.52
2000	38.2	38.45	0.67	37.3	-2.41	37.80	-1.04	32.62	-14.62
均值 $\bar{\varepsilon}$ 全程			0.73		1.26		0.75		8.93
均值 $\bar{\varepsilon}$ $n_t \sim n_p$			0.35		0.39		0.57		6.23
误差算式		\multicolumn{8}{c}{$\varepsilon = 100(P_c - P_t)/P_t$　$\bar{\varepsilon} = \left(\sum	\varepsilon_i	\right)/m$}
相关因子		\multicolumn{8}{c}{$e_r = 4430/2840 = 1.5599$，$e_t = 193.3/158.4 = 1.2203$}
功率方程		\multicolumn{4}{c}{$P = P_m \sum_{i=0}^{k} C_i \left(\dfrac{n}{n_p}\right)^i (k=3\,或\,4)$}		\multicolumn{4}{c}{$P = \sum_{i=0}^{k} C_i n^i (k=3\,或\,4)$}
方程系数 C_0		0.0000		0.0000		-1.086285		-1542.472	
方程系数 C_1		0.5185		-0.2013		8.425034E-03		1.989306	
方程系数 C_2		2.1918		5.1542		8.490409E-06		-9.130551E-04	
方程系数 C_3		-1.7096		-5.7045		-1.489731E-09		1.829853E-07	
方程系数 C_4		—		1.7516		—		-1.344926E-11	

4.2.3　动力特性的意义及其评价

1. 动力特性的意义

发动机的动力特性,是指发动机本身在最大转矩转速和最大功率转速区间内克服负荷阻力和适应负荷变化的能力以及这两种能力的合理分配关系。

克服负荷阻力的能力叫作动力性,它是从最大转矩点加速到最大功率点的加速能力的标志。一个动力性较好的发动机,必然具有相对较高的平均功率和相对较高的加速强度。关于这一问题,还远未引起人们的充分关心。不仅没有给以明确的定义,而且更没有建立相应的评价指标。有人误认为升功率和升转矩的高低便可说明其动力性的好坏。事实上这两个指标只能反映发动机的强化程度,说明其设计和制造水平的高低,根本不能体现动力性能的好坏。相反,个别过分强化的发动机,在技术不过关的情况下,不仅可靠性差,而且加速性和适应性都很差。

适应负荷变化的能力叫作适应性,它是当外界负荷变化时,发动机抵抗转速从 n_p 下降到 n_t 的能力的标志。这个问题不少书刊虽早已提出了评价指标,但其计算式却未能反映问题的本质。

作为动力性和适应性这两者的分配合理性,也是一个不可忽视的问题。发动机的动力性和适应性这二者是相互联系而又相互制约的。加强某一方面,必然削弱另一方面。一个动力特性较好的发动机,不仅动力性和适应性都要好,而且二者尚需按使用条件保持一个合理的分配关系。假如一个发动机,加速性能很好,但它根本不能适应负荷的变化,那么这个发动机所具有的潜能就不能得以充分的发挥。

2. 动力特性的评价

动力特性是评定和选择发动机的重要依据。如何评定动力特性的好坏呢?下面就来研究这个问题。

表4-21中的功率 P 与转速 n 的关系式,其本身就是发动机动力特性的通用表达式。但作为具体的发动机,由于其系数 C_i 不同,所以它们就具有不同的动力特性。由表4-21中的公式可知,系数 C_i 是由转速因子 e_r 和转矩因子 e_t 所决定的,而 e_r 和 e_t 又是由最大功率 P_m、最大转矩 T_m 及其二者的相应转速 n_p 和 n_t 这四大参数所决定的。因此,发动机的四大参数完全决定着它的动力特性。然而,决定着动力特性不等于就可以评价动力特性。因此,仅有四大参数还不能完成动力特性的评价任务。

转矩因子 e_t 是一个最能说明发动机动力特性好坏的重要指标。一般说来,e_t 值大,发动机的动力特性就好。这是因为,e_t 大的发动机,当负荷增加、转速下降时,发动机沿外特性曲线自动增加转矩的能力较强。即在汽车不换档的情况下,转矩不仅随转速下降而增加的速率较快,而且,当转速从 n_p 下降到 n_t 时,转矩增加的倍数也较大。这既提高了发动机的适应能力,也减少了汽车的换档频次和燃油消耗量。此外,e_t 大者,$n_t \sim n_p$ 区间的相对平均功率也较高,加速能力也较强。

图4-4绘出了最大功率 P_m、最大功率转速 n_p 和最大转矩转速 n_t 三个参数都相同的两型发动机的动力外特性曲线。由于转矩因子 e_t 不同,其最大转矩 T_m 也不相同。

由图4-4可知,e_t 大的发动机,转矩曲线平均斜率较大,功率曲线的平均斜率较小。也就是说,在 $n_t \sim n_p$ 区间内,其转矩总量和功率总量都较大。因此,其适应性和动力性都较好。

然而,图4-4是一个典型的对比示例。作为一般的情况,很难判明其动力特性的好坏,即便能够判明,也仅限于定性的说

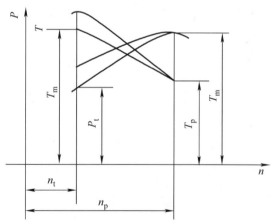

图4-4 发动机的动力外特性

明。此外,这种判断没有把动力性和适应性分开,更没能说明其二者的分配关系。为了更加准确地评价发动机的动力特性,下面提出了动力性系数、适应性系数和分配系数三个评价指标。

(1) 动力性系数

发动机的动力性系数是发动机动力性能的标志,它也是从最大转矩点加速到最大功率点的加速能力的象征。在图4-5a中的 $n_t \sim n_p$ 这个常用区间内,若要具有较高的加速强度,就

必须具有较高的功率均值 $\bar{P}$。$\bar{P}$ 值的高低，就代表着该发动机动力性能的好坏。然而，$\bar{P}$ 值是随最大功率 P_m 的变化而变化的，不同的发动机很难说清谁大谁小。为具有可比性，$\bar{P}$ 值尚需除以 P_m。所以，发动机的动力性系数就是在 $n_t \sim n_p$ 区间内的功率均值与其最大功率的比值。

根据上述定义，发动机的动力性系数 D 表示为

$$D = \frac{1}{P_m(n_p - n_t)} \int_{n_t}^{n_p} P(n) \, dn \qquad (4\text{-}60)$$

当代入表 4-21 中的动力特性计算式 $P(n)$ 后，便可求出 $n_p \sim n_t$ 区间的功率积分：

$$I_P = \int_{n_t}^{n_p} P(n) \, dn = P_m n_p \sum_{i=1}^{k} \frac{C_i}{i+1} \left(1 - \frac{1}{e_r^{i+1}}\right) \qquad (4\text{-}61)$$

将式（4-61）代入式（4-60）可得动力性系数表达式：

$$D = \frac{e_r}{e_r - 1} \sum_{i=1}^{k} \frac{C_i}{i+1} \left(1 - \frac{1}{e_r^{i+1}}\right) \qquad (4\text{-}62)$$

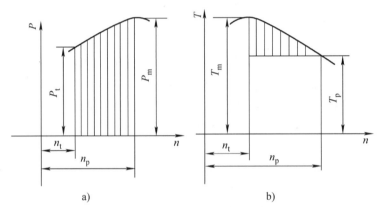

图 4-5　发动机的动力性和适应性

为简化计算，也可忽略功率曲线上凸部分，而粗略地采用下式估算：

$$D = \frac{1}{2}(1 + e_p) \qquad (4\text{-}63)$$

由式（4-63）可知，若 $P_t = 0$，则 $e_p = 0$，$D = 0.5$；若功率曲线是一条水平直线，即 $P_t = P_m$，那么 $e_p = 1$，$D = 1$。因此，动力性系数 D 的理论数值范围为 $0.5 \sim 1.0$。具体取值范围参见评价指标（12）。

（2）适应性系数

发动机的适应性系数是发动机适应性能的标志，也就是当外界负荷变化时，发动机抵抗转速从 n_p 下降到 n_t 的能力。

在现有书刊上，发动机的适应性系数 A 是以式 $A = e_r e_t$ 来表达的。该式的理论根据是：e_t 值大，转矩曲线的总体斜率就可能大，当外界负荷增大时，转速就不易下落；e_r 值大，转速由 n_p 下降到 n_t 的过程就长。这从粗略的定性意义上讲是有道理的。然而，这里面存在两个问题：一是没有考虑转矩曲线上凸部分的作用；二是从理论上讲，尚有不妥之处。例如，当 $e_t = 1$ 时（设若转矩曲线平直），发动机本不具任何适应能力，可此时 $A = e_r$。又如，当 $e_r = 1$ 时（n_p 趋近 n_t），发动机也不具任何适应能力，而此时 $A = e_t$。因此，很有必要给出一

个更为准确的定义，建立一个更为贴切的计算公式。

根据图 4-5b 的几何关系，发动机的适应性系数应是在 $n_t \sim n_p$ 区间内的转矩 $[T(n) - T_p]$ 的总量（这个总量决定于区间的宽度和转矩曲线的总体斜率）对于最大转矩 T_m 和最大功率转速 n_p 的相对比值，于是：

$$A = \frac{100}{T_m n_p} \int_{n_t}^{n_p} [T(n) - T_p] dn \tag{4-64}$$

式前乘 100 是为适应习惯上的可视性。由于任意转速点的转矩

$$T(n) = 9549.3 \frac{P_m}{n_p} \sum_{i=1}^{k} C_i \left(\frac{n}{n_p}\right)^{i-1} \tag{4-65}$$

所以 $n_p \sim n_t$ 区间的转矩积分为

$$I_t = \int_{n_t}^{n_p} T(n) dn = 9549.3 P_m \sum_{i=1}^{k} \frac{C_i}{i} \left(1 - \frac{1}{e_r^i}\right) \tag{4-66}$$

注意，当 $k = 3$ 时，转矩积分

$$I_t = (n_p - n_t)\left(\frac{2T_m + T_p}{3}\right) \tag{4-67}$$

由式（4-67）可知，在 $n_p \sim n_t$ 区间内的转矩必然大于 T_m 和 T_p 的平均值。

将式（4-66）代入式（4-64），并经整理可得适应性系数表达式：

$$A = \frac{100}{e_t}\left[\sum_{i=1}^{k} \frac{C_i}{i}\left(1 - \frac{1}{e_r^i}\right) - \left(1 - \frac{1}{e_r}\right)\right] \tag{4-68}$$

当忽略转矩曲线上凸部分的作用后，便可用下式进行粗略估算：

$$A = 50\left(1 - \frac{1}{e_t}\right)\left(1 - \frac{1}{e_r}\right) \tag{4-69}$$

由式（4-69）可知，当 n_p 与 n_t 相互趋近时，$e_r = 1$，$A = 0$；当转矩曲线平直时，$e_t = 1$，$A = 0$。当 $n_p \to \infty$ 时，$e_r \to \infty$，$e_t \to \infty$，$A \to 50$。所以，适应性系数的理论数值范围是 $0 \sim 50$。具体取值范围参见评价指标（13）。

（3）分配系数

由前文可知，转矩因子 e_t 是发动机动力特性的标志，它既影响动力性能，又影响适应性能。总的来说，发动机 e_t 大，动力特性就好；e_t 小，动力特性就差。在 e_t 已定的情况下，动力性系数 D 增大，适应性系数 A 必减小；A 增大，D 必减小。因此，就存在如何将动力特性合理地分配于动力性和适应性这两个方面的问题。因为过分地偏向分配，一般说来，就难以充分发挥 e_t 的潜能。

由于在转矩因子 e_t 已定的情况下，功率因子 e_p 决定着动力性系数 D，转速因子 e_r 决定着适应性系数 A。因此影响动力特性的 e_t 在 D 和 A 两个方面的分配问题，实质上就是 e_t 在 e_p 和 e_r 两个方面的分配问题。

转矩因子 e_t 与功率因子 e_p 和转速因子 e_r 间存在着如下的重要关系：

$$e_t = e_r e_p \tag{4-70}$$

由式（4-70）可知，只要找到了 e_r 和 e_p 之间的适当关系，就能合理地进行动力特性分配。正因如此，把 e_r 和 e_p 的比值 λ 定义为动力特性分配系数：

$$\lambda = e_r/e_p = e_t/e_p^2 = e_r^2/e_t \tag{4-71}$$

λ 的取值范围参见评价指标（14）。

在发动机的设计中,必须事先按表4-7确定 λ 值。当 e_t 和 λ 均被确定之后,便可利用式(4-72)和式(4-73)计算转速因子和功率因子:

$$e_r = \sqrt{\lambda e_t} \tag{4-72}$$

$$e_p = \sqrt{e_t/\lambda} \tag{4-73}$$

当 e_r 和 n_p 确定之后,最大转矩转速 n_t 就被确定。当 e_p 和 p_m 确定之后,最大转矩功率 P_t 和最大转矩 T_m 亦被确定。

值得注意的是,现代高速汽油机的 e_t 普遍较低,动力特性较差。但它们往往被用在常驶于良好路面的小轿车上。因此,可以减小 λ 值,以降低适应性来增强动力性。特别是采取"大马拉小车"的办法来弥补动力性和适应性的不足。也就是以大功率为后盾,以较大的平均功率(转矩)的绝对值来补偿相对值的不足。然而,这仅是一些使用措施,丝毫改变不了发动机自身动力特性的本质!

(4)其他指标

其他指标包括区间宽度、功率积分、转矩积分以及均值转速和转速比等参数。这些参数虽不作为正式的评价指标,但它们却在一定程度上反映出发动机的动力特性水平。为了说明这个问题,本书特对29种汽油机和30种柴油机的上述参数进行了计算统计,见表4-28和表4-29。下面逐一对上述参数进行介绍:

区间宽度 Δn:Δn 是从最大转矩转速 n_t 到最大功率转速 n_p 之间的转速跨度,即

$$\Delta n = n_p - n_t \tag{4-74}$$

一般说来,Δn 值越大,正常工作的区间就宽,发动机就较先进,其动力特性也较好。表4-28中的汽油机,Δn 的平均值约为1660r/min,最高的是JL368Q型机,其 $\Delta n = 2750$r/min,最低的是8A-FE16机型,其 $\Delta n = 800$r/min。表4-29中的柴油机,Δn 的平均值约为880r/min,最高的是美国通用汽车公司1996年生产的GM6.5L V8(L6s)机型,其 $\Delta n = 1700$r/min,最低的是我国老机型6140B,其 $\Delta n = 400$r/min。

功率积分 I_p:I_p 是 $n_t \sim n_p$ 转速区间内的功率总量[见式(4-61)],它是在正常工作区间内克服负荷阻力能力的标志,更是适应外界负荷变化能力的标志。一般说来,I_p 值大,发动机的工作能力就较强,其动力特性也较好。它的数值大小除取决于最大功率之外,还和功率曲线的状态以及区间宽度 Δn 的大小紧密相关。在同一最大功率下,因 Δn 的不同,I_p 值可能发生成倍的变化。若将表4-28中的JL368Q机与8A-FE 16比较,最大功率 P_m 后者是前者的2.48倍;若以JL368Q的水平为标准,则8A-FE16的积分功率应为155647kW,而50032kW这个数值只是它的32%。表4-28中的汽油机,其最大功率在25.4~130kW之间变化,I_p 的平均值约为96080kW。表4-29中的柴油机,最大功率在28~386kW之间变化,I_p 的平均值为142500kW。

表4-28 部分汽油机在 $n_t \sim n_p$ 区间的均值转速和中值转速

发动机型号	最大功率 P_m /kW	区间宽度 Δn /(r/min)	功率积分 I_p/kW	转矩积分 I_t/N·m	均值转速 $\bar{n}$ /(r/min)	中值转速 n_a /(r/min)	转速比 ξ
JL368Q	25.4	2750	62753	146413	4093	4125	0.992
HH462Q	26.1	2250	51308	112677	4348	4375	0.994
JL462Q2	29.0	2250	59165	130268	4336	4375	0.991
Opel(12NZ)OHC	33.0	2200	68777	171215	3836	3900	0.984

（续）

发动机型号	最大功率 P_m /kW	区间宽度 Δn /(r/min)	功率积分 I_p/kW	转矩积分 I_t/N·m	均值转速 $\bar{n}$ /(r/min)	中值转速 n_a /(r/min)	转速比 ξ
DA465	33.5	1480	45618	102603	4246	4260	0.997
TJ376	38.0	2400	79011	172639	4370	4400	0.993
462QA	57.0	1300	69087	210704	3131	3150	0.994
Chrysler 1.8	58.0	2000	106184	243337	4167	4200	0.992
8A–FE16	63.0	800	50032	85405	5594	5600	0.999
486Q	63.0	1600	93429	236296	3777	3800	0.994
CA492QA	64.0	1500	85817	261753	3131	3150	0.994
NJ70A	64.7	1500	82039	309312	2533	2550	0.993
NJG427A	64.7	1500	88785	262737	3228	3250	0.993
680 QK	66.2	1300	79947	184470	4139	4150	0.997
Chrysler TBI（C）	67.0	1800	110103	271415	3873	3900	0.993
491Q	68.0	1400	90185	234071	3679	3700	0.994
MY 491Q	70.0	1600	104264	263796	3775	3800	0.994
CF 4G25–100A	73.5	1100	73683	204405	3442	3450	0.998
Chrysler MFI	73.5	2300	146210	386282	3614	3650	0.990
682QK	73.6	1300	90058	207923	4136	4150	0.997
Chrysler TBI（C）2.5	75.0	1800	125216	309183	3867	3900	0.992
CF4G 27	88.2	1500	120856	309183	3733	3750	0.995
BJ6V92	88.3	1750	139049	360838	3680	3725	0.988
GZ2–900（r）	90.5	1500	114369	384829	2838	2850	0.996
Volvo C303	91.9	1500	133193	377936	3365	3375	0.997
EQ6100	99.3	1700	131765	590513	2131	2150	0.991
CA6102	99.3	1700	143993	660871	2081	2100	0.991
LS685	100.0	1400	125275	387939	3084	3100	0.995
Chrysler MFI–Turb	130.0	1000	116163	270624	4099	4100	1.000
平均值	—	1661.4	96080.1	270677.1	3666.4	3689.1	0.9937

表4-29 部分柴油机在 $n_t \sim n_p$ 区间的均值转速和中值转速

发动机型号	最大功率 P_m/kW	区间宽度 Δn /(r/min)	功率积分 I_p/kW	转矩积分 I_t/N·m	均值转速 $\bar{n}$/(r/min)	中值转速 n_a /(r/min)	转速比 ξ
YZ485Q	28.0	800	20498	89290	2192	2200	0.996
Sofim 8142 27S z	75.8	1600	106729	342231	2978	3000	0.993
Comins 4BT	77.2	1200	89066	400192	2125	2150	0.988
YC6105 QC z	106.1	1100	100296	427478	2241	2250	0.996
6120	—	700	71489	414193	1648	1650	0.999
Comins 6BT	118.0	1100	130402	632706	1968	2000	0.984

(续)

发动机型号	最大功率 P_m/kW	区间宽度 Δn /(r/min)	功率积分 I_p/kW	转矩积分 I_t/N·m	均值转速 $\bar{n}$/(r/min)	中值转速 n_a /(r/min)	转速比 ξ
YC6105 QC Z	125.0	900	102074	455730	2139	2150	0.995
8120 F	132.4	550	67510	374800	1720	1725	0.997
YC6112 Z.C	140.0	900	111212	548138	1937	1950	0.994
GM 6.5L V8 (L6S)	142.0	1700	213324	810934	2512	2550	0.985
Comins 6BTAA	143.4	1000	129220	621627	1985	2000	0.993
Sx6130 Q	143.5	800	98539	590817	1593	1600	0.995
6140 B	147.0	400	55299	330648	1597	1600	0.998
SteyrWD615 00/20	148.0	1150	144104	683704	2013	2050	0.994
X6130	154.5	800	107378	605748	1693	1700	0.996
SteyrWD615 64/74 Z	175.0	850	141234	768606	1755	1775	0.989
6150	183.9	550	92201	511555	1721	1725	0.998
SteyrWD615 71/61 Z	191.0	950	165406	747810	2112	2125	0.994
X6130Z	191.1	700	123010	715968	1641	1650	0.994
SteyrWD615 63/73Z.C	204.0	850	164227	893528	1755	1775	0.989
Deutz BF 8L 413F Z.F	213.0	800	158408	801160	1888	1900	0.994
Comins NTC300 Z.C	220.6	800	163883	928870	1685	1700	0.991
C6121	224.0	650	144017	829267	1658	1675	0.990
SteyrWD61578 Z.C.X	225.0	850	179033	973017	1757	1775	0.990
Deutz F10 413F F	235.0	1000	204034	979211	1990	2000	0.995
Deutz BF12 L413FZ	282.4	700	224859	1001084	2145	2150	0.998
Comins NTC 400 Z.C	294.2	800	220011	1247765	1684	1700	0.990
Steyr WD618 41	310.0	750	223895	1182209	1809	1825	0.991
DeutzBF12L413F Z.C	367.7	700	242759	1082319	2142	2150	0.996
KHD BF12 413 FC	386.0	800	280847	1281248	2093	2100	0.997
平均值	—	881.7	142498.8	709061.8	1939.2	1952.5	0.9933

转矩积分 I_t：I_t 是 $n_t \sim n_p$ 区间内的转矩总量，见式（4-66）。它和功率积分一样，数值大，发动机的工作能力和适应能力就较强，动力特性也较好。其数值大小除取决于最大转矩 T_m 外，还和转矩曲线的状态以及区间 Δn 宽度密切相关。JL368Q 汽油机的最大转矩是 55N·m[2750r/min]，转矩积分是 146413N·m，而 8A-FE16 汽油机最大转矩是 110N·m [5200r/min]，然而转矩积分却只有 85405N·m。若以 JL368Q 的水平为标准，8A-FE16 的转矩积分尚需提高 3.43 倍。

均值转速 $\bar{n}$：所谓均值转速，是指在 $n_t \sim n_p$ 区间内，功率获得平均值 $I_p/\Delta n$ 或转矩获得平均值 $I_t/\Delta n$ 时的转速，它可用下式计算：

$$\bar{n} = 9549.3 \frac{I_p}{I_t} \tag{4-75}$$

均值转速 $\bar{n}$ 与 $n_t \sim n_p$ 区间的中值转速 $n_a = (n_t + n_p)/2$ 二者是不相等的，一般 $\bar{n}$ 略小于 n_a。也就是说，$\bar{n}$ 点落在靠近 $n_t \sim n_p$ 区间中部的左侧，如图 4-5 所示。表 4-28 中的汽油机，$\bar{n}$ 的平均值为 3666.4r/min，n_a 的平均值为 3689.1r/min。表 4-29 中柴油机 $\bar{n}$ 的平均值为 1939.2r/min，n_a 的平均值为 1952.5 r/min。一般说来，$\bar{n}$ 离 n_a 越远越好。$\bar{n}$ 相对 n_a 越小，则发动机的动力特性就越好。为了便于比较，故又提出了转速比这个指标：

转速比 ξ：转速比就是均值转速 $\bar{n}$ 与中值转速 n_a 的比值，即

$$\xi = \bar{n}/n_a \tag{4-76}$$

ξ 值越小越好，它是一个近于 1 而又不可能大于 1 的数。表 4-28 中汽油机的值在 0.984~1 之间，其平均值为 0.9937。$\xi = 0.984$ 是 1996 年美国汽车公司生产的 Opel（12Zn）OHC 汽油机的数值，该机的转矩系数 $e_t = 1.3963$，转速系数 $e_r = 1.7857$。由此可见，该机的动力特性是最好的。而 Chrysler MFI - Turb 发动机的 $\xi = 1$。故该机动力特性最差。表 4-29 中柴油机 ξ 值在 0.984~0.999 之间，其平均值为 0.9933。老机型 6120，其 $\xi = 0.999$，相应的 $e_t = 1.082$，$e_r = 1.539$。而较为先进的 Cummins 6BT，其 $\xi = 0.984$，相应的 $e_t = 1.363$，$e_r = 1.857$。

4.3 驱动功率和驱动力

4.3.1 功率损失

动力源的动力尚需把它转换到驱动车轮上才能推动车辆前进。所谓转换，就是要扣除传动系的损失、高原损失、功率循环损失、变矩器的损失以及附件损失等。现对各项损失分述如下。

1. 传动系的损失

传动系的机械损失取决于传动系的机械效率。它主要与摩擦副的数量、质量、润滑条件以及传动轴的夹角等有关。一般来说，摩擦副数量少、质量优、润滑条件好、传递角小，效率就高，反之则低。若令 η_m 为传动系的效率系数，那么粗略计算，4×2 的汽车可取 $\eta_m = 0.9$；4×4 的汽车，在分动器处于高档时，可取 $\eta_m = 0.85$，在分动器处于低档时，可取 $\eta_m = 0.80$。对于多轴汽车，还须视驱动轴数和摩擦副的多少酌情降低。

2. 高原损失

发动机在高原工作时，由于气压降低、氧气减少和温度变化大，将造成功率降低，因此必须对发动机的输出功率进行修正。下面分别叙述：

（1）气压与海拔的关系

我国高原气压 p 随海拔 h 的变化关系可由式（4-77）近似描述：

$$p_h = p_0 (1 - 0.02257h)^{5.256} \tag{4-77}$$

式中 p_h——任意海拔的大气压；

p_0——海平面的大气压；

h——海拔，km。

（2）增压发动机的功率损失

功率降低多少，不仅和海拔及日常气温有关，且与发动机的类型以及是否采取增压措施

紧密相关。图 4-6 所示为增压中冷汽车发动机功率随海拔 h 和日常气温 t 变化的关系曲线，也就是高原功率损失修正系数 η_h 随 h 和 t 变化的关系曲线。

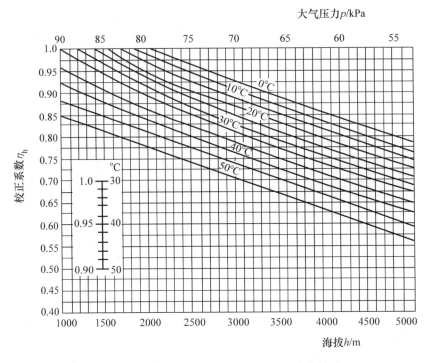

图 4-6　增压中冷发动机 η_h 随 h 和 t 的变化关系

（3）陆用车辆修正规范

国际标准化组织专为用于高原的陆用车辆发动机制定了功率修正规范，即 ISO1585。该规范主要内容如下：

1）大气状态规定：

大气总压力：$p_r = 100$ kPa。

大气温度：$T_r = 298$ K（25℃）。

2）适用范围

循环供油量不变；功率修正范围，非增压 $0.96 < \eta_h < 1.04$。

涡轮增压：$|p_h - p_r|/p_r \leq 0.05$。

3）修正公式：

- 涡轮增压四冲程柴油机：$\eta_h = 1$。
- 非增压四冲程和二冲程（带扫气泵）柴油机：

$$\eta_h = \left(\frac{p_h}{100}\right)^{0.65} \left(\frac{298}{T_h}\right)^{0.5} \tag{4-78}$$

式中　T_h——任意海拔的大气温度，K；

　　　p_h——任意海拔的大气压力。

由于 ISO1585 标准未提供 P_h 的计算方法，故本书特利用式（4-77）导出了式（4-79），以解决实际计算的需要。

$$p_h = (2.4017 - 0.05421h)^{5.256} \tag{4-79}$$

式中　h——海拔，km。

汽油机：
$$\eta_h = \left(\frac{p_h}{100}\right)\left(\frac{298}{T_h}\right)^{0.5} \tag{4-80}$$

（4）简单修正

为方便计算，在忽略大气温度影响的前提下，可用式（4-81）进行粗略修正：

$$\eta_h = 1 - \frac{h}{10} \tag{4-81}$$

式中　h——海拔，km。

3. 寄生功率损失

全轮驱动汽车若轴间未装差速器，则汽车行驶时各轮将以同一角速度旋转。然而，实际使用的汽车，各轮因气压和负荷不同，滚动半径不可能完全相等，加之路面的凸凹不平和转弯行驶等，必会造成各轮在单位时间内通过的行程不同，进而引起车轮的滑转或滑移，（速度高者滑转，速度低者滑移），从而在传动系中出现有害的寄生功率。寄生功率的循环就是功率循环，功率循环必将引起传动系的载荷增大，轮胎磨损加剧，能量消耗增加。

增加消耗的能量就是寄生功率损失。这个损失以功率循环损失修正系数 η_p 来描述。η_p 的取值大小，决定了驱动轮的多少、各轮滚动半径的差值以及路面的起伏程度等一系列因素。因此，必须权衡这些因素，酌情给定 η_p 值。

为减少平直路面行驶的功率损失，设计汽车时应根据各轮的载荷情况，通过调整轮胎气压改变轮胎的径向刚度，从而使各轮滚动半径趋于一致。凡经此种设计的汽车，在进行动力性能计算时，可以忽略寄生功率影响，即可取 $\eta_p = 1$。

4. 变矩器的损失

为提高汽车的动力性能，某些汽车需要在传动系中加装变矩器。由于变矩器的涡轮是由泵轮经液力介质带动的，故输出的转矩和功率必然降低。发动机和变矩器匹配后的新动力源的功率由变矩器的效率 η_t 所决定，它可用式（4-82）计算：

$$\eta_t = ik = \frac{n_T}{n_B}\frac{T_T}{T_B} \tag{4-82}$$

式中　n_T——涡轮转速，r/min；

n_B——泵轮转速，r/min；

T_T——涡轮转矩，N·m；

T_B——泵轮转矩，N·m。

5. 附件损失

为保证汽车的正常行驶，发动机尚需带动如下附件的部分或全部进行工作：油泵、电机、风扇、消声器、空滤器、节温器、空压机、转向泵、补油泵、增压器以及空调装置等。

带动这些附件就必然要消耗功率。消耗功率的多少不仅与所带附件的品类、型号和数量有关，且和发动机的转速有关。由于不同附件的转速特性是不同的，因此要准确计算附件所消耗的功率与转速的关系则是相当复杂的。为简化分析，可用式（4-83）近似描绘附件损失修正系数 η_a 与发动机转速 n 的关系：

$$\eta_a = 1 - \frac{n}{n_p}x_p \tag{4-83}$$

式中 n_p——发动机最大功率点的转速，r/min；

x_p——最大功率点的附件损失系数；

x_p 的数值，可参照如下规定取值：

1）带动空滤器、消声器、节温器和油泵时，取 $x_p = 0.05$。
2）带动 1）的附件加风扇、电机时，取 $x_p = 0.10$。
3）带动 2）的附件加废气增压时，取 $x_p = 0.15$。
4）带动 3）的附件加转向泵、空压机、补油泵时，取 $x_p = 0.20$。
5）带动 4）的附件加空调装置等时，x_p 值可酌情取值。

由于式（4-83）中的 n 是一个变量，且未进入功率表达式中，因此计算较为复杂。为简化计算，下面先求附件所损失的转矩和功率，然后从全功率和全转矩中扣除，便可得到净转矩和净功率了。

假设发动机带动附件时，任意转速点损失的转矩 $T'(n)$ 随转速 n 的变化为线性关系，则有

$$T'(n) = x_p \left(\frac{n}{n_p} \right) T_p \tag{4-84}$$

式中 T_p——最大功率点的转矩，N·m。

由于 $T_p = 9549.3 P_m / n_p$，故有：

$$T'(n) = 9549.3 x_p \left(\frac{n}{n_p^2} \right) P_m$$

据此，可以导出损失功率随转速的二次方变化的关系式：

$$P'(n) = x_p \left(\frac{n}{n_p} \right)^2 P_m \tag{4-85}$$

由于发动机的全功率表达式为 [参见式（4-43）]

$$P_e(n) = P_m \sum_{i=1}^{k} C_i \left(\frac{n}{n_p} \right)^i$$

因此带动附件损失后的净功率为

$$P(n) = P_e(n) - P'(n) = P_m \left[\sum_{i=1}^{k} C_i \left(\frac{n}{n_p} \right)^i - \left(\frac{n}{n_p} \right)^2 x_p \right]$$

即

$$P(n) = P_m \sum_{i=1}^{k} C_i' \left(\frac{n}{n_p} \right)^i \tag{4-86}$$

式中 $C_1' = C_1$，$C_2' = C_2 - x_p$，$C_3' = C_3 \cdots C_k' = C_k$。

带动附件损失后的净转矩为

$$T(n) = 9549.3 \frac{P(n)}{n} \tag{4-87}$$

注意：采用式（4-86）和式（4-87）进行动力性能计算时，附件损失不需另行修正，即此时 $\eta_a = 1$。

4.3.2 驱动功率和驱动力

由上节讨论可知，传至驱动轮上的功率，应是发动机输出的全功率 $P_e(n)$ 扣除上述各项损失后所剩余的功率：

$$P_{\mathrm{d}}(n) = \eta_{\mathrm{m}}\eta_{\mathrm{h}}\eta_{\mathrm{t}}\eta_{\mathrm{a}}P_{\mathrm{e}}(n) \tag{4-88}$$

当假设全轮驱动汽车在设计时已对轮胎气压和车轮滚动半径做了调整计算,安装变矩器时另作匹配计算,且对附件损失后的功率采用式(4-86)计算,那么传至驱动轮上的功率为

$$P_{\mathrm{d}}(n) = \eta_{\mathrm{m}}\eta_{\mathrm{h}}P(n) \tag{4-89}$$

传至驱动轮上的转矩为

$$T_{\mathrm{d}}(n) = 9549.3\eta_{\mathrm{m}}\eta_{\mathrm{h}}\frac{P(n)}{n} \tag{4-90}$$

若设 i_{g} 为传动系的总传动比,r 为滚动半径,那么传至驱动轮上的驱动力为

$$F_{\mathrm{d}}(n) = \eta_{\mathrm{m}}\eta_{\mathrm{h}}i_{\mathrm{g}}\frac{T_{\mathrm{d}}(n)}{r} = 9549.3\eta_{\mathrm{m}}\eta_{\mathrm{h}}\frac{P(n)}{rn}$$

即

$$F_{\mathrm{d}}(n) = 3600\eta_{\mathrm{m}}\eta_{\mathrm{h}}\frac{P(n)}{v} \tag{4-91}$$

式中 v——汽车行驶速度,km/h。

第5章 阻 力

汽车在水平路面上等速行驶时，必须克服来自轮胎与支撑面间的滚动阻力 F_f 和来自周围介质的空气阻力 F_w。当汽车上坡行驶时尚需克服重力沿坡道的分力，即坡道阻力 F_i。汽车加速行驶时还须克服平移质量和旋转质量惯性所产生之加速阻力 F_j，因此汽车行驶总阻力为：

$$\sum F = F_f + F_w + F_i + F_j \tag{5-1}$$

在上述阻力中，滚动阻力和空气阻力在任何行驶条件下均将产生，而上坡阻力和加速阻力仅在爬坡或加速的特定条件下产生。值得注意的是，阻力 F_i 在下坡时和阻力 F_j 在滑行时还将变为可利用的驱动力。

对于式（5-1）中的各项阻力，下面分别予以讨论。

5.1 滚动阻力

5.1.1 成因

车轮滚动时，必将带来如下三部分的能量损失：

1）弹性车轮的迟滞损失：车轮在加载、卸载和压缩、复原的循环交替的滚动过程中，由于橡胶和帘布等材料的内部分子摩擦以及内胎与外胎、轮胎与轮辋、橡胶与帘布等组成件间的机械摩擦面导致产生热量。热量散失就必然造成能量损失。

2）土壤的塑性变形损失：车轮在软地面上滚动时，支撑面与轮胎的接触部分必将产生塑性变形而形成车辙，压实土壤造成能量损失。这个能量损失，主要系消耗于土壤变形时其微粒间的机械摩擦损失。它的数值远比轮胎的迟滞损失大。

3）支撑面的摩擦损失：车轮滚动时，由于轮胎与地面之间的摩擦而导致能量损失。此部分能量损失一般较少。

车轮滚动的能量损失怎样转化为滚动阻力呢？下面以从动弹性车轮在混凝土、沥青和石板等硬支撑面上的滚动为例来加以说明。

固体物质分为刚性体、弹性体和塑性体三大类。固体受力时，绝对刚性体不产生变形，绝对塑性体产生不可恢复的变形，绝对弹性体产生可完全恢复的变形，如图5-1所示。

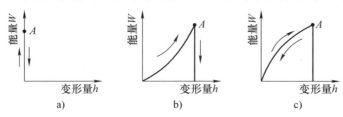

图 5-1　固体的变形特性
a）绝对刚性体　b）绝对塑性体　c）绝对弹性体

汽车轮胎为一般弹性体，在加载和卸载过程中均有能量损失，其变形曲线如图 5-2 所示。图中 OCA 为加载变形曲线，而面积 OCABO 为加载过程所做的功；ADE 为卸载变形曲线，而面积 ADEBA 为卸载过程所放出的功。注意，面积 OCADEO 为加载与卸载过程中的能量损失，这是消耗于变形过程中的因分子摩擦产生的热量损失，也就是弹性迟滞损失。

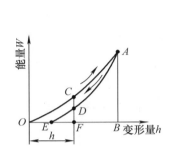

图 5-2　一般弹性体的变形特性

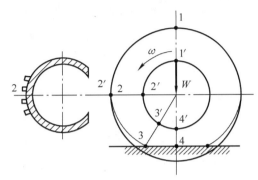

图 5-3　弹性车轮在硬支撑面上的滚动

由于硬支撑面在承受载荷时的变形甚微，故可近似为刚体。图 5-3 所示为弹性车轮在硬支撑面上的滚动情况。弹性轮胎在硬支撑面上滚动时，其上每一微小弹性体将依次加载与卸载。图 5-3 中的 2-2′ 系在轮胎上切取的一小块弹性体，当车轮滚动一圈时，此切取体完成一次加载与卸载过程。在法线 1-4 左侧为加载（压缩）过程，切取体系逐渐滚向地面，此时的变形曲线相当于图 5-2 中的 OCA 曲线，当切取体处于 4-4′ 位置时具有最大变形；在法线 1-4 右侧为卸载（复原）过程，切取体系逐渐离开地面，此时的变形曲线相当于图 5-2 中的 ADE 曲线，其变形逐渐减小。

在图 5-2 中，如果在压缩和复原过程中取相同的变形量 h，其对应切取体的受力，压缩时为 CF，复原时为 DF，且 $CF > DF$。变形量 δ 还可看作图 5-3 中对称面 1-4 左右两侧（压缩区和复原区）两对应切取体的变形。两对应切取体虽具有相同的变形，但其受力大小却不同。压缩区的切取体受力大，复原区的切取体受力小。这就是说，弹性车轮滚动时，车轮与道路接触面上的法向单位压力对 1-4 两侧而言是非对称的，其分布情况如图 5-4a 所示。

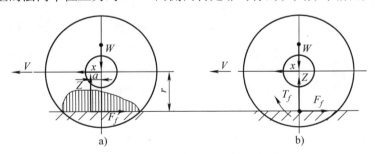

图 5-4　从动轮在硬支撑面上的滚动

图 5-4a 中的 Z 代表单位压力之合力，即车轮法向反作用力。注意 Z 与车轮负荷 W 大小相等，方向相反，即

$$Z = W \tag{5-2}$$

由于法向单位压力的非对称性,故法向反作用力 Z 的作用点前移了一个距离 a,从而形成了一个滚动阻力矩 T_f:

$$T_f = Za \tag{5-3}$$

若将 Z 平移至车轮中心线上,则从动轮沿硬支撑面滚动时之受力状况如图 5-4b 所示。

由图 5-4 可知,要使从动轮在硬支撑面上作等速滚动,必须在车轮上加一驱动力矩 xr 来克服滚动阻力矩 T_f,即

$$x = \frac{T_f}{r} \tag{5-4}$$

式中,驱动力 x 引起道路对车轮的与 x 大小相等、方向相反的切向反力 F_f,即

$$F_f = x \tag{5-5}$$

F_f 就是滚动阻力,它在汽车的设计计算中,常以汽车重力(负荷)G 与滚动阻力系数 f 之积来表示:

$$F_f = Gf \tag{5-6}$$

5.1.2 滚动阻力系数

滚动阻力系数 f 是单位车轮负荷(汽车负荷)的滚动阻力,也可以理解为单位车轮负荷(汽车负荷)所需的推力。式(5-6)虽是以从动弹性车轮在硬支撑面上的滚动为基础建立的,然而此式不仅适用于弹性车轮的迟滞损失,而且还适用于土壤的塑性变形损失、轮胎与支撑面的摩擦损失以及各项损失的综合情况。

由式(5-6)可知,滚动阻力不仅与负荷成正比,而且与滚动阻力系数成正比。负荷既可理解为轮胎的垂直负荷,也可理解为整车负荷。轮胎负荷不仅与驱动型式有关,而且和车辆的行驶状况有关。除驱动轮的负荷增大外,轮胎的三向受力(法向、侧向、切向)又都是和车辆的行驶有关的。那么,滚动阻力系数又与哪些因素有关呢?影响 f 值的因素主要有支撑面的状况、轮胎的结构型式、使用气压和行驶速度四个方面。

1. 支撑面的状况

对滚动阻力系数 f 影响最大、关系也最为复杂的莫过于支撑面的类型(沥青、混凝土和石板等硬支撑面以及土壤、沙地、积雪和潮湿土路等软支撑面),表面状况(不平度及雨雪、沙尘等)和土壤的机械性质(粒度、多孔度、抗压强度和抗剪强度等)三大因素。此外,在不同的支撑面上,不同的轮胎、不同的使用条件对 f 值影响也大不相同。即便是同一种轮胎,在不同支撑面上滚动时,其 f 值也有很大的变化。表 5-1 给出了汽车在不同路面上以中、低速行驶时 f 值的大约数值。

表 5-1 不同路面的滚动阻力系数

路面	f 值	路面	f 值
良好沥青或混凝土路	0.010~0.018	压紧雪道	0.030~0.050
结冰路	0.015~0.030	坑洼卵石路	0.035~0.050
一般沥青或混泥路	0.018~0.020	压紧湿土路	0.050~0.0150
碎石路	0.020~0.025	湿砂路	0.060~0.150
良好卵石路	0.025~0.030	泥泞土路	0.100~0.250
压紧干石路	0.025~0.035	干砂路	0.100~0.300

2. 轮胎的结构型式

轮胎的结构型式和橡胶种类对滚动阻力系数也有很大的影响。在保证强度和寿命的前提下，若能采用较少的帘布层和较薄的胎体以及较好的材料，均可减少迟滞损失，降低 f 值。此外，正交胎（子午线胎）与斜交胎具有不同宽度比和不同花纹的轮胎，以及直径、宽断面胎和拱形胎等都将具有不同的 f 值。

3. 使用气压

轮胎的充气压力对滚动阻力系数的影响也很大，而且在不同的支撑面上，胎压还有着不同的影响。

在硬支撑面上，为提高汽车的行驶平顺性和保持轮胎良好的抓地性，往往降低使用气压。但气压降低，会使滚动轮胎的变形增大，迟滞损失增加，故 f 值也随之加大。这就是说，在硬支撑面上，低压胎较高压胎滚动阻力系数增大。

在软支撑面上，为降低轮辙深度，减少正面阻力，往往也降低使用气压。因为降低气压可增加轮胎与地面的接触面积，减少接地压力，从而减少下陷，减少滚动阻力。这就是说，在软支撑面上，适当降低胎压，反而会使滚动阻力系数降低！然而，过分降低胎压，会使轮胎本身变形过大，反而增加滚动阻力。因此，在软支撑面上行驶，胎压存在一个合理的数值。

对于越野车来说，当在砂地和泥泞地等松软路面上行驶时，最好选用超低压轮胎；当在硬土路或沥青、水泥路上行驶时，最好选用中、高压轮胎；为兼容软、硬路面的行驶，应装用自动的中央充放气系统。

4. 行驶速度

滚动阻力系数随汽车行驶速度的增大而增大，这是因为随着车速的增高，由于轮胎质量惯性的影响，迟滞损失随变形速度的提高而加大，故滚动阻力系数增长较快。当车速达到某一临界速度时，轮胎还将发生驻波现象，此时温度剧增，其周缘呈现波浪状，胎面会发生脱落进而产生炸胎现象。

滚动阻力系数 f 随车速 v 增加的规律十分复杂，且因车种的不同而不同。严格说来，在进行动力性能计算时，f 值应由试验给出。当没有试验数据时，可参考下列公式进行近似计算。

货车、越野车和一般客车，在低、中速行驶时，f 值建议采用式（5-7）计算：

$$f = f_0 + f_1 v \tag{5-7}$$

式中　v——汽车行驶速度，km/h；

f_0、f_1——方程系数，具体数值见表 5-2。

表 5-2　货车、越野车及一般客车 f 值的方程系数

路面	沥青混凝土路	压紧干土路	压紧雪道	干砂路
f_0	0.008	0.015	0.0005	−0.2
f_1	0.00016	0.0003	0.0010	0.01

客车和一般轿车在良好路面上以中、高速行驶时，其 f 值与胎压和车速的关系可表示为

$$f = 4.04 \times 10^{-1} P_W^{-\frac{2}{3}} + 2.43 \times 10^{-6} P_W^{-\frac{1}{2}} v^2 + 1.90 \times 10^{-6} P_W^{-\frac{4}{3}} v^3 \tag{5-8}$$

式中　P_W——轮胎气压，kPa。

注意,当各轮气压不相等时,P_W 应取其均值。

小轿车在良好路面上以高速行驶时,有人推荐用式(5-9)计算 f 值:

$$f = f_0 + f_1\left(\frac{v}{100}\right) + f_4\left(\frac{v}{100}\right)^4 \tag{5-9}$$

式中 f_i——方程系数。

f_i 随轮胎级别和路面状况变化的情况见表 5-3。

表 5-3 小轿车 f 值的方程系数

轮胎种类		快速子午胎 SH($v\leqslant$180km/h)		高速子午胎 HS($v\leqslant$210km/h)	
路面状况		良好沥青路	粗糙水泥路	良好沥青路	粗糙水泥路
方程系数	f_0	0.01152	0.01296	0.01074	0.01208
	f_1	0.00183	0.00206	0.00222	0.00250
	f_4	0.00159	0.00179	0.00036	0.00041

5.2 空气阻力

5.2.1 空气阻力

汽车在额定载荷下且直线行驶时受到的空气作用力在行驶方向上的分力称为空气阻力,它由压力阻力和摩擦阻力两部分组成。压力阻力是作用在汽车外表面上的法向压力的合力在行驶方向上的分力;摩擦阻力是由于空气的黏滞性在车身表面产生的切向力的合力在行驶方向上的分力。压力阻力又分为形状阻力、干扰阻力、内循环阻力和诱导阻力四个部分。形状阻力取决于车身的主体形状,如外廓尺寸、长宽比例、横竖布局、圆方形状以及前风窗玻璃角度等;干扰阻力是表面凸出物(如门把、水槽、后视镜、传动轴以及悬架导向杆系等)引起的阻力;内循环阻力则是发动机散热和车身通风等所用气体流经车内物件所产生的阻力;诱导阻力是空气升力在行驶方向上的投影。空气阻力的构成、成因以及在一般轿车中所占的比例如图 5-5 所示。

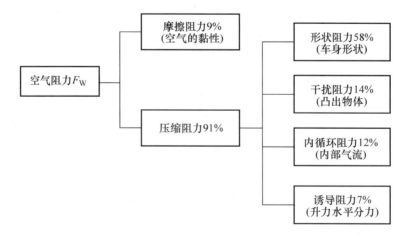

图 5-5 空气阻力的构成、成因及比例

在汽车行驶范围内，空气阻力的数值通常与迎风面积 A、空气阻力系数 C_D 和气流相对速度 v_r（m/s）的动压力 $\left(\dfrac{1}{2}\rho v_r^2\right)$ 成正比，即

$$F_w = AC_D\left(\frac{1}{2}\rho v_r^2\right)$$

汽车在无风条件下行驶时，气流相对速度 v_r 可用汽车的行驶速度 v 代替。在标准大气压以及温度为 15℃ 时的空气密度为

$$\rho = \frac{3.4857P}{273.15+t} = \frac{3.4587\times(10.333\times9.80665)}{273.15+15}\text{N}\cdot\text{s}^2/\text{m}^4 = 1.2258\text{N}\cdot\text{s}^2/\text{m}^4$$

若假定空气阻力系数不随雷诺数 Re 变化，则空气阻力可由式（5-10）计算：

$$F_w = \frac{C_D A v^2}{21.145} \tag{5-10}$$

式中　C_D——空气阻力系数；

　　　v——汽车行驶速度，km/h；

　　　A——迎风面积，即行驶方向的投影面积，m^2。

当迎风面积尚无精确的测试值时，可用式（5-11）近似计算。

$$A = BH \tag{5-11}$$

式中　B——轮距，m；

　　　H——车辆总高，m。

5.2.2 空气阻力系数

由式（5-10）可知，空气阻力与空气阻力系数和迎风面积的一次方成正比，与车速的二次方成正比。虽然车速是二次方关系，但降低空气阻力却不能通过降低车速来获得，因车速是使用指标。汽车设计者的任务就是除减少迎风面积外，尽可能降低空气阻力系数。

由图 5-5 可知，降低空气阻力系数是一个非常复杂的工作，因为空气阻力是由诸多因素构成的。克服不同的空气阻力要采取不同的措施，现分述如下：

1. 摩擦阻力

要减少摩擦阻力，就是要提高工艺水平，提高汽车表面的平整度和光洁度。

2. 诱导阻力

要减少诱导阻力，就得根据设计车速决定合理的车身俯角。这个角度一般为 1°~2°。

3. 内循环阻力

要减少内循环阻力，就得认真选择发动机的散热系统和车身通风道的进、出口，且精心设计风道路径和曲线。

4. 干扰阻力

要减少干扰阻力，就应尽可能减少和"隐埋"车身表面的凸出物，例如灯具、后视镜、门把和水槽等。所谓"隐埋"，一是尽可能使凸出物的形状接近流线形，再则是降低凸出物的高度或使之沉入车身。例如凹陷门把、轮罩与轮胎持平等。此外，还应尽可能隐藏车身底部的扰流件，使悬架构件、转向杆系、油箱和消声器等不露出车裙，最好用覆盖件封盖起来。

5. 形状阻力

形状阻力约占整车空气阻力的 60%，它与汽车的造型设计紧密相关，要减少形状阻力，

就必须深入了解汽车的造型设计。汽车是具有物质和精神双重特性的产品，它既是现代化的交通工具，又是社会化的艺术珍品。它既能给人以舒适的乘坐享受，又能给人以强烈的精神感染。一个完美的造型，标志着人类的文明，激荡着时代脉搏的跳动！

汽车的造型设计，是结构、性能和艺术的统一，是适用、经济和美观的统一。造型设计必须以人为本，在做到乘坐舒适、操作方便、视野良好的前提下，必须在工艺合理和成本低廉的前提下，保证良好的空气动力性（动力性和经济性）和空气动力稳定性（安全性）。

汽车的造型设计有着复杂的演变过程，它经历了箱形、爬虫形、鱼船形和楔形四个历史时代。现将各个时代的造型特点简述如下：

（1）箱形时代

箱形时代的造型，体现了汽车诞生初期的设计思路，整个车身呈一方棱方角的长方体，它完全不考虑空气阻力的影响。它所追求的仅是宽广的使用空间和简单的制作工艺。

（2）爬虫形时代

爬虫形时代的汽车好似一个爬虫，它尽可能使汽车变得低矮，且挖去多余的形体，以求降低迎风面积。

（3）鱼船形时代

鱼船形时代的汽车好似一条鱼、一只船。它所追求的目标是降低在流体介质中运动的阻力。早在20世纪30年代，就有人提出了汽车形状应是自由下落水滴形状。水滴的最大截面积约在自水滴端部计起的1/3水滴长度处，最大截面直径约为水滴长度的1/6。后来又有人进一步提出了"贴墙水滴"的想法，如图5-6所示。此种思想认为：汽车沿地面跑的形状，应是水贴墙面滴下所形成的形状。然而，由于水滴造型将使车身太长，影响机动性，特别难以实现与功能和艺术的统一，加之当时工艺水平之所不及，故未被大批量生产的轿车机械采用。

图5-6 贴墙水滴

从20世纪40年代开始，鱼船形时兴起来。它不仅具有流畅的线条，且造型还和车速有着一定的联系。由图5-7可知，鱼头至鱼身最宽处的距离 a 与鱼长 l 之比 $\lambda_v = a/l$ 应是运动速度 v 的函数，λ_v 简称速度系数。慢速鱼 a 与 λ_v 小，快速鱼则大。鱼船形汽车也根据使用车速的大小来决定车身最高点（或最高段的中点）的位置。鱼船形汽车在侧视图和顶视图上还分别具有如下规律。

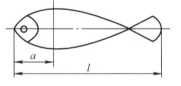

图5-7 鱼体与速度的关系

1) 鱼船形汽车在侧视图上的线型设计严格遵循如下规则：

① 前、后风窗的延长线交于一个点 O，过 O 点所吊铅垂线应过汽车的最高点，如图5-8所示。

② 前翼子板前切口线的延长线与后翼子板后切口线的延长线均应通过 O 点。

③ 后翼子板的前切口线和车尾下裙收折线应与前翼子板前切口线平行。

④ 前翼子板后切口线和车头下裙收折线应与后翼子板后切口线平行。

⑤ 前后风窗玻璃与水平面的夹角，不仅取决于汽车的设计速度，还与车辆的种类有关，例如前风窗玻璃角，小轿车的很小，而轻型客车的较大，大型客车（可以认为它是非鱼船形）的接近90°。值得注意的是，前风窗玻璃角与驾驶人椅背角和转向盘角近于平行关系。

当速度系数 λ_v 和前风窗玻璃角确定之后，后风窗玻璃角也就大致被确定了。例如，一般小轿车前风窗玻璃角约为40°，后风窗玻璃角约为20°。风窗玻璃角还与车内使用空间及光线折射有关，角度太小，不仅使用空间小，且阳光使人目眩。

2）鱼船形车身在顶视图上的投影轮廓有些像一个枣核。在20世纪60年代，英国怀特（White R. G. S）等人曾在米拉（MIRA）风洞中对141

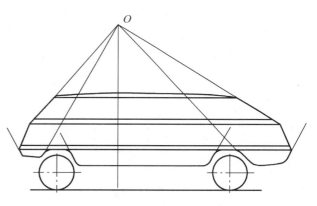

图 5-8　鱼船形线型规则

辆车进行了空气动力学试验，研究的结论是：空气阻力系数最小的形状是车身前部低矮，头部及前风窗的俯视图呈半圆形，中部呈腰鼓形，尾部逐渐收缩，后部割尾，底部平坦，各交接部位圆滑过渡等。

（4）楔形时代

随着汽车行驶速度的不断提高，鱼船形暴露出它在空气动力稳定性方面的一些弊端。由于鱼船形汽车好似飞机翅膀的一个剖面，其气流速度下部低于上部，根据伯努力定律，这将对整车产生一个负压（升力），从而降低了汽车的抓地性能和安全性能。于是20世纪80年代小轿车的造型进入了楔形时代。

所谓楔形，就是从侧面看去汽车好似一个劈柴的锥子。楔形是在鱼船形的基础上发展起来的，但它更加注重整体造型。除采用大曲面、小拐角、薄顶盖、宽跨距以及下裙内收，前后悬上收，忌用垂直划分线等外，更加突出的是采用流畅协调的现代线条。其最大特点是前端尽量下倾压低，前风窗玻璃"躺平"，尾背肥厚上翘，或采用短舱和行李厢较高的凹背式（或折背式或半快背式，notck back），或采用坡度较小并突然割尾的斜背式（或直背式或

图 5-9　斜背式车身的特点

快背式，fast back 见图5-9）。前下部装设阻风板，底部装设平滑的盖板，且前部下倾，后部上翘。尾下部装设减少升力的鸭尾形构件等。

经过上述四个时代的演变，汽车造型更加适应空气动力学和空气动力稳定性方面的要求，空气阻力系数也大为降低。当前空气阻力系数的一般取值见表5-4。

表 5-4　空气阻力系数 C_D 的一般数值

车种类	空气阻力系数 C_D	迎风面积 A/m^2
一般轿车	0.35 ~ 0.45	1.7 ~ 2.1
客车	0.55 ~ 0.75	3.0 ~ 7.0
货车	0.65 ~ 0.95	3.0 ~ 7.0
越野车	0.70 ~ 1.00	2.5 ~ 7.0

轿车在20世纪50～70年代，$C_D = 0.4 \sim 0.6$；80年代，$C_D = 0.35 \sim 0.50$，见表5-5。

表5-5　部分轿车的迎风面积F和空气阻力系数C_D

车　型	C_D	F/m^2	车　型	C_D	F/m^2
保时捷924 Turbo	0.34	1.82	奔驰200/280TE	0.43	2.08
雪铁龙GSA	0.34	1.87	阿尔法	0.44	1.77
大众帕萨特Formel E	0.36	1.89	三菱Galant	0.44	1.86
保时捷924	0.37	1.75	菲亚特Ritmo	0.44	1.86
雷诺Fuego GTS	0.37	1.83	保时捷928	0.44	1.95
奔驰380 SE	0.37	2.19	雷诺20/30	0.44	2.02
大众高尔夫Formel E	0.38	1.83	标致505	0.44	2.03
大众帕萨特	0.38	1.89	菲亚特127 sport	0.45	1.71
阿尔法·罗密欧Ti	0.39	1.77	福特Taunus	0.45	1.90
法拉利Dino 305	0.40	1.76	欧宝Senator 3.0	0.45	1.99
保时捷911 SC	0.40	1.77	宝马728/730	0.45	2.12
捷豹XJ–S	0.40	1.83	福特Granada	0.45	2.12
奥迪80	0.40	1.86	丰田Starlet 1.2s	0.46	1.72
雪铁龙CX	0.40	1.96	欧宝Ascona	0.46	1.83
欧宝Kadett	0.41	1.82	标致305	0.46	1.84
塔伯特Horizon	0.41	1.88	达特桑Bluebird	0.46	1.86
奔驰500 SLC	0.41	1.93	欧宝Rekord	0.46	1.97
奥迪100 Avant	0.41	2.00	沃尔沃244 Gli	0.46	2.13
大众波罗	0.42	1.67	菲亚特126	0.47	1.51
雷诺5	0.42	1.72	丰田Tercel	0.47	1.74
福特Escort	0.42	1.81	达特桑Cherry	0.47	1.77
雷诺14	0.42	1.83	宝马320	0.47	1.82
大众高尔夫	0.42	1.83	丰田Crown	0.47	2.02
奥迪100 5E	0.42	2.00	达特桑Sunny coupe	0.48	1.73
福特Fiesta	0.43	1.71	蓝旗亚Delta 1.5	0.48	1.80
马自达323	0.43	1.78	大众kafer	0.48	1.80
欧宝Manta	0.43	1.82	通用别克Skylark ltd	0.49	1.99
雷诺18	0.43	1.84	三菱Lancer GSR	0.50	1.81
阿尔法·罗密欧Giulietta	0.43	1.87	达特桑Laurel（alt）	0.51	1.93
宝马520	0.43	2.00	丰田Tercel liftback	0.54	1.75

20世纪90年代，$x_p = 0.18$且已接近和突破0.3的大关。如雪铁龙ZX富康轿车$C_D = 0.315$，最新一代的帕萨特轿车$C_D = 0.28$。道奇Intrepid ESX轿车的设计目标是$C_D = 0.2$，其车身造型如图5-10所示。

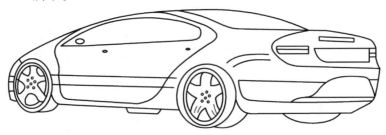

图5-10　道奇Intrepid ESX轿车造型

5.3 坡道阻力

当汽车上坡行驶时，汽车重力沿坡道的分力 F_i 称为坡道阻力（图 5-11）。坡道阻力可用下式计算：

$$F_i = G\sin\alpha \quad (5\text{-}12)$$

式中　G——作用于汽车上的重力，N；

　　　α——坡道角度，(°)。

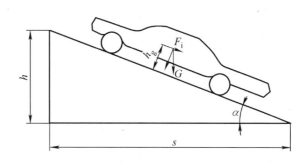

图 5-11　汽车的坡道阻力

道路坡度 i 常以坡高 h 与底长 s 之比来表示，即

$$i = h/s = \tan\alpha \quad (5\text{-}13)$$

由于一般道路的坡度不超过 5°（参见表 5-6），所以坡度还可由下式表示：

$$i = \sin\alpha \quad (5\text{-}14)$$

表 5-6　我国公路坡度规范

公路等级	高速公路		一级公路		四级公路	
	微丘区	重丘区	微丘区	重丘区	微丘区	重丘区
坡度（%）	3	5	4	6	5	9

据此可得

$$F_i = G\sin\alpha = G\tan\alpha = Gi \quad (5\text{-}15)$$

汽车上坡时，由于垂直坡道路面的汽车重力的分力为 $G\cos\alpha$，故汽车在坡道上行驶时滚动阻力为 $F_f = Gf\cos\alpha$。

坡道阻力与滚动阻力均属与道路有关的阻力，且均与汽车重力成正比，故把这两种阻力合称为道路阻力 F_ψ。

$$F_\psi = F_f + F_i = G(f\cos\alpha + \sin\alpha)$$

当 α 不超过 5°时，$\cos\alpha = 1$，$\sin\alpha = i$，故

$$F_\psi = G(f + i) = G\psi \quad (5\text{-}16)$$

式中　ψ——道路阻力系数。

5.4 加速阻力

5.4.1 计算公式

汽车加速行驶时，需要克服平移质量（汽车总质量）的惯性力和旋转质量（飞轮、离合器、变速器轴及齿轮、传动轴、万向节、主传动器、半轴及车轮等质量）的惯性力矩。为便于计算，常把旋转质量的惯性力矩转化为平移质量的惯性力。

根据汽车整体动能（平移质量的动能加上旋转质量的动能）对时间的变化率等于内外作用力的功率的假定，可以导出如下汽车加速阻力的表达式：

$$F_j = \delta \frac{G}{g} \frac{dv}{dt} + \frac{\eta_m I_f i_k^2 i_d^2 i_0^2 i_s^2 v}{r^2} \frac{di_k}{dt} \qquad (5\text{-}17)$$

式中 δ——旋转质量换算系数，$\delta = 1 + (\eta_m I_f i_k^2 i_d^2 i_0^2 i_s^2 + \sum I_w) \dfrac{g}{Gr^2}$，推导见 5.4.2；

G——作用于汽车的重力（总负荷），N；

g——重力加速度，m/s²；

v——汽车行驶速度，m/s；

η_m——传动系的机械效率；

I_f——飞轮、离合器和曲轴连杆机构的转动惯量，kg·m²；

I_w——单个车轮的转动惯量，kg·m²；

r——车轮滚动半径，m；

i_k——变速器的传动比，无级变速器为任意点的传动比，有级变速器为各档传动比；

i_d——分动器的传动比；

i_0——主传动器的传动比；

i_s——轮边减速器的传动比；

$\dfrac{di_k}{dt}$——无级变速器传动比 i_k 随时间 t 的变化率，具体计算时，必须获得 $i_k = f(t)$ 的关系曲线。

对于有级式变速器，$\dfrac{di_k}{dt} = 0$，式（5-17）中的加速阻力只有第一项，因此，δ 仅为有级式变速器汽车的旋转质量换算系数。加速阻力的第二项是由于传动比的变化使发动机飞轮等的加速而产生的。

5.4.2 δ 算式的建立

旋转质量换算系数 δ 与旋转质量的转动惯量及传动系的传动比有关，在建立 δ 的具体表达式时，对于旋转质量的转动惯量只计 I_f 和 I_w。推导过程如下：

平移质量的加速阻力为

$$F_{jt} = \frac{G}{g} \frac{dv}{dt} \qquad (5\text{-}18)$$

飞轮的惯性力矩为

$$T_{jf} = I_f \frac{d\omega_f}{dt} \qquad (5\text{-}19)$$

式中 ω_f——曲轴的角速度。

T_{jf}——换算到车轮上的力矩，表达式为

$$T'_{jf} = I_f \frac{d\omega_f}{dt} i_k i_d i_0 i_s \eta_m \qquad (5\text{-}20)$$

车轮的惯性力距为

$$T_{jw} = \sum I_w \frac{d\omega_w}{dt} \qquad (5\text{-}21)$$

式中 ω_w——车轮的角速度。

旋转质量的加速阻力为

$$F_{jr} = \frac{\eta_m I_f i_k i_d i_0 i_s \frac{d\omega_f}{dt}}{r} + \frac{\sum I_w \frac{d\omega_w}{dt}}{r} \tag{5-22}$$

汽车的加速阻力为

$$F_j = F_{jt} + F_{jr} = \frac{G}{g}\frac{dv}{dt} + \frac{\eta_m I_f i_k i_d i_0 i_s \frac{d\omega_f}{dt}}{r} + \frac{\sum I_w \frac{d\omega_w}{dt}}{r} \tag{5-23}$$

飞轮角加速度与车轮角加速度间的关系为

$$\frac{d\omega_f}{dt} = i_k i_d i_0 i_s \frac{d\omega_w}{dt} \tag{5-24}$$

车轮角加速度与汽车直线行驶加速度间的关系为

$$\frac{d\omega_w}{dt} = \frac{1}{r}\frac{dv}{dt} \tag{5-25}$$

将式（5-25）代入式（5-24）并代入式（5-23）后可得：

$$F_j = \left[\frac{G}{g} + \eta_m I_f \left(\frac{i_k i_d i_0 i_s}{r}\right)^2 + \frac{\sum I_w}{r^2}\right]\frac{dv}{dt} \tag{5-26}$$

令式（5-17）等于式（5-26），便可得到所证结果：

$$\delta = 1 + (\eta_m I_f i_k^2 i_d^2 i_0^2 i_s^2 + \sum I_w)\frac{g}{Gr^2}$$

对于某一具体汽车而言，δ 表达式中的参数，除 i_k 随档位变化外，其余均为已定参数。据此，可将 δ 表达式简化为

$$\delta = 1 + \delta_1 + \delta_2 i_k^2 \tag{5-27}$$

对于一般汽车，可取 $\delta_1 = 0.03 \sim 0.05$，$\delta_2 = 0.04 \sim 0.06$。

δ 表达式中的 I_f 和 I_w 往往没有现存的数据可用，然而这两个参数却都与汽车的最大总质量 M 有关。M 大，不仅车轮质量与转动惯量 I_w 相应增大，而且动力源的飞轮质量和转动惯量 I_f 也相应增大。根据统计分析，I_f 和 I_w 与 M 有如下的近似关系：

$$I_f = \xi M^{1.5} \tag{5-28}$$

式中　M——汽车的最大总质量，kg；

　　　ξ——换算系数，对于轿车：$\xi = (3.80 \sim 4.74) \times 10^{-6}$，对于其他车辆：$\xi = (3.16 \sim 4.74) \times 10^{-5}$。

$$\sum I_w = \lambda M^2 \tag{5-29}$$

式中　M——汽车的最大总质量，kg；

　　　λ——换算系数。

对于轿车：$\lambda = (2.0 \sim 2.3) \times 10^{-6}$，对于其他车辆：$\lambda = (3.4 \sim 4.0) \times 10^{-7}$。

在 ξ 和 λ 的取值范围中，应视 M 的大小而定，M 大者取大，M 小者取小。注意，采用式（5-27）计算的数值，不可能与采用式（5-28）和式（5-29）等式计算的数值完全一致，故应参考取值。

第6章 动力性能计算

汽车动力性能计算主要指的是有关汽车动力性能的各大表征参数的计算和汽车动力性能的匹配计算两个方面。

6.1 表征参数的分析计算

表征参数即能够代表汽车动力性能的各大指标，包括驱动力、动力因数、最大爬坡度、最高车速、加速度、加速时间和加速行程以及等速百公里油耗等。

6.1.1 计算公式

1. 各档最大驱动力

传自车轮上的最大驱动力是汽车动力性能的标志之一。变速器第 k 档位的最大驱动力 F_{dk} 可表示为

$$F_{dk} = \frac{\eta_a \eta_m \eta_h i_{gk} T_m}{r} \tag{6-1}$$

式中 i_{gk}——传动系不同档位下的总传动比，包括变速器的传动比 i_k、分动器或副变速器的传动比 i_f、主传动器传动比 i_0 和轮边减速比 i_s，后置发动机还有侧齿箱的减速比等。

2. 各档动力因数

动力因数是汽车动力性能代表性的指标。变速器第 k 档的动力因数 D_k 为

$$D_k = \frac{F_{dk} - F_{wk}}{G} \tag{6-2}$$

D_k 是没有因次的，但也可以说有因次 N/N，其物理意义是：单位载荷有多少单位驱动力来推动它。在加速度 $\frac{dv}{dt} = 0$ 时，动力因数就等于道路总阻系数，即

$$D = \psi = f + i \tag{6-3}$$

3. 最大爬坡度

各档爬坡度是汽车行驶能力的标志之一，它在已知动力因数 D_k 和滚动阻力系数 f_v 以及附着足够和没有拖挂的情况下，可用下式来计算：

$$\alpha_k = \arcsin\left(\frac{D_k - f_v \sqrt{1 - D_k^2 + f_v^2}}{1 + f_v^2}\right) \tag{6-4}$$

在附着足够且带拖挂的情况下，最大爬坡度为

$$\alpha_m = \arctan\left(\frac{\varphi}{1 + \eta} - f_v\right) \tag{6-5}$$

式中 $\eta = P_g/P_v$

P_g——挂车负荷；

P_v——主车负荷。

f_v 是随车速变化的滚动阻力系数，车速可根据车型及变速器的档位酌情给定。

对于不同的路面情况和轮胎气压状况可按如下公式计算：

1）干土路：
$$f_v = 15 \times 10^{-3} + 3 \times 10^{-4} v \tag{6-6}$$

注：不计 v 影响，可取 $f_v = 0.03$。

2）良好路：
$$f_v = 825 \times 10^{-5} + 165 \times 10^{-6} v \tag{6-7}$$

注：不计 v 影响，可取 $f_v = 0.02$。

汽车最大爬坡度 α_m 是指汽车在使用低档总传动比 i_{g1} 的情况下所能爬越的最大坡度。此时的 f 值一般指干土路的滚动阻力系数。

小轿车和货车的最大爬坡度一般不得低于 30%，越野车不得低于 60%。为了追求较高的挂钩牵引力和较低的稳定车速，个别越野车的最大爬坡度的计算值可能达到 200%。须知这不是真正的爬坡度，而是动力性能的标志。实际的爬坡度是受附着条件限制的，从理论上说，汽车的爬坡极限不会超过 80%，连坦克的理论爬坡极限也不过是 100% 而已。

有些试验设备的确有 100% 的汽车爬坡道，它的路面是特别材料铺设的，或是由若干小台阶构成的，其目的在于表演！

4. 最高车速

最高车速是汽车动力性能的主要表征参数之一。它是汽车在不同档位、不同路面和不同坡道下所能达到的最高车速 v_k，也就是加速度 $dv/dt = 0$ 时的车速，或者是剩余功率（$P_d - \sum P_i$）$= 0$ 时的车速。一般概念的最高车速是指汽车在平直良好路面下高档所能达到的极限车速 v_m，如图 6-1 所示。

不同档位、不同路面和不同坡道下的最高车速，具有较为深刻的动力性能含义。它是高档利用率的标志，是平均技术速度的象征。对军用越野汽车提技术要求时，不提 v_m 是允许的，但不提 v_k 是不可以的。

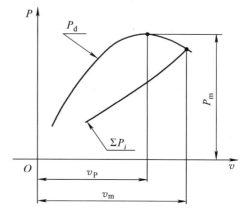

图 6-1 功率平衡

最高车速的计算公式可利用外界总阻力与传至车轮驱动力的平衡关系或者说利用功率平衡的关系导出。

根据式（5-1）、式（5-6）、式（5-10）和式（5-12）的关系可以得到外界总阻力的表达式：
$$\sum F = G\sin\alpha + Gf_v\cos\alpha + \frac{C_D A v^2}{21.145} \tag{6-8}$$

注意：式中的 f_v 是随车速变化的滚动阻力系数，在此必须要考虑车速影响，这是因为车速可能是很高的。除式（6-6）和式（6-7）之外，在轮胎气压较高时，应按下列二式计算：

良好路：
$$f_v = 75 \times 10^{-4} + 15 \times 10^{-5} v \tag{6-9}$$

干土路：
$$f_v = 135 \times 10^{-4} + 27 \times 10^{-5} v \tag{6-10}$$

把式 (6-6) 代入式 (6-8) 可得

$$\sum F = \frac{C_D A v^2}{21.145} + (\sin\alpha + 825 \times 10^{-5}\cos\alpha)G + 165 \times 10^{-6}\cos\alpha G v \tag{6-11}$$

把式 (6-7) 代入式 (6-8) 可得

$$\sum F = \frac{C_D A v^2}{21.145} + (\sin\alpha + 15 \times 10^{-3}\cos\alpha)G + 3 \times 10^{-4}\cos\alpha G v \tag{6-12}$$

把式 (6-9) 代入式 (6-8) 可得

$$\sum F = \frac{C_D A v^2}{21.145} + (\sin\alpha + 75 \times 10^{-4}\cos\alpha)G + 15 \times 10^{-5}\cos\alpha G v \tag{6-13}$$

把式 (6-11) ~ 式 (6-13) 三式归纳为一式，可得

$$\sum F = \frac{C_D A v^2}{21.145} + R_1 \cos\alpha G v + (\sin\alpha + R_2 \cos\alpha)G \tag{6-14}$$

其中

低胎压：$\left.\begin{array}{l}R_1 = 165 \times 10^{-6} \\ R_2 = 825 \times 10^{-5}\end{array}\right\}$良好路　$\left.\begin{array}{l}R_1 = 3 \times 10^{-4} \\ R_2 = 15 \times 10^{-3}\end{array}\right\}$干土路

高胎压：$\left.\begin{array}{l}R_1 = 1.5 \times 10^{-4} \\ R_2 = 7.5 \times 10^{-3}\end{array}\right\}$良好路　$\left.\begin{array}{l}R_1 = 2.7 \times 10^{-4} \\ R_2 = 13.5 \times 10^{-3}\end{array}\right\}$干土路

f_{vk} 表示在档位 k 时的滚动阻力系数：

$$f_{vk} = R_1 v_k + R_2$$

(1) 车轮驱动力

在使用外特性曲线进行计算时，传至车轮的驱动力由式 (4-91) 表示，即

$$F_d(n) = 3600 \eta_m \eta_h \frac{P(n)}{v}$$

上式中的 $P(n)$ 便是式 (4-86) 所表示的发动机的动力特性式，即

$$P(n) = P_m \sum_{i=1}^{k} \gamma_i \left(\frac{n}{n_p}\right)^i = P_m \sum_{i=1}^{k} \gamma_i \left(\frac{v}{v_{pk}}\right)^i$$

当把动力特性式代入驱动力式之后，可得

$$F_d(v) = 3600 \eta_m \eta_h \frac{P_m}{v_{pk}} \sum_{i=1}^{k} \gamma_i \left(\frac{v}{v_{pk}}\right)^{i-1} \tag{6-15}$$

令 $k = 3$（转矩因子 $e_t \leq 1.2$），有

$$F_d(v) = 3600 \eta_m \eta_h \gamma_1 \frac{P_m}{v_{pk}} + 3600 \eta_m \eta_h \gamma_2 \frac{P_m}{v_{pk}^2} v + 3600 \eta_m \eta_h \gamma_3 \frac{P_m}{v_{pk}^3} v^2 \tag{6-16}$$

令 $k = 4$（转矩因子 $e_t > 1.2$），有

$$\begin{aligned}F_d(v) = &3600 \eta_m \eta_h \gamma_1 \frac{P_m}{v_{pk}} + 3600 \eta_m \eta_h \gamma_2 \frac{P_m}{v_{pk}^2} v + \\ &3600 \eta_m \eta_h \gamma_3 \frac{P_m}{v_{pk}^3} v^2 + 3600 \eta_m \eta_h \gamma_4 \frac{P_m}{v_{pk}^4} v^3\end{aligned} \tag{6-17}$$

(2) 阻力和驱动力平衡

1) 令式 (6-16) 等于式 (6-14)，可以得到如下计算最高车速的二次方程：

$$A_k v^2 + B_k v + C_k = 0 \tag{6-18}$$

解此二次方程，就得到了两种路面和不同坡道上最高车速的一般表达式：

$$v_m = \frac{-B_k \pm \sqrt{B_k^2 - 4A_kC_k}}{2A_k} \tag{6-19}$$

式中 $A_k = 3600\eta_m\eta_h\gamma_3 \dfrac{P_m}{v_{pk}^3} - \dfrac{C_DA}{21.145}$

$v_{pk} = 0.377 \dfrac{rn_p}{i_{gk}}$

$B_k = 3600\eta_m\eta_h\gamma_2 \dfrac{P_m}{v_{pk}^2} - R_1\cos\alpha G$

$C_k = 3600\eta_m\eta_h\gamma_1 \dfrac{P_m}{v_{pk}} - (\sin\alpha + R_2\cos\alpha)G$

式中根号前的"±"号，应根据 A_k、B_k 和 C_k 的符号来判定。

$$\gamma_1 = \frac{1 - 2e_re_t + e_r^2e_t}{(e_r - 1)^2}$$

$$\gamma_2 = \frac{2e_r(e_t - 1)}{(e_r - 1)^2} - x_p$$

$$\gamma_3 = \frac{-e_r^2(e_t - 1)}{(e_r - 1)^2}$$

式中 x_p——附件损失系数。

式中根号前的"±"号，可以取为正号，因为 $B > 0$，车速不可能为负值。

R_1、R_2 一般可按式（6-14）取值，但也可根据具体情况调整数值。

当嫌三次方程计算麻烦时（$e_t > 1.2$），也可用此二次方程代算，其误差不是很大。

在计算坡道车速中，当坡道角 α 较大时，根号中的数值就有可能出现负值。这说明当前变速器的档位较高，应当改换相邻低档行驶。在编写计算软件时，遇此情况应输出一个"虚"字，以帮助我们判明高档利用率和坡道车速。

2) 令式（6-17）等于式（6-14），还可得到如下计算最高车速的三次方程：

$$A_kv^3 + B_kv^2 + C_kv + D_k = \Delta \tag{6-20}$$

式中

$v_{pk} = 0.377 \dfrac{rn_p}{i_{gk}}$

$A_k = 3600\eta_m\eta_h\gamma_4 \dfrac{P_m}{v_{pk}^4}$

$B_k = 3600\eta_m\eta_h\gamma_3 \dfrac{P_m}{v_{pk}^3} - \dfrac{C_DA}{21.145}$

$C_k = 3600\eta_m\eta_h\gamma_2 \dfrac{P_m}{v_{pk}^2} - R_1G\cos\alpha$

$D_k = 3600\eta_m\eta_h\gamma_1 \dfrac{P_m}{v_{pk}} - G(\sin\alpha + R_2\cos\alpha)$

$\gamma_1 = \dfrac{e_r^3e_t - 3e_r^2e_t + 4e_r - 2}{(e_r - 1)^3}$

$$\gamma_2 = \frac{6(e_r-1)\gamma_1 - 8e_r + 9}{e_r^2 - 4e_r + 3} - x_p$$

$$\gamma_3 = 4 - 3\gamma_1 - 2\gamma_2$$

$$\gamma_4 = 1 - \gamma_1 - \gamma_2 - \gamma_3$$

式（6-20）是一个隐式函数，因此只能采用迭代的办法来计算。

式（6-20）中的 Δ，此处把它叫作"剩余牵引力"。在动力盈余的情况下，Δ 只能为正；在动力适中时，Δ 由正变负；在动力不足时，Δ 只为负。更多的解释，请参见最高车速的计算示例。

式（6-19）和式（6-20）所计算的最高车速只是一个动力性能参数，不一定是实际可以达到的车速。一般规定可以允许的最高车速 v_{mp} 应按下式取值：

汽油机：$v_{mp} = 1.1 v_p$；柴油机：$v_{mp} = 1.05 v_p$。

5. 加速度

加速度 a 是车速 v 对于时间 t 的变化率，即

$$\frac{dv}{dt} = \frac{g}{\delta}(D - f) \tag{6-21}$$

具体计算时，在平直良好的路面上，不同档位和不同车速下的加速度 a_k 可根据行驶方程导出。即在阻力方程中，不考虑坡道阻力而增加加速阻力。驱动力方程仍采用式（6-16）和式（6-17）。

1) 当 $e_t \leqslant 1.2$（即 $k=3$）时，有

$$3600\eta_m\eta_h\left(\gamma_1\frac{P_m}{v_{pk}} + \gamma_2\frac{P_m}{v_{pk}^2}v + \gamma_3\frac{P_m}{v_{pk}^3}v^2\right) - \frac{C_D A v^2}{21.145} - R_1 G v - R_2 G - \delta_k\frac{G}{g}a_k = 0 \tag{6-22}$$

解此方程，便可得到加速度的计算式：

$$a_k = \frac{g}{\delta_k G}(A_k v^2 + B_k v + C_k) \tag{6-23}$$

式中 δ_k ——各档旋转质量系数。对于一般汽车，$\delta_k = \delta_1 + \delta_2 i_k^2$，$\delta_1 = 1.03 \sim 1.06$，$\delta_2 = 0.04 \sim 0.06$；

γ_1、γ_2、γ_3 ——与式（6-19）同；

R_1、R_2 ——按良好路和高胎压取值。

$$A_k = 3600\eta_m\eta_h\gamma_3\frac{P_m}{v_{pk}^3} - \frac{C_D A}{21.145}$$

$$B_k = 3600\eta_m\eta_h\gamma_2\frac{P_m}{v_{pk}^2} - R_1 G$$

$$C_k = 3600\eta_m\eta_h\gamma_1\frac{P_m}{v_{pk}^1} - R_2 G$$

2) 当 $e_t > 1.2$（即 $k=4$）时，有

$$3600\eta_m\eta_h\left(\gamma_1\frac{P_m}{v_{pk}} + \gamma_2\frac{P_m}{v_{pk}^2}v + \gamma_3\frac{P_m}{v_{pk}^3}v^2 + \gamma_4\frac{P_m}{v_{pk}^4}v^3\right) -$$

$$\frac{C_D A v^2}{21.145} - R_1 G v - R_2 G - \delta_k\frac{G}{g}a_k = 0 \tag{6-24}$$

解此方程便可得到 $e_t > 1.2$ 时的加速度公式：

$$a_k = \frac{g}{\delta_k G}(A_k v^3 + B_k v^2 + C_k v + D_k) \tag{6-25}$$

式中　γ_1、γ_2、γ_3、γ_4——与式（6-20）同；
　　　R_1、R_2——按良好路面或高胎压情况取值；
　　　δ_k——同式（6-23）。

且

$$A_k = 3600\eta_m\eta_h\gamma_4 \frac{P_m^B}{v_{pk}^4}$$

$$B_k = 3600\eta_m\eta_h\gamma_3 \frac{P_m}{v_{pk}^3} - \frac{C_D A}{21.145}$$

$$C_k = 3600\eta_m\eta_h\gamma_2 \frac{P_m}{v_{pk}^2} - R_1 G$$

$$D_k = 3600\eta_m\eta_h\gamma_1 \frac{P_m}{v_{pk}} - R_2 G$$

6. 加速时间

加速时间是汽车动力性能的重要指标之一。它分高档加速时间和换档加速时间。高档加速时间也叫超车加速时间，它是采用直接档或超速档行进的加速时间。换档加速时间是从1档开始，连续使用各个档位使车速从零加速到某一给定车速所需的时间。下面分别研究。

（1）高档加速时间

高档加速时间是利用高档从某一较低车速 v_L 开始，加速至某一较高车速 v_h 所需的时间 t_h。v_L 和 v_h 都应以最高车速 v_m 为准，一般取 $v_L = 0.3 v_m$，$v_h = 0.8 v_m$。

由于加速度 $a = \frac{1}{3.6}\frac{dv}{dt}$，高档加速时间（s）为

$$t_h = \int_{v_L}^{v_h} \frac{dv}{3.6 a_k} \tag{6-26}$$

1）当 $e_t \leq 1.2$（即 $k=3$），且将式（6-23）代入式（6-26）后，可得

$$t_h = \frac{\delta_h G}{3.6g}\int_{v_L}^{v_h}\frac{dv}{A_h v^2 + B_h v + C_h}$$

由于 $(B^2 - 4AC) > 0$，积分

$$\int_{v_L}^{v_h}\frac{dv}{A_h v^2 + B_h v + C_h} = \frac{1}{\sqrt{B_h^2 - 4A_h C_h}}\ln\frac{2A_h v + B_h - \sqrt{B_h^2 - 4A_h C_h}}{2A_h v + B_h + \sqrt{B_h^2 - 4A_h C_h}}\bigg|_{v_L}^{v_h}$$

代入积分限，并经整理后可得

$$t_h = \frac{\delta_h G}{3.6gx}\ln\frac{(y-x)(z+x)}{(y+x)(z-x)} \tag{6-27}$$

式中　$x = \sqrt{B_h^2 - 4A_h C_h}$；
　　　$y = 2A_h v_h + B_h$；
　　　$z = 2A_h v_L + B_h$；
　　　A_h、B_h、C_h——与式（6-23）同。

2) 当 $e_t > 1.2$（即 $k = 4$），且将式（6-25）代入式（6-26）后可得

$$t_h = \frac{\delta_h G}{3.6g} \int_{v_l}^{v_h} \frac{dv}{A_h v^3 + B_h v^2 + C_h v + D_h} = \frac{\delta_h G}{3.6g} I_h \quad (6-28)$$

式（6-28）的积分虽然是可积的，但积分过程非常麻烦，且积分结果也很复杂，不便使用。此处采用数值法近似计算积分。令 t_j 等于被积函数，即令

$$t_j = \frac{1}{A_h v^3 + B_h v^2 + C_h v + D_h}$$

于是积分为

$$I_h = \Delta v \sum_{j=0}^{n} t_j - \frac{\Delta v}{2}(t_0 + t_n) = \Delta v \left[\sum_{j=0}^{n} t_j - \frac{1}{2}(t_0 + t_n) \right] \quad (6-29)$$

式中　v_j——割点车速，$v_j = v_l + j\Delta v$，km/h；

　　　j——割点序号；

　　　Δv——步长，$\Delta v = \dfrac{v_h - v_l}{n}$，km/h；

　　　n——$(v_h - v_l)$ 区段所被分割成的段数，$n = \dfrac{v_h - v_l}{\Delta v}$。

（2）换档加速时间

换档加速时间 t_c 是一个具有使用价值的动力性参数。它是从 1 档开始，连续使用各个档位，使车速从零加速到某一指定车速 v_h（一般取 $v_h = 0.8 v_m$）所需的时间 $\sum\limits_{k=1}^{n'} t_k$，加上每次换档所耗的时间 $(n' - 1)\Delta t$，故换档加速时间 t_c 为：

$$t_c = \sum_{k=1}^{n'} t_k + (n' - 1)\Delta t \quad (6-30)$$

式中　k——档位数；

　　　t_k——各档加速时间，s；

　　　n'——加速过程被使用到的档数；

　　　Δt——每次换档所用的时间，s。

换档时间 Δt 的大小是由是否有同步器和换档技术等因素所决定的，一般可取 $\Delta t = 0.8$s。

各档加速时间 t_k，可利用高档加速时间 t_h 的计算公式计算。计算时，应将高档的旋转质量系数 δ_h 换为 δ_k，将变速器的传动比 i_h 换为 i_k。请注意，换档车速 v_L 就是第 k 档位的起始速度，v_h 则是第 k 档位与第 $k+1$ 档位的换档车速。

7. 换档车速的确定

众所周知，在汽车换档加速时间的测试中重复性极低，特别是不同的驾驶人所测得的时间，差值很大。这是为什么呢？原因是多方面的。但其中最重要的因素是凭感觉开车，难以准确掌握换档时机。

同样，在动力性能计算中，虽然各档旋转质量系数 δ_k、换档所占的时间 Δt、终极车速 v_h 等参数都可取为一致，然而，各档的换档车速 v_{ck} 却是难以把握的，也是没有规范的。因此，计算所得的换档加速时间 t_c 也是缺乏根据的。

目前，对于换档车速或换档时机仍是众说纷纭。例如有人说：换档车速应取各档的最高车速 v_{mk}，有人说应取最大功率时的车速 v_{pk}，等等。为解决这一关键问题，使测试和计算的

结果具有真实性和可比性，如实、准确地反映车辆的动力性能，本书在认真研究的基础上，以"可能的最短加速时间"为依据，得出了关于换档车速的"最小录用原则"的结论。

如何确定换档车速呢？这是一个重要而有趣的问题。解决这一问题的依据就是"可能的最短加速时间"。这就是说，一要加速时间最短，二要可能做到。因此，研究需分两步进行，下面首先研究加速时间最短的问题。

（1）等加速度车速 v_{ak}

要使加速时间最短，必须使车速从零开始直至加速到终极车速 v_h（一般取 $v_h = 0.8v_m$）的整个过程的加速强度最高。为此，就必须掌握好换档时机，就应在车速 v 与加速度 a 的关系曲线图中，取相邻两档加速度曲线的交点所对应的车速 v_{ak} 作为换档车速 v_{ck}，如图 6-2 所示。

图 6-2 中的 v_{mk} 是各档按动力性计算的理论上的最高车速。

在图 6-2 中，相邻两档加速度曲线的交点，就是相邻两档的等加速度点。在此点之前，其加速度值第 k 档的总是大于第 $k+1$ 档的。而交点之后，$k+1$ 档的却大于第 k 档的。因此，在此交点换档，其总加速强度必然最高，加速时间 t_c 值必然最短。

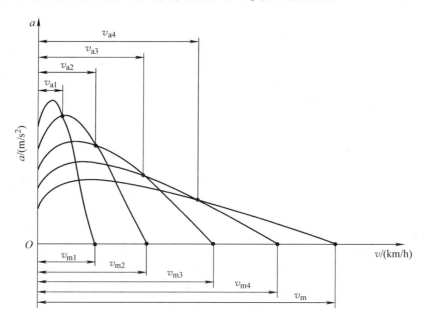

图 6-2 加速度与车速的关系曲线

因此，只要令第 k 档的加速度函数 $a_k(v)$ 等于第 $k+1$ 档的加速度函数 $a_{k+1}(v)$，便可找到这个点，也就是可解出相邻档位的等加速度车速 v_{ak}。具体来说，就是令

$$\frac{3600g}{G}\left(\frac{A_k v_{ak}^2 + B_k v_{ak} + C_k}{\delta_k}\right) = \frac{3600g}{G}\left(\frac{A_{k+1} v_{ak}^2 + B_{k+1} v_{ak} + C_{k+1}}{\delta_{k+1}}\right) \quad (6\text{-}31)$$

解式（6-31），便可得到相邻档位的等加速度车速：

$$v_{ak} = \frac{-b - \sqrt{b^2 - 4ac}}{2a} \quad (6\text{-}32)$$

$$a = \delta_{k+1}A_k - \delta_k A_{k+1}$$
$$b = \delta_{k+1}B_k - \delta_{k+1}B_{k+1}$$
$$c = \delta_{k+1}C_k - \delta_k C_{k+1}$$
$$A_k = \eta_h \eta_m \gamma_3 \frac{P_m}{v_{pk}^3} - \frac{C_D S}{76120}$$
$$B_k = \eta_h \eta_m \gamma_2 \frac{P_m}{v_{pk}^2} - \frac{G}{21818180}$$
$$C_k = \eta_h \eta_m \gamma_1 \frac{P_m}{v_{pk}} - \frac{G}{436360}$$
$$\gamma_1 = (1 - 2e_r e_t + e_r^2 e_t)/(e_r - 1)^2$$
$$\gamma_2 = 2e_r(e_t - 1)/(e_r - 1)^2 - x_p$$
$$\gamma_3 = -e_r^2(e_t - 1)/(e_r - 1)^2$$

式中 η_h——高原系数，$\eta_h \approx 1 - h/10000$；

h——海拔，m；

η_m——传动系的总效率；

C_D——空气阻力系数；

S——迎风面积，m²；

G——汽车总负荷，N；

v_{pk}——各档最大功率时的车速，km/h；

P_m——发动机最大功率，kW；

e_r——发动机转速因子，$e_r = n_p/n_T$；

n_p——最大功率转速，r/min；

n_T——最大转矩转速，r/min；

e_t——发动机转矩因子，$e_t = \dfrac{n_p T_m}{9549.3 P_m}$；

T_m——发动机最大转矩，N·m；

x_p——最大功率点的附件损失系数，数值由所带附件的多少而定，一般 $x_p = 0.05 \sim 0.25$。

用等加速度车速 v_{ak} 作为换档车速 v_{ck}，虽然能使换档加速时间最短，但这不一定能够实现。因为在某些情况下，车速不可能升至如此之高，或者说，它将使发动机转速过高，影响其寿命和燃油经济性等。例如，当等加速度车速高于发动机所允许的限定车速 v_{pk} 时，即 v_{ak} 大于 v_{pk} 时，这就不能实现了。为了检验 v_{ak} 是否大于 v_{pk}，下面就来研究 v_{pk}。

（2）限定车速 v_{pk}

限定车速是指发动机所能允许的最高转速所对应的车速，即最高限定车速。

它可用式（6-33）计算：

$$v_{pk} = \lambda v_{mk} = \lambda \left(\frac{0.377 r n_p}{i_{gk}} \right) \tag{6-33}$$

式中 λ——限定系数，汽油机取 $\lambda = 1.1$，柴油机取 $\lambda = 1.0$；

r——滚动半径，m；

i_{gk}——传动系各档总传动比。

限定车速 v_{pk}，有时可能小于按动力平衡计算的最高车速 v_{mk}，有时又可能大于 v_{mk}。为检测其大小，还须计算 v_{mk}。

（3）最高车速 v_{mk}

变速器不同档位下的最高车速是按功率平衡所得的车速，是不可能超越的极限车速，它可用式（6-34）计算：

$$v_{mk} = \frac{-B_k + \sqrt{B_k^2 - 4A_k C_k}}{2A_k} \tag{6-34}$$

式中　系数 A_k、B_k、C_k——同式（6-32）。

（4）换档车速的确定

由上述分析可知，各档最高车速 v_{mk} 是不可能超越的，各档限定车速 v_{pk} 是不允许超越的。也就是说，等加速度车速 v_{ak} 只能低于或等于它们，而不能高于它们。由此便可得出如下结论：v_{ak}、v_{pk} 和 v_{mk} 三个车速谁最小谁就可以作为换档车速 v_{ck}，也就是所谓的"最小录用原则"。根据这一原则可制定表 6-1。通过表 6-1 的对比，便可以方便地决定出各档的换档车速。

表 6-1　换档车速的选定　　　　　　　　　　　　（单位：km/h）

档位序号 k	最高车速 v_{mk}	限定车速 v_{pk}	等加速度车速 v_{ak}	换档车速 v_{ck}	
				计算值	取整值
n'					

注：n' 是加速用到的最高档位数。

特别值得注意的是：等加速度车速 v_{ak} 不可能大于 v_{mk}（图 6-2）。因此，只需将 v_{ak} 与 v_{pk} 进行对比，谁最小谁就是换档车速。

v_{ck} 值是计算换档加速时间和试验的操作根据。用它获得的 t_c 值，不仅能够如实反映车辆的动力性能，且具有良好的对比性。v_{ck} 取整值，主要是用来指导试验用的，预知 v_{ck} 的值，到了这个车速就换档，可操作性极强。

8. 加速行程

加速行程 S 是一个非常直观的动力性能指标，是汽车在加速过程中所经过的直线路程。加速行程一般计算高档加速行程 S_h 和换档加速行程 S_c 两个指标。下面分别研究。

（1）高档加速行程

因为

$$dS = \frac{1}{3.6} v dt, \quad dt = \frac{1}{3.6} \frac{dv}{a},$$

所以

$$dS = \frac{1}{3.6^2} \frac{v}{a} dv \tag{6-35}$$

1）当 $e_t \leq 1.2$（即 $k = 3$）时，高档加速行程为

$$S_h = \frac{\delta_h G}{3.6^2 g} \int_{v_L}^{v_h} \frac{v dv}{A_h v^2 + B_h v + C_h} = \frac{\delta_h G}{3.6^2 g} I \tag{6-36}$$

积分：

$$I = \int_{v_L}^{v_h} \frac{v dv}{A_h v^2 + B_h v + C_h} = \frac{1}{2A_h} \ln \left| A_h v^2 + B_h v + C_h \right|_{v_L}^{v_h} - \frac{B_h}{2A_h} \int_{v_L}^{v_h} \frac{dv}{A_h v^2 + B_h v + C_h}$$

下面研究积分 $I_1 = \int_{v_L}^{v_h} \dfrac{\mathrm{d}v}{A_h v^2 + B_h v + C_h}$

① 当 $\Delta = (B_h^2 - 4A_h C_h) = 0$ 时：

$$I_1 = -\dfrac{2}{B_h + 2A_h v}\bigg|_{v_L}^{v_h}$$

② 当 $\Delta = (B_h^2 - 4A_h C_h) < 0$ 时：

$$I_1 = \dfrac{2}{\sqrt{4A_h C_h - B_h^2}} \arctan \dfrac{B_h - 2A_h v}{\sqrt{4A_h C_h - B_h^2}}\bigg|_{v_L}^{v_h}$$

③ 当 $\Delta = (B_h^2 - 4A_h C_h) > 0$ 时：

$$I_1 = \dfrac{1}{\sqrt{B_h^2 - 4A_h C_h}} \ln \dfrac{(B_h + 2A_h v) - \sqrt{B_h^2 - 4A_h C_h}}{(B_h + 2A_h v) + \sqrt{B_h^2 - 4A_h C_h}}\bigg|_{v_L}^{v_h}$$

将 I_1 代入 I，并将 I 代入式（6-36），并令

$$R_1 = A_h v_h^2 + B_h v_h + C_h$$
$$R_2 = A_h v_L^2 + B_h v_L + C_h$$
$$x_1 = \sqrt{4A_h C_h - B_h^2}$$
$$x_2 = \sqrt{B_h^2 - 4A_h C_h}$$
$$y = 2A_h v_h + B_h$$
$$z = 2A_h v_L + B_h$$

则得高档加速行程为

$$S_h = \dfrac{\delta_h G}{3.6^2 g}\left[\dfrac{1}{2A_h}\ln\left|\dfrac{R_1}{R_2}\right| + \left(\dfrac{1}{y} - \dfrac{1}{Z}\right)\dfrac{B_h}{A_h}\right] \qquad \Delta = 0, m \quad (6\text{-}37)$$

$$S_h = \dfrac{\delta_h G}{3.6^2 g}\left[\dfrac{1}{2A_h}\ln\left|\dfrac{R_1}{R_2}\right| - \dfrac{B_h}{A_h x_1}\left(\arctan\dfrac{y}{x_1} - \arctan\dfrac{Z}{x_1}\right)\right] \qquad \Delta < 0, m \quad (6\text{-}38)$$

$$S_h = \dfrac{\delta_h G}{3.6^2 g}\left[\dfrac{1}{2A_h}\ln\left|\dfrac{R_1}{R_2}\right| - \dfrac{B_h}{2A_h x_2}\ln\left|\dfrac{(y - x_2)(z + x_2)}{(y + x_2)(z - x_2)}\right|\right] \qquad \Delta > 0, m \quad (6\text{-}39)$$

因为 A_h 为负，C_h 为正，所以 $\Delta > 0$，S_h 应用式（6-39）计算。

2) $e_t > 1.2$（即 $k = 4$）时，高档加速行程为：

$$S_h = \dfrac{\delta_h G}{3.6^2 g}\int_{v_L}^{v_h} \dfrac{v\mathrm{d}v}{A_h v^3 + B_h v^2 + C_h v + D_h} \qquad (6\text{-}40)$$

式（6-40）的积分虽然是可积的，但过程烦琐，结果复杂，使用不便。因此，建议参照式（6-28）的办法采用数值计算。

3) 高档加速行程的简算法。在已知加速时间 t_h 以及初始车速 v_L 和终极车速 v_h 的情况下，可用式（6-41）粗略计算高加速行程：

$$S_h = \dfrac{(v_L + v_h) t_h}{7.2} \qquad (6\text{-}41)$$

（2）换档加速行程

在换档过程中，除了实际的各档加速行程 S_k 之外，还须计及换档过程中的全部惯性滑移行程 S_s。所以换档总行程为

$$S_c = \sum_{k=1}^{n'} S_k + S_s \tag{6-42}$$

在已知 Δt 和 v_{ck} 的情况下，其总的惯性滑移行程为

$$S_s = \frac{\Delta t}{3.6} \sum_{k=1}^{n'} v_{ck} \tag{6-43}$$

各档的加速行程，作为近似计算，可把某一档位的加速度看作匀加速度，据此，在已知各档加速时间 t_k 和各档换档车速 v_{ck} 的情况下，各档实际加速行程为

$$S_k = \left(\frac{v_{c(k-1)} + v_{ck}}{7.2}\right) T_k \tag{6-44}$$

于是，近似计算的换档总行程为

$$S_c = \frac{1}{3.6}\left(\sum_{k=1}^{n'} \left(\frac{v_{c(k-1)} + v_{ck}}{2}\right) t_k + \Delta t \sum_{k=1}^{n'} v_{ck}\right) \tag{6-45}$$

其计算程式见表 6-2。其加速过程，也就是车速 v 与时间 t 的关系曲线如图 6-3 所示。

表 6-2 加速行程计算程式

k		1	2	3	4	
$v_{ck}/(\text{km/h})$						
t_k/s						
S_k/m	近似					
	精确					
S_s/m			$S_s = \frac{\Delta t}{3.6}\sum_{k=1}^{n'-1} v_{ck}$			
S_c/m	近似		$S_c = \frac{1}{3.6}\left(\sum_{k=1}^{n'}\left(\frac{v_{c(k-1)} + v_{ck}}{2}\right)t_k + \Delta t \sum_{k=1}^{n'} v_{ck}\right)$			
	精确		$S_c = \sum_{k=1}^{n'} S_{ak} + S_s$			

9. 等速百公里油耗 Q

等速百公里油耗指的是高档平原良好路面的等速百公里油耗（L/100km），它也是汽车动力性能的表征参数之一，其计算公式为

$$Q = \frac{g_e}{3671 \eta_a \eta_m \gamma}\left[Gf_{va} + \frac{C_D A v_a^2}{21.145}\right] \tag{6-46}$$

式中　γ——燃油重度，柴油：$\gamma = 8.04\text{N/L}$，汽油：$\gamma = 7.06\text{N/L}$；

η_m——传动系效率系数；

C_D——空气阻力系数；

A——迎风面积，m^2；

f_{va}——滚动阻力系数，$f_{va} = 8.25 \times 10^{-3} + 1.65 \times 10^{-4} v_a$；

η_a——附件效率系数，$\eta_a = 1 - \frac{n}{n_p} x_p$。

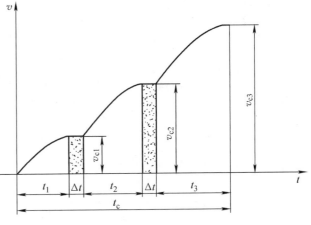

图 6-3 换档加速过程

其中，
$$n = \frac{i_{dh}i_{Th}i_0}{0.377r_k}v_a$$

$$n_p = 1 - \frac{i_{dh}i_{Th}i_0}{0.377r_k n_p}x_p v_a$$

x_p——最大功率点的附件损失系数；

n_p——最大功率点的转速，r/min；

g_e——随发动机转速 n 和相应功率 P 变化的比油耗，g/kW·h。

转速 n 可利用给定的车速 v_a 求出，而功率 P 则可利用相应的转速 n 和下式算出。

$$P = P_m \sum_{i=1}^{4} C_i (n/n_p)^i$$

有了转速 n 和对应的功率 P，便可利用给定发动机的万有特性曲线查出相应的比油耗值 g_e。

6.1.2 计算示例

1. 示例车型参数

（1）最大总质量（总负荷）

$m = 18500$kg，故重力 $G = 181423$N。

（2）发动机

1）型号 WD 615.77A，直6，增压中冷柴油机（$Q = 18.5$L），万有特性曲线附后。

2）主要参数

① 最大功率：$P_m = 206$kW。

② 最大功率转速：$n_p = 2400$ r/min。

③ 最大转矩：$T_m = 1070$N·m。

④ 最大转矩转速：$n_T = 1400$ r/min。

⑤ 转速因子：$e_r = \dfrac{n_p}{n_T} = \dfrac{2400}{1400} = 1.7143$。

⑥ 功率因子：$e_p = \dfrac{T_m n_T}{9549.3 P_m} = \dfrac{1070 \times 1400}{9549.3 \times 206} = 0.7615$。

⑦ 转矩因子：$e_t = \dfrac{T_m n_p}{9549.3 P_m} = \dfrac{1070 \times 2400}{9549.3 \times 206} = 1.3054$。

3）动力特性式。动力特性式

$$P = P_m \sum_{i=1}^{k} C_i (n/n_p)^i$$

当 $k = 3$ 时的系数 C_i：

$$C_1 = \frac{1 - 2e_r e_t + e_r^2 e_t}{(e_r - 1)^2} = \frac{1 - 2 \times 1.7143 \times 1.3054 + 1.7143^2 \times 1.3054}{(1.7143 - 1)^2} = 0.7068$$

$$C_2 = \frac{2e_r(e_t - 1)}{(e_r - 1)^2} = \frac{1.7143 \times 2 \times (1.3045 - 1)}{(1.7143 - 1)^2} = 2.0522$$

$$C_3 = \frac{-e_r^2(e_t - 1)}{(e_r - 1)^2} = \frac{-1.7143^2 \times (1.3045 - 1)}{(1.7143 - 1)^2} = -1.7591$$

当 $k = 4$ 时的系数 C_i 为：

$$C_1 = \frac{e_r^3 e_t - 3e_r^2 e_t + 4e_r - 2}{e_r^3 - 3e_r^2 + 3e_r - 1}$$

$$= \frac{1.7143^3 \times 1.3054 - 3 \times 1.7143^2 \times 1.3054 + 4 \times 1.7143 - 2}{1.7143^3 - 3 \times 1.7143^2 + 3 \times 1.7143 - 1} = -0.2063$$

$$C_2 = \frac{6(e_r - 1)C_1 - 8e_r + 9}{e_r^2 - 4e_r + 3} = \frac{6 \times (1.7143 - 1) \times (-0.2063) - 8 \times 1.7143 + 9}{1.7143^2 - 4 \times 1.7143 + 3} = 6.0962$$

$$C_3 = 4 - 3C_1 - 2C_2 = 4 + 3 \times 0.2063 - 2 \times 6.0962 = -7.5735$$

$$C_4 = 1 - C_1 - C_2 - C_3 = 1 + 0.2063 - 6.0962 + 7.5735 = 2.6836$$

功率与转速关系的计算值见表6-3。

表6-3 功率与转速关系的计算值

$n/(\text{r/min})$		1400	1500	1600	1700	1800	1900	2000	2100	2200	2300	2400
P/kW	$k=3$	157	168	178	187	194	200	205	208	210	209	206
	$k=4$	157	168	178	185	191	197	200	203	205	206	206

(3) 变速器

1) 型号：RT 11609A，常啮机械式，9进1倒。

2) 传动比：各档传动比见表6-4。

3) 档数合理性分析：

① 比功率：$\lambda_p = 206/18.5 = 11.135 \text{kW/t}$。

② 公比[⊖]：$q = 0.025\lambda_p + 1.15 = 0.025 \times 11.135 + 1.15 = 1.4284$。

③ 档数：$n = 1 + \ln i_1 / \ln q = 1 + \ln 12.65 / \ln 1.4284 = 8.12$ 个。

变速器各档传动比见表6-4。

表6-4 变速器各档传动比

档位 k	1	2	3	4	5	6	7	8	9	倒档
实际传动比 i_k	12.65	8.38	6.22	4.57	3.40	2.46	1.83	1.34	1.00	13.22
几何级数比 i_{gk}	12.65	9.211	6.708	4.884	3.557	2.590	1.886	1.373	1.00	
修正系数 β_k	1	0.910	0.927	0.936	0.956	0.950	0.970	0.976	1.00	
有关公式				$i_k = \beta_k i_{gk}$，其中 $i_{gk} = i_1^{\left(\frac{n-k}{n-1}\right)}$，逐步加强，3、5、7、9档较强						

(4) 分动器

1) 型号：VG 1200 机械式，两档。

2) 传动比：$i_{fh} = 1$，$i_{fL} = 1.75$。

(5) 主减速器

1) 型式：Steyr 冲压焊接桥壳，轮边减速桥。

2) 传动比：$i_0 = 6.72$。

(6) 轮胎

1) 规格：14.00 – 20，18层低压越野胎，胎压 $p_w = 460 \text{kPa}$。

2) 滚动半径：

$$r = 0.0254 \left[\frac{d}{2} + 14 + b(1 - \lambda) \right] = 0.0254 \times \left[\frac{20}{2} + 14 \times (1 - 0.11) \right] \text{m} = 0.57 \text{m}$$

⊖ 公比是变速器档位传动比数列的公共等比值，即相邻档位的传动比的比值。

(7) 其他有关参数

1) 迎风面积：$A = \lambda WH = 0.8 \times 2.5 \times 3.095 \text{m}^2 \approx 6\text{m}^2$。

2) 空阻系数：$C_D = 0.75$。

3) 传动系效率：$\eta_{mh} = 0.85$（分动器高档），$\eta_{ml} = 0.80$（分动器低档）。

4) 附件损失系数：带空滤器、消声器、油泵、风扇、电动机、增压器、转向泵等，故取 $x_p = 0.18$。

5) 海拔系数：因不计算高原行驶状况，故取 $\eta_h = 1$。

滚动阻力系数和旋转质量系数随车速计算式给出。

2. 表征参数的计算

(1) 低档总传动比

$$i_{gl} = i_1 i_{fl} i_0 = 12.65 \times 1.75 \times 6.72 = 148.8$$

(2) 高档总传动比

$$i_{gh} = i_9 i_{fh} i_0 = 1 \times 1 \times 6.72 = 6.72$$

(3) 低档最低稳定车速

$$v_{sl} = \frac{0.377 n_s r}{i_{gl}} = \frac{0.377 \times 650 \times 0.57}{148.8} \text{km/h} = 0.94 \text{km/h}$$

(4) 高档最低稳定车速

$$v_{sh} = \frac{0.377 n_s r}{i_{gh}} = \frac{0.377 \times 650 \times 0.57}{6.72} \text{km/h} = 20.8 \text{km/h}$$

(5) 各档最大驱动力

$$F_{dk} = \frac{\eta_a \eta_m \eta_h i_k i_{fl} i_0 T_m}{r} = \frac{0.92 \times 0.8 \times 1 \times 1.75 \times 6.72 \times 1070}{0.57} i_k = 16248 i_k$$

计算结果见表 6-5。

表 6-5　各档驱动力、动力因数及爬坡度

i		1	2	3	4	5	6	7	8	9
i_k		12.65	8.38	6.22	4.57	3.40	2.46	1.83	1.34	1.00
F_{dk}/kN		206	136	101	74	55	40	30	22	16
$v_{tk}/(\text{km/h})$		2.02	3.05	4.11	5.60	7.52	10.4	14.00	19.09	25.58
F_{wk}/N		0.9	2.0	3.6	6.7	12.0	23.0	41.7	77.6	139.2
$D_k/(\text{N/N})$		1.132	0.750	0.557	0.409	0.304	0.220	0.134	0.120	0.089
$\alpha_k/(°)$	良好	>90	48.1	33.1	23.6	17.1	12.1	8.8	6.2	4.4
	干土	>90	47.7	32.9	23.2	16.7	11.7	8.3	5.7	3.8

(6) 各档最大动力因数

$$D_k = \frac{F_{dk} - F_{wk}}{G}$$

式中　$F_{wk} = \frac{C_D A v_{tk}^2}{21.145}$；

$v_{tk} = 0.377 \frac{r n_T}{i_k i_{fl} i_0}$；

$v_{tk} = \frac{0.377 \times 0.57 \times 1400}{1.75 \times 6.72 i_k} = \frac{25.58}{i_k}$，计算结果见表 6-5；

$$F_{wk} = \frac{0.75 \times 6}{21.145} v_{tk}^2, \text{计算结果见表 6-5;}$$

$$D_k = \frac{F_{dk} - F_{wk}}{181423}, \text{计算结果见表 6-5。}$$

(7) 各档最大爬坡度

$$\alpha_k = \arcsin\left(\frac{D_k - f_v \sqrt{1 - D_k^2 + f_v^2}}{1 + f_v^2}\right)$$

取：$f_v = 825 \times 10^{-5} + 1.65 \times 10^{-4} v_{tk}$，良好路；$f_v = 1.5 \times 10^{-2} + 3 \times 10^{-4} v_{tk}$，干土路。
计算结果见表 6-5。

(8) 各档最高车速

1) 良好路面平道车速（$k = 3$）。

先利用式（6-18）（$k = 3$）计算平原良好路面（$\eta_h = 1$）的最高车速。由于公路行驶气压为 460kPa，故取 $R_1 = 165 \times 10^{-6}$，$R_2 = 825 \times 10^{-5}$。各档最大功率点的车速为

$$v_{pk} = 0.377 \frac{r n_p}{i_{fh} i_0 i_k} = \frac{0.377 \times 0.57 \times 2400}{1 \times 6.72 i_k} = \frac{76.7464}{i_k}$$

计算结果见表 6-6。

$$A_k = 3600 \eta_m \gamma_3 \frac{P_m}{v_{pk}^3} - \frac{C_D A}{21.145} = \frac{3600 \times 0.85 \times (-1.7591) \times 206}{v_{pk}^3} - \frac{0.75 \times 6}{21.145}$$

$$= \frac{-1108866.3}{v_{pk}^3} - 0.21282$$

$$B_k = 3600 \eta_m \gamma_2 \frac{P_m}{v_{pk}^2} - R_1 G = \frac{3600 \times 0.85 \times 1.8722 \times 206}{v_{pk}^2} - 165 \times 10^{-6} \times 181423$$

$$= \frac{1180160}{v_{pk}^2} - 29.935$$

$$C_k = 3600 \eta_m \gamma_1 \frac{P_m}{v_{pk}} - R_2 G = \frac{3600 \times 0.85 \times 0.7068 \times 206}{v_{pk}} - 825 \times 10^{-5} \times 181423$$

$$= \frac{445538.5}{v_{pk}} - 1496.74$$

计算结果见表 6-6。

表 6-6 良好平道各档最高车速（$k = 3$）

k	1	2	3	4	5	6	7	8	9
i_k	12.65	8.38	6.22	4.57	3.40	2.46	1.83	1.34	1.00
$v_{pk}/(\text{km/h})$	6.07	9.16	12.34	16.79	22.57	31.20	41.94	57.27	76.75
A_k	-4958.3	-1443	-590.3	-234.5	-96.7	-36.7	-15.2	-6.1	-2.7
B_k	32001	14035	7720	4156	2287	1182	641	330	170
C_k	71903	47143	34609	25039	18244	12783	9127	6283	4308
$v_{mk}/(\text{km/h})$	8.2	12.4	16.6	22.5	30.0	40.8	53.4	69.0	82.5
v_{mk}/v_{pk}	1.35	1.35	1.35	1.34	1.33	1.31	1.27	1.21	1.08
$v_{mpk}/(\text{km/h})$	6.4	9.6	13.0	17.6	23.7	32.8	44.0	60.1	80.6

注：表中各档最高允许车速 $v_{mpk} = 1.05 v_{pk}$。

$$v_{mk} = \frac{-B_k \pm \sqrt{B_k^2 - 4A_k C_k}}{2A_k}$$

计算结果见表 6-6。

因 A_k 为负，B_k 为正，所以"±"号取负号。

2）良好路坡道车速（$k=3$）。坡道取 $\alpha=5°$、$\alpha=10°$ 和 $\alpha=20°$ 三种坡道，路面系数仍为 $R_1=165\times10^{-6}$，$R_2=825\times10^{-5}$，分动器取低档传动比，$i_\text{fl}=1.75$，传动系效率 $\eta_\text{m}=0.8$。

① 各档最大功率点的车速

$$v_{pk} = 0.377\frac{rn_p}{i_\text{fl}i_0 i_k} = \frac{0.377\times0.57\times2400}{1.75\times6.72 i_k} = \frac{43.855}{i_k}$$

计算结果见表 6-7。

② 各档方程系数

$$A_k = 3600\eta_\text{m}\frac{P_\text{m}}{v_{pk}^3}\gamma_3 - \frac{C_D A}{21.145} = \frac{3600\times0.8\times(-1.7591)\times206}{v_{pk}^3} - \frac{0.75\times6}{21.145}$$

$$= \frac{-1043638.9}{v_{pk}^3} - 0.21282$$

$$B_k = 3600\eta_\text{m}\gamma_2\frac{P_\text{m}}{v_{pk}^2} - R_1 G\cos\alpha$$

$$= \frac{3600\times0.8\times206\times1.8722}{v_{pk}^2} - 165\times10^{-6}\times181423\cos\alpha$$

$$= \frac{1110738.8}{v_{pk}^2} - 29.935\cos\alpha$$

$$C_k = 3600\eta_\text{m}\gamma_1\frac{P_\text{m}}{v_{pk}} - (\sin\alpha + R_2\cos\alpha)G$$

$$= \frac{3600\times0.8\times206\times0.7068}{v_{pk}} - (\sin\alpha + 825\times10^{-5}\cos\alpha)\times181423$$

$$= \frac{419330.3}{v_{pk}} - (\sin\alpha + 825\times10^{-5}\cos\alpha)\times181423$$

计算结果见表 6-7。

③ 各档坡道最高车速

$$v_{mk} = \frac{-B_k - \sqrt{B_k^2 - 4A_k C_k}}{2A_k}$$

计算结果见表 6-7。

3）干土路坡道车速（$k=4$）。

在 $k=4$、平原（$\eta_\text{h}=1$）、干土坡（$\alpha=5°$，$10°$，$20°$）的情况下，路面系数 $R_1=3\times10^{-4}$，$R_2=15\times10^{-3}$，$i_\text{fl}=1.75$，$\eta_\text{m}=0.8$。下面分别计算：

① 各档最大功率点的车速：

$$v_{pk} = \frac{0.377rn_p}{i_\text{fl}i_0 i_k} = \frac{0.377\times0.57\times2400}{1.75\times6.72 i_k} = \frac{43.855}{i_k}$$

计算结果见表 6-8。

表6-7 良好路各档坡道车速（$k=3$）

	k	1	2	3	4	5	6	7	8	9
	i_k	12.65	8.38	6.22	4.57	3.40	2.46	1.83	1.34	1.00
	$v_{pk}/(km/h)$	3.47	5.23	7.05	9.60	12.90	17.83	23.96	32.73	43.86
$\alpha=5°(9\%)$	A_k	−24979	−7296	−2979	−1180	−486	−184	−76	−30	−13
	B_k	92217	40578	22318	12023	6645	3464	1905	1007	548
	C_k	103541	62875	42176	26377	15203	6215	198	−4491	−7743
	$v_{mk}/(km/h)$	4.6	6.8	9.1	12.0	15.7	20.5	25.2	28.3	×
	v_{mk}/v_{pk}	1.33	1.30	1.29	1.25	1.22	1.15	1.05	0.87	×
	$v_{mpk}/(km/h)$	3.6	5.49	7.4	10.1	13.6	18.7	25.2	28.3	×
$\alpha=10°(18\%)$	A_k	−24979	−7296	−2979	−1180	−486	−184	−76	−30	−13
	B_k	92218	40578	22318	12023	6645	3464	1905	1007	548
	C_k	87867	47200	26502	10703	−472	−9460	−15477	−20166	−23417
	$v_{mk}/(km/h)$	4.5	6.6	8.5	11.0	13.6	15.5	×	×	×
	v_{mk}/v_{pk}	1.29	1.25	1.21	1.15	1.05	0.87	×	×	×
	$v_{mpk}/(km/h)$	3.6	5.5	7.4	10.1	13.6	15.5	×	×	×
$\alpha=20°(36\%)$	A_k	−24979	−7296	−2979	−1180	−486	−184	−76	−30	−13
	B_k	92219	40580	22320	12024	6647	3466	1907	1009	549
	C_k	57388	16721	−3977	−19777	−30951	−39939	−45956	−50645	−53896
	$v_{mk}/(km/h)$	4.2	6.0	7.3	8.1	×	×	×	×	×
	v_{mk}/v_{pk}	1.3	1.14	1.04	0.85	×	×	×	×	×
	$v_{mpk}/(km/h)$	3.6	5.5	7.4	8.1	×	×	×	×	×

注："×"号表示动力不足，该档位不能使用。

表6-8 干土坡各档车速　　　　　　　　　　　　　　　（单位：km/h）

	k	1	2	3	4	5	6	7	8	9
	i_k	12.65	8.38	6.22	4.57	3.40	2.46	1.83	1.34	1.00
	$v_{pk}/(km/h)$	3.47	5.23	7.05	9.60	12.90	17.83	23.96	32.73	43.86
$\alpha=5°(9\%)$	$i=1$	4.61 ⊕	6.95 ⊕	9.35 ⊕	12.7 ⊕	16.9 ⊕	23.15 ⊕	23.86 ⊙	25.29 ⊙	⊖
	v_{mk}/v_{pk}	1.33	1.33	1.33	1.32	1.31	1.30	1.00	0.77	×
	$v_{mpk}/(km/h)$	3.64	5.49	7.40	10.1	13.6	18.72	23.86	25.29	×
$\alpha=10°(18\%)$	$v_{mk}/(km/h)$	4.61 ⊕	6.95 ⊕	9.35 ⊕	12.7 ⊕	13.94 ⊙	14.66 ⊙	⊖	⊖	⊖
	v_{mk}/v_{pk}	1.33	1.33	1.33	1.32	1.08	0.82	×	×	×
	$v_{mpk}/(km/h)$	3.64	5.49	7.40	10.1	13.6	14.66	×	×	×
$\alpha=20°(36\%)$	$v_{mk}/(km/h)$	4.61 ⊕	6.95 ⊕	7.36 ⊙	7.73 ⊙	⊖	⊖	⊖	⊖	⊖
	v_{mk}/v_{pk}	1.33	1.33	1.04	0.81	×	×	×	×	×
	$v_{mpk}/(km/h)$	3.64	5.49	7.36	7.73	×	×	×	×	×

注：表中 ⊕表示动力盈余，⊙表示动力适中，⊖表示动力不足，×表示此档不能用。

② 各档方程系数：

$$A_k = 3600\eta_m\gamma_4 \frac{P_m}{v_{pk}^4} = \frac{3600 \times 0.8 \times 2.683 \times 206}{v_{pk}^4} = \frac{159126.2}{v_{pk}^4}$$

$$B_k = 3600\eta_m\gamma_3 \frac{P_m}{v_{pk}^3} - \frac{C_D A}{21.145} = \frac{3600 \times 0.8 \times 206 \times (-7.5735)}{v_{pk}^3} - 0.2128$$

$$= -\frac{4493206}{v_{pk}^3} - 0.2128$$

$$C_k = 3600\eta_m\gamma_2 \frac{P_m}{v_{pk}^2} - R_1 G\cos\alpha$$

$$= 3600 \times 0.8 \times 5.9162 \times 206 v/v_{pk}^2 - 3 \times 10^{-4}\cos\alpha \times 181423$$

$$= 3509963.1/v_{pk}^2 - 54.43\cos\alpha$$

$$D_k = 3600\eta_m\gamma_1 \frac{P_m}{v_{pk}} - (\sin\alpha + R_2\cos\alpha)G$$

$$= 3600 \times 0.8 \times (-0.2063) \times 206/v_{pk} - 181423(\sin\alpha + 15 \times 10^{-13}\cos\alpha)$$

$$= -122393.7/v_{pk} - 181423 \times (\sin\alpha + 15 \times 10^{-3}\cos\alpha)$$

计算结果见表 6-8。

③ 各档坡道最高车速：

$$A_k v^3 + B_k v^2 + C_k v + D_k = \Delta$$

计算结果见表 6-8。

4）评判分析。单就最高车速来说，总质量为 18.5t 的越野车，最高车速能够达到 80km/h 还是可以的。但从坡道车速看，动力还是略显不足。比功率为 206/18.5 = 11.1kW/t 还是较低的。下面对坡道车速进行具体分析。

四次式右端的 Δ，被称为剩余牵引力，它为正、为零或为负正是车辆在坡道上不同档位下的动力状况的标志，如图 6-4 所示。

① Δ 为正（图 6-4a），动力盈余。

在此情况中，Δ 随 v 的变化是由负到正，经峰值后下降，降至某一正值后转而升高。当发动机转速升至 $D = 2R$ 后，车辆起步，之后车速不断提高，直至发动机转速超限。最高车速只能为限定值。参考：

a）在 t_m 时，表 6-7 和表 6-8 中的 $k = 1 \sim 6$。
b）在 t_r 时，表 6-7 和表 6-8 中的 $k = 1 \sim 4$。
c）在 t_0 时，表 6-7 和表 6-8 中的 $k = 1 \sim 2$。

② Δ 为零（图 6-4b），动力适中。

在此情况中，t_1 随 v 的变化是由负到正，经峰值后下降，直至穿过坐标轴变负。这种情况决定的最高车速必须满足 t_2。

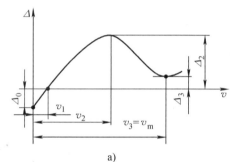

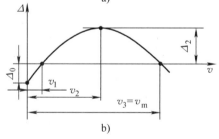

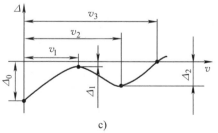

图 6-4 Δ 和 v 的关系

参见表 6-7 和表 6-8：
a) $\alpha = 5°$ 时，$k = 7 \sim 8$；
b) $\alpha = 10°$ 时，$k = 5 \sim 6$；
c) $\alpha = 20°$ 时，$k = 3 \sim 4$。

③ Δ 为负（图 6-4c），动力不足。

在此情况中，Δ 随 v 的变化是在发动机可能转速范围内均为负值，因此车辆无法开动，也就是说相关档位根本无法使用。参见表 6-7 和表 6-8：
a) $\alpha = 5°$ 时，$k = 9$；
b) $\alpha = 10°$ 时，$k = 7 \sim 9$；
c) $\alpha = 20°$ 时，$k = 5 \sim 9$。

从上述分析可知，该车在平直良好路面上（表 6-6），高档利用率是 100%，其最高车速可达 80km/h。

在 5° 坡上，9 档不能使用；在 10° 坡上，7、8、9 档不能使用；在 20° 坡上，5、6、7、8、9 档不能使用。

（9）加速度

加速度计算也分 $e_t \leq 1.2(k=3)$ 和 $e_t > 1.2(k=4)$ 两种情况。$e_t \leq 1.2$ 时的各档加速度如下。

取 $\eta_m = 0.85$，$\eta_h = 1$，$R_1 = 165 \times 10^{-6}$，$R_2 = 825 \times 10^{-5}$，$\delta_k = \delta_1 + \delta_2 i_k = 1.045 + 0.04 i_k$，$\gamma_1 = 0.7068$，$\gamma_2 = 1.8722$，$\gamma_3 = -1.7591$，则计算如下。

a）方程系数

$$A_k = 3600\eta_m\gamma_3 \frac{P_m}{v_{pk}^3} - \frac{C_D A}{21.145} = \frac{-1108866.3}{v_{pk}^3} - 0.21282$$

$$B_k = 3600\eta_m\gamma_1 \frac{P_m}{v_{pk}^2} - R_1 G = \frac{1180160}{v_{pk}^2} - 29.935$$

$$C_k = 3600\eta_m\gamma_1 \frac{P_m}{v_{pk}} - R_2 G = \frac{45538.5}{v_{pk}} - 1496.74$$

b）各档加速度

$$\alpha_k = \frac{g}{\delta_k G}(A_k v^2 + B_k v + C_k)$$

计算结果见表 6-9 和表 6-10，各档加速度曲线如图 6-5 所示。

表 6-9　各档加速度计算过程参数

k	1	2	3	4	5	6	7	8	9
i_k	12.65	8.38	6.22	4.57	3.40	2.46	1.83	1.34	1.00
δ_k	1.551	1.380	1.294	1.228	1.181	1.143	1.118	1.099	1.085
$v_{pk}/(\text{km/h})$	6.067	9.158	12.339	16.794	22.572	31.198	41.398	57.273	76.746
A_k	-4958.3	-1443	-590.3	-234.5	-96.7	-36.7	-15.2	-6.1	-2.7
B_k	32001	14035	7720	4157	2287	1182	641	330	170
C_k	71903	47143	34609	25039	18244	12793	9127	6283	4308

表 6-10　各档不同车速下的加速度　　　　　　　　　　（单位：m/s²）

$v/$ (km/h)	$a_k = \frac{g}{\delta_k G}(A_k v^2 + B_k v + C_k)$								
	$k=1$	$k=2$	$k=3$	$k=4$	$k=5$	$k=6$	$k=7$	$k=8$	$k=9$
0	2.506	1.847	1.446	1.102	0.835	0.605	0.441	0.309	0.215
2	4.045	2.720	1.992	1.427	1.027	0.709	0.500	0.340	0.231

(续)

v/(km/h)	$a_k = \dfrac{g}{\delta_k G}(A_k v^2 + B_k v + C_k)$								
	$k=1$	$k=2$	$k=3$	$k=4$	$k=5$	$k=6$	$k=7$	$k=8$	$k=9$
4	4.202	3.141	2.341	1.669	1.183	0.800	0.553	0.369	0.246
6	2.977	3.110	2.493	1.829	1.304	0.877	0.601	0.396	0.261
8	0.369	2.627	2.448	1.905	1.389	0.941	0.642	0.420	0.274
10	−3.622	1.692	2.205	1.900	1.439	0.990	0.678	0.441	0.286
12		0.304	1.765	1.812	1.454	1.025	0.707	0.461	0.297
16		−3.827	0.293	1.387	1.377	1.055	0.749	0.492	0.316
20			−1.968	0.633	1.158	1.028	0.767	0.514	0.330
25				−0.775	0.686	0.917	0.757	0.527	0.342
30					−0.008	0.719	0.710	0.526	0.348
35						0.435	0.626	0.510	0.346
40						0.064	0.505	0.478	0.338
45						−0.395	0.348	0.432	0.323
50							0.154	0.371	0.302
55							−0.077	0.294	0.274
60								0.203	0.239
65								0.096	0.197
70								−0.025	0.148
80									0.031

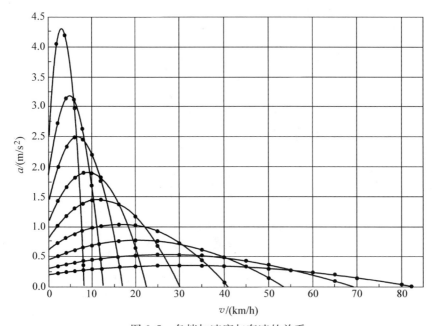

图 6-5 各档加速度与车速的关系

（10）加速时间

1）高档加速时间 t_h

① 动力方程按二次式计算。

a）取起始速度 $v_1 = 0.3 v_m = 0.3 \times 80 = 24$（km）。

b）终极车速 $v_h = 0.8 v_m = 0.8 \times 80 = 64$（km）。计算第 9 档，$\delta_9 = 1.085$。

c）A_k、B_k、C_k 值由表 6-9 可知：$A_h = -2.7$，$B_h = 170$，$C_h = 4308$。

d）计算过渡参数 x，y，z：

$$x = (B_h^2 - 4A_hC_h)^{\frac{1}{2}} = [170^2 - 4 \times (-2.7) \times 4308]^{\frac{1}{2}} = 274.64$$

$$y = 2A_hV_h + B_h = 2 \times (-2.7) \times 64 + 170 = -175.6$$

$$z = 2A_hV_l + B_h = 2 \times (-2.7) \times 24 + 170 = 40.4$$

e) 计算高档加速时间 t_h

$$t_h = \frac{\delta_h G}{3.6gx}\ln\frac{(y-x)(z+x)}{(y+x)(z-x)}$$

$$= \frac{1.085 \times 181423}{3.6g \times 274.64}\ln\frac{(-175.6-274.64)(40.4+274.64)}{(-175.6+274.64)(40.4-274.64)} = 36.85$$

② 动力方程按三次式计算

$$t_h = \frac{\delta_h G}{35.304}I_h$$

$$I_h = \int_{v_l}^{v_h} t_j dv$$

$$t_j = \frac{1}{\sum_{i=1}^{4}\alpha_{i9}v_j^{i-1}}$$

采用数值法近似计算积分 I_h，即

$$I_h = \Delta v \sum_{j=0}^{n} t_j - \frac{\Delta v}{2}(t_0 + t_n) = \Delta v\left[\sum_{j=0}^{n}t_j - \frac{1}{2}(t_0+t_n)\right]$$

$$v_j = v_L + j\Delta v$$

$$\Delta v = (v_h - v_L)/n$$

式中　j——各分割点的序号；

n——$(v_h - v_L)$ 区段所被分割成的段数，$n = (v_h - v_L)/\Delta v$

取 $v_L = 0.3v_{m9} = 0.3 \times 80.6 = 24$ （km/h）；$v_h = 0.8v_{m9} = 0.8 \times 80.6 = 64$ （km/h）。

分割段数：$n = 10$。

步长：$\Delta v = (v_h - v_L)/n = (64 - 24)/10 = 4$(km/h)。

割点车速：$v_j = v_L + j\Delta v = 24 + 4j$ （km/h）。

整车负荷：$G = 181423$N。

第 9 档旋转质量系数：$\delta_9 = 1.085$。

方程系数：$\alpha_{19} = -3191$，$\alpha_{29} = 603.2$，$\alpha_{39} = -10.27$，$\alpha_{49} = 0.042$。

计算过程参数及最终结果见表 6-11。

表 6-11　高档（9档）加速时间计算程式

j	$v_j/$(km/h)	$t_j/(\times 10^{-4})$	计算公式
0	24	1.6796	
1	28	1.5213	$\sum_{j=0}^{n}T_j = 0.00178229$
2	32	1.4331	
3	36	1.3921	
4	40	1.3878	$I_9 = \Delta v\left[\sum_{j=0}^{n}t_j - \frac{1}{2}(t_0 - t_n)\right] = 0.00633976$
5	44	1.4161	
6	48	1.4777	
7	52	1.5775	$T_9 = \frac{\delta_9 G}{35.304}I_9$
8	56	1.7264	
9	60	1.9439	$= \frac{1.085 \times 181423 \times 0.00633926}{35.304}$s $= 35.4$s
10	64	2.2674	

2) 换档加速时间 t_c

$$t_c = \sum_{k=1}^{n'} t_k + (n'-1)\Delta t$$

式中　k——档位数；

　　　t_k——各档加速时间，s；

　　　n'——加速过程被用到的档位数；

　　　Δt——每次换档所用的时间，一般取 $\Delta t = 0.8s$。

$$t_k = \frac{\delta_k G}{35.304} I_k$$

$$I_k = \Delta v_k \left[\sum_{j=0}^{n_k} T_{kj} - \frac{1}{2}(t_{k0} + t_{kn_k}) \right]$$

$$t_{kj} = \frac{1}{\sum_{i=1}^{4} \alpha_{ik} v_{kj}^{i-1}}$$

$$v_{kj} = v_{c(k-1)} + \Delta v_k j$$

$$\Delta v_k = \frac{v_{ck} - v_{c(k-1)}}{n_k}$$

$$\alpha_{1k} = 3600 \eta_m \eta_h \gamma_1 \frac{P_m}{v_{pk}} - R_2 G = D_k$$

$$\alpha_{2k} = 3600 \eta_m \eta_h \gamma_2 \frac{P_m}{v_{pk}^2} - R_1 G = D_k$$

$$\alpha_{3k} = 3600 \eta_m \eta_h \gamma_3 \frac{P_m}{v_{pk}^3} - \frac{C_D A}{21.145} = B_k$$

$$\alpha_{4k} = 3600 \eta_m \eta_h \gamma_4 \frac{P_m}{v_{pk}^4} = A_k$$

式中　n_k——$(v_{ck} - v_{c(k-1)})$ 区段所被分割成的段数；

　　　Δv_k——各档积分步长；

　　　v_{ck}——各档换档车速，它是如下两参数中的最小者：各档等加速度车速 v_{ak}；各档最大功率点的车速 v_{pk}。

下面计算各档等加速度车速 v_{ak}。v_{ak} 可由下式求得：

$$\sum_{i=1}^{4} E_{ik} v_{a_k}^{i-1} = 0$$

式中　$E_{ik} = \alpha_{ik}\delta_{k+1} - \alpha_{i(k+1)}\delta_k$　$(i=2,3,4)$。

计算结果见表 6-12。

表 6-12　各档等加速度车速　　　　　　　　（单位：km/h）

k	1	2	3	4	5	6	7	8	9
δ_k	1.551	1.380	1.294	1.228	1.181	1.143	1.118	1.099	1.085
α_{1k}	-22921	-15694	-12035	-9242	-7259	-5665	-4597	-3767	-3191
α_{2k}	101187	44417	24461	13199	7291	3801	2090	1107	603
α_{3k}	-20332	-5917	-2420	-961	-396	-150	-62	-24.4	-10.3
α_{4k}	1078.9	208.1	63.2	18.4	5.64	1.55	0.473	0.136	0.042

(续)

	k	1	2	3	4	5	6	7	8	9
E_{ik}	1	−7294	−3694	−2819	−2002	−1610	−1078	−838	−582	—
	2	70768	23706	12956	6636.4	3847.3	1860.5	1058.4	538.5	—
	3	−18885	−4315	−1728	−649	−275.4	−96.9	−40.6	−15.2	—
	4	1166.5	182.0	53.7	14.8	4.63	1.19	0.37	0.10	—
v_{ak}		5.65	8.29	11.38	15.57	21.38	29.43	40.07	54.23	—

v_{ak}、v_{pk} 对比见表 6-13。

表 6-13 各档换档车速的确定　　　　　（单位：km/h）

档位序号 k	最大功率车速 v_{pk}	等加速度车速 v_{ak}	换档车速 $v_{c(k-1)}$	换档车速 v_{ck}
1	6.07	5.65	取 $v_{c0}=v_L=2$	5.65 (5)
2	9.16	8.29	5.65 (5)	8.29 (8)
3	12.34	11.38	8.29 (8)	11.38 (11)
4	16.79	15.57	11.38 (11)	15.57 (16)
5	22.57	21.38	15.57 (16)	21.38 (21)
6	31.20	29.43	21.38 (22)	29.43 (30)
7	41.94	40.07	29.43 (30)	40.07 (40)
8	57.27	54.23	40.07 (40)	54.23 (54)
9	76.75	—	54.23 (54)	取 $v_h=64$

注：( ) 内表示圆整数值。

根据"最小录取"原则，从表 6-13 数据可知，各档换档车速都是等加速度车速 v_{ak}。由此可知，该车的换档加速过程是最为有利的。

换档车速分第 ($k-1$) 档的 $v_{c(k-1)}$ 和第 k 档的 v_{ck} 两个车速。这正是第 k 档加速全过程的最低车速和最高车速。

表 6-13 中括弧里面的数据都是人为给定的，它既是 v_{ck} 计算值的近似值，也是为积分计算取点保证所分段数为整数的需要。

为计算换档加速时间 t_c，就必须计算各档加速时间 t_k。要计算 t_k，除需确定 v_{ck} 外，还必须确定各档的积分步长 Δv_k 和分割的段数 n_k 以及各档所有分割点的车速 v_{kj} 等参数。

这些参数的数值连同 t_k 和 t_c 的计算公式和计算结果见表 6-14。

(11) 加速行程

1) 高档加速行程 S_h。

$$S_h = \frac{\delta_h G}{127.094} I_h$$

$$I_h = \int_{v_L}^{v_h} \frac{v}{\sum_{i=1}^{k} \alpha_{ih} v_j^{i-1}} dv = \int_{v_L}^{v_h} S_j dv$$

$$I_h = \Delta v \left[\sum_{j=0}^{n} S_j - \frac{1}{2}(S_0 + S_n) \right]$$

$$S_j = \frac{v_j}{\sum_{i=1}^{k} \alpha_{ih} v_j^{i-1}}$$

$$v_j = v_L + j\Delta v$$

$$\Delta v = (v_h - v_L)/n$$

式中　n——($v_h - v_L$) 区域被分割的段数；

　　　j——各分割点的序号；

　　　k——动力源类号，$k=4$。

有关参数与高档加速时间相同，即分割段数 n、分割点的车速 v_j 等都相同。注意：$S_j = T_j V_j$，因此在计算 t_h 的基础上，计算非常简单。计算结果见表 6-15。

表 6-14　换档加速时间计算

k	n_k	Δv_k/(km/h)	j	v_{kj}/(km/h)	t_{kj}/($\times 10^{-6}$)	I_k/($\times 10^{-6}$)	t_k/s	计算公式
1	3	1	0	2	9.3670	25.0968	0.200	
			1	3	7.8873			
			2	4	7.9635			
			3	5	9.1249			
2	3	1	0	5	11.8365	38.4507	0.273	
			1	6	12.0842			
			2	7	13.0416			
			3	8	14.8132			
3	3	1	0	8	16.3644	54.3501	0.361	
			1	9	17.2013			
			2	10	18.6105			
			3	11	20.7122			
4	5	1	0	11	22.6183	130.587	0.824	
			1	12	23.4590			
			2	13	24.7229			
			3	14	26.4655			
			4	15	28.7785			$\Delta v_k = \dfrac{v_{ck} - v_{c(k-1)}}{n_k}$
			5	16	31.7983			$v_{kj} = v_{c(k-1)} + j\Delta v_k$
5	3	2	0	16	32.0379	226.459	1.374	$t_{kj} = \dfrac{1}{\sum\limits_{i=1}^{4} \alpha_{ik} v_{kj}^{i-1}}$
			1	18	34.8617			
			2	20	39.3252			
			3	22	46.0476			$I_k = \Delta v_k \left[\sum\limits_{j=0}^{n} t_{kj} - \dfrac{1}{2}(t_{k0} + t_{kn_k}) \right]$
6	4	2	0	22	45.7517	430.728	2.530	$t_k = \dfrac{\delta_k G}{35.304} I_k$
			1	24	48.6003			
			2	26	52.6703			$t_c = \sum\limits_{k=1}^{9} t_k + (9-1)\Delta t$
			3	28	58.2707			$= (30.4 + 8 \times 0.8)\text{s}$
			4	30	65.8935			$= 36.8\text{s}$
7	5	2	0	30	65.7117	781.750	4.492	
			1	32	69.1684			
			2	34	73.7170			
			3	36	79.5894			
			4	38	87.1273			
			5	40	96.8335			
8	7	2	0	40	98.5319	1710.99	9.660	
			1	42	102.7719			
			2	44	108.0695			
			3	46	114.6188			
			4	48	122.6899			
			5	50	132.6612			
			6	52	145.0703			
			7	54	160.6998			
9	5	2	0	54	164.4883	1908.05	10.638	
			1	56	172.6378			
			2	58	182.4802			
			3	60	194.3937			
			4	62	208.9008			
			5	64	226.7390			

注：未考虑换档时的车速降低量，加之实际操作时不可能准时换档，故实际换档加速时间将大于计算值。

表 6-15 高档加速行程

j	$v_j/(\text{km/h})$	$S_j(\times 10^{-3})$	计 算 公 式
0	24	4.03104	
1	28	4.25964	
2	32	4.58592	
3	36	5.01156	$\sum_{j=0}^{n} S_j = 0.08080876$
4	40	5.55120	$I_h = \Delta h \left[\sum_{j=0}^{n} S_j - \frac{1}{2}(S_0 + S_n) \right]$
5	44	6.23084	$= 0.28615024$
6	48	7.09296	$S_h = \frac{\delta_h G}{127.094} I_h = \frac{1.085 \times 181423}{127.094} I_h$
7	52	8.20300	$= 443.2(\text{m})$
8	56	9.66784	
9	60	11.66340	
10	64	14.51136	

2) 换档加速行程 S_c。

换档加速行程是指从 1 档的某一近于零的车速 $v_{c0} = 2\text{km/h}$（此速度是人为给定的，本来应取 $v_{c0} = 0\text{km/h}$，但由于此时的剩余牵引力和加速度皆为负值，加之它们等于零时的车速又不为整数，故取 $v_{c0} = 2\text{km/h}$）开始，连续换档加速至某一较高车速 v_{cn} 所经历的路程。一般取 $v_{cn} = 0.8v_m = 64\text{km/h}$。其计算公式为

$$S_c = \sum_{k=1}^{n'} S_k + \frac{\Delta t}{3.6} \sum_{k=1}^{n'-1} v_{ck}$$

式中 $S_k = \frac{\delta_k G}{127.094} I_k$；

$I_k = \Delta v_k \left[\sum_{j=0}^{n_k} S_{kj} - \frac{1}{2}(S_{k0} + S_{kn_k}) \right]$；

$S_{kj} = v_{kj} / \sum_{i=0}^{4} \alpha_{ik} v_{kj}^{i-1}$；

$v_{kj} = v_{c(k-1)} + j\Delta v_k$；

$\Delta v_k = [v_{ck} - v_{c(k-1)}]/n_k$；

n_k——$(v_h - v_1)$ 区域被分割的段数；

n'——加速过程中，被使用到的档位数。

计算过程及计算结果见表 6-16。整个加速过程如图 6-6 所示。

表 6-16 换挡加速行程

k	n_k	Δv_k	j	v_{kj}/(km/h)	S_{kj} ($\times 10^{-5}$)	I_k	S_k	计算公式
1	3	1	0	2	1.8734	8.8	0.2	
			1	3	2.3662			
			2	4	3.1854			
			3	5	4.5625			
2	3	1	0	5	5.9183	25.3	0.5	
			1	6	7.2505			
			2	7	9.1291			
			3	8	11.8506			
3	3	1	0	8	13.0915	52.0	1.0	
			1	9	15.4812			
			2	10	18.6105			
			3	11	22.7843			
4	5	1	0	11	24.8801	178.4	3.1	
			1	12	28.1508			
			2	13	32.13989			
			3	14	37.0517			
			4	15	43.1678			
			5	16	50.8773			$\Delta v_k = \dfrac{v_{ck}-v_{c(k-1)}}{n_k}$
5	3	2	0	16	51.2606	435.39	7.3	$v_{kj} = v_{c(k-1)} + j\Delta v_k$
			1	18	62.7511			$S_{kj} = v_{kj}/\sum_{i=0}^{4}\alpha_{ik}v_{kj}^{i-1}$
			2	20	78.6504			
			3	22	101.3047			$I_k = \Delta v_k\left[\sum_{j=0}^{n_k}S_{kj} - \dfrac{1}{2}(S_{k0}+S_{kn_k})\right]$
6	4	2	0	22	100.6537	1131.82	18.5	$S_k = \dfrac{\delta_k G}{127.094}I_k$
			1	24	116.6407			
			2	26	136.9428			$S_c = \sum_{k=1}^{n'}S_k + \dfrac{\Delta t}{3.6}\sum_{k=1}^{n'-1}v_{ck}$
			3	28	163.1580			
			4	30	197.6805			$= (377.62 + \dfrac{0.8}{3.6}\times 186)\mathrm{m}$
7	5	2	0	30	197.1351	2763.63	44.1	$= 419\mathrm{m}$
			1	32	221.3389			
			2	34	250.6378			
			3	36	286.5218			
			4	38	331.0837			
			5	40	387.3340			
8	7	2	0	40	394.1276	8143.86	127.7	
			1	42	431.6420			
			2	44	475.5058			
			3	46	527.2465			
			4	48	588.9115			
			5	50	663.3060			
			6	52	754.3656			
			7	54	867.7789			
9	5	2	0	54	888.2368	11312.8	175.2	
			1	56	966.7717			
			2	58	1058.3852			
			3	60	1166.3622			
			4	62	1295.1850			
			5	64	1451.1296			

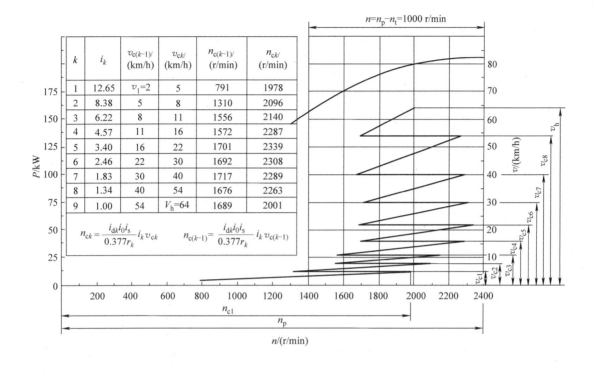

图 6-6 某越野汽车的换档加速过程

（12）等速百公里油耗 Q

平原良好路面的等速百公里油耗可用下式计算：

$$Q = \frac{g_e}{3671\eta_a\eta_m\gamma}\left[Gf_{va} + \frac{C_D A}{21.145}v_a^2\right]$$

$$= \frac{g_e}{3671\eta_a\eta_m\gamma}\left[8.25\times10^{-3}G + 1.65\times10^{-4}Gv_a + \frac{C_D A}{21.145}v_a^2\right]$$

有关参数：$\gamma = 8.04\text{N/L}$，$\eta_m = 0.85$，$C_D = 0.75$，$A = 6\text{m}^2$，$x_p = 0.18$，$n_p = 2400\text{r/min}$，$r_k = 0.57\text{m}$，$i_0 = 6.72$，$i_{dh} = i_{th} = 1$，$P_m = 206\text{kW}$，$\eta_a = 1 - 0.002345386v_a$。

转速：$n = \dfrac{i_{dh}i_{th}i_0}{0.377r_k}v_a = 31.2718135v_a$。

功率：$P = P_m \sum\limits_{i=1}^{4} C_i (n/n_p)^i$。

$C_1 = -0.2063$，$C_2 = 6.0962$，$C_3 = -7.5735$，$C_4 = 2.6836$。

比油耗 λ_m 可由图 6-7 所给的万有特性曲线查出。计算车速 v_a 和计算结果见表 6-17。

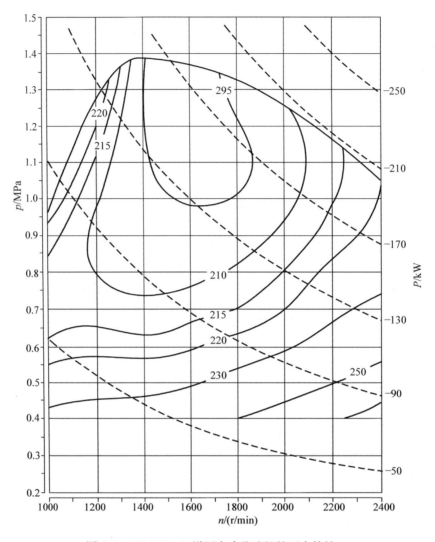

图 6-7 WD615-67 增压中冷柴油机的万有特性

表 6-17 高档等速百公里油耗

v_a/(km/h)	n/(r/min)	P/kW	g_e/(g/kW·h)	Q/(L/100km)
35	1095	117.8	220	26.8
40	1251	138.9	215	28.7
45	1407	157.6	210	30.7
50	1564	173.6	203	32.7
56	1751	188.2	210	37.0
60	1876	195.3	210	39.6
65	2033	201.5	210	42.9
70	2189	204.8	215	47.6
75	2345	205.9	220	52.6
80	2502	205.9	230	59.3

6.2 传动系的匹配设计和评价

动力传动系的匹配分析计算,包括传动系的匹配设计和匹配分析,也包括个别特殊部件的匹配设计和匹配分析。具体包括传动系传动比的选定、传动系匹配合理性的分析评价以及变矩器的匹配计算等。

6.2.1 传动系的匹配设计

1. 数学模型

评价汽车动力性能的好坏,当然是驱动力、动力因数、爬坡度、最高车速以及加速度等指标越高越好,同时加速时间、加速行程以及百公里油耗越小越好。然而,这仅仅是一个方面,光有这些还是远远不够的,因为一个大功率小质量的汽车与一个小功率大质量的汽车是无法对比的。设计者所追求的是在等质量和等功率下的高指标,是经济有效的高平均技术速度,是保证所选动力能够充分合理地发挥。

正因为如此,动力源和传动系的合理匹配就是一个关键的问题了。在发动机和轮胎等总成已经选定的情况下,如何确定传动系的传动比则是汽车动力匹配的核心问题。传动系传动比的确定分高档总传动比 i_{gh} 的确定和低档总传动比 i_{gl} 的确定以及变速器档位和中间档传动比的选择三个方面,现在分别研究如下。

(1) 高档总传动比的确定

高档总传动比选择得是否得当,关系着所选动力是否能够得以充分发挥,它不仅影响最高车速、加速时间,还影响燃油经济性等,因此必须认真地加以分析。

传动系的高档总传动比 i_{gh} 可由式(6-47)表示:

$$i_{gh} = i_{Th} i_{dh} i_0 \tag{6-47}$$

在一般情况下,变速器的高档传动比 i_{Th} 和分动器的高档传动比 i_{dh} 都为 1。而确定高档总传动比实质上就是确定主传动器的传动比 i_0。当然作为全面考虑,这个 i_0 应理解为变速器-分动器的高档传动比、主传动器的传动比、侧齿箱和轮边减速比的总称。

高档总传动比可用式(6-48)来计算,即

$$i_{gh} = \frac{0.377 \gamma n_p}{v_p} \tag{6-48}$$

式(6-48)中的 v_p 是发动机最大功率点的车速。如果知道了 v_p,就能算出 i_{gh},算出了 i_{gh},就能算出最高车速 v_m,高档加速时间 t_h 以及单位里程油耗 Q 等参数。有了这三大参数,就能直观地判断所给 i_{gh} 是否合理了。

1) 确定最大功率车速 v_p。在传动系传动比尚未确定之前,最大功率点的车速 v_p 还是个未知数,不过可通过下面的方法把它计算出来。

首先,令动力性能所决定的最高车速 v_m 与最大功率点的车速 v_p 的比值为 λ。由于 $v_m = \lambda v_p$,将此式代入以 v_m 为未知数的功率平衡式(6-49)中,便可得到以 v_p 为未知数的功平衡式(6-50)。解式(6-50),就得到了对应于所给 λ 值的 v_p 值。当给定一系列 λ 值时,便可解得一系列 v_p 值,从而算出一系列 i_{gh} 值以及一系列的 v_m、t_h 和 Q 值。通过观察对比,就可选定所需要的高档总传动比 i_{gh} 了。

由于

$$\sum_{i=1}^{k} \alpha_i v_m^{i-1} = \Delta \quad (单位为 km/h) \tag{6-49}$$

当 $e_t < 1.2$ 时，取 $k=3$；当 $e_t \geq 1.2$ 时，取 $k=4$。

式中
$$\alpha_1 = 3600\eta_m\eta_h\gamma_1\frac{P_m}{v_p} - (\sin\theta + R_2\cos\theta)G$$

$$\alpha_2 = 3600\eta_m\eta_h\gamma_2\frac{P_m}{v_p^2} - R_1G\cos\theta$$

$$\alpha_3 = 3600\eta_m\eta_h\gamma_3\frac{P_m}{v_p^3} - \frac{C_D A}{21.145}$$

$$\alpha_4 = 3600\eta_m\eta_h\gamma_4\frac{P_m}{v_p^4}$$

$$\gamma_1 = C_1$$
$$\gamma_2 = C_2 - x_p$$
$$\gamma_3 = C_3$$
$$\gamma_4 = C_4$$

式中　x_p——最大功率点的附件损失系数。

当令 $v_m = \lambda v_p$ 代入式（6-49）后，可得：

$$\sum_{i=0}^{3} A_i v_p^{i-1} = \delta \tag{6-50}$$

式中　$A_0 = 3600\eta_m\eta_h(\lambda^0\gamma_1 + \lambda^1\gamma_2 + \lambda^2\gamma_3)P_m$　（$k=3$）

$A_0 = 3600\eta_m\eta_h(\lambda^0\gamma_1 + \lambda^1\gamma_2 + \lambda^2\gamma_3 + \lambda^3\gamma_4)P_m$　（$k=4$）

$A_1 = -(\sin\theta + R_2\cos\theta)G$

$A_2 = -R_1\lambda\cos\theta G$

$A_3 = -\dfrac{C_D A \lambda^2}{21.145}$

$R_1 = 0.000165$

$R_2 = 0.00825$

求解式（6-50）可采用迭代法，式（6-50）中的 δ 一般为 0。

给定了 λ 值并算出 v_p 值后，还要计算如下一些参数。

2）计算高档总传动比 i_{gh}。在给定 λ 值并算出相应的 v_p 值后，便可利用式（6-48）计算高档总速比 i_{gh} 了。

3）计算最高车速 v_m。利用下式计算最高车速（km/h）：

$$v_m = \lambda v_p \tag{6-51}$$

4）计算单位里程油耗 Q。为计算单位里程油耗，还需计算如下过渡参数。

① 确定常用车速 v_e（km/h）：

$$v_e = \xi v_{mp} \tag{6-52}$$

式中　ξ——系数，$\xi = 0.6 \sim 0.8$，轿车取上限，大越野车取下限；

v_{mp}——所允许的最高车速，当 $\lambda \leq 1.05$ 时，取 $v_{mp} = v_m$，当 $\lambda > 1.05$ 时，取 $v_{mp} = 1.05v_p$。

② 计算常用转速 n_e。常用转速是常用车速所对应的发动机的转速（r/min），即

$$n_e = \frac{i_{gh}v_e}{0.377r} \tag{6-53}$$

③ 计算常用功率 P_e。常用功率是常用转速所对应的发动机的功率（kW），即

$$P_e = P_m \sum_{i=1}^{k} C_i (n_e/n_p)^i \tag{6-54}$$

④ 查出比油耗 g_e。利用 n_e 和 P_e，从万有特性曲线上查出对应的常用车速下的比油耗值 g_e。

⑤ 计算单位里程油耗 Q。用下式计算常用车速下的单位里程油耗（g/km）：

$$Q = g_e P_e / v_e \tag{6-55}$$

5）计算高档加速时间 t_h。利用动力性能计算公式，算出高档加速时间 t_h。

6）列表及绘制曲线。将 λ、v_p、i_{gh}、Q、t_h 等参数列表对比，并绘制 $\lambda - t_h$、$\lambda - v_m$ 和 $\lambda - Q$ 等曲线。

7）确定高档总传动比 i_{gh}。由于油耗 Q 一般随 λ 值的增高而增高，加速时间 t_h 则是随 λ 值的增高而减小，而最高车速 v_m 虽有峰值，但变化不大，这就给 i_{gh} 值的选定带来了一定的困难。然而，我们可以按实事求是、酌情而定的原则选定 i_{gh} 值：对于比功率小的车辆强调缩短加速时间的车辆，例如重型军用越野汽车，就应选取与大 λ 值对应的 i_{gh} 值；反之，比功率高、强调节油的车辆，例如一般的私家车，就应选取与小 λ 值对应的 i_{gh} 值。

（2）低档总传动比的确定及其分配

1）低档总传动比的确定。低档总传动比 i_{gl} 是车辆适应外界负荷变化能力的标志，它关系着牵引钩牵引力的大小，关系着最大爬坡度和最低稳定车速的大小。一般说来，这个指标是越大越好，特别是军用越野汽车，然而也不可无限制地取高，因为这将增加传动系零部件的负荷，增大汽车的总质量。

传动系低档总传动比由下式表示：

$$i_{gl} = i_{Tl} i_{dl} i_0 \tag{6-56}$$

式中：i_{Tl}——变速器的一档传动比；

i_{dl}——分动器的低档传动比；

i_0——主传动器的传动比，包括侧齿箱和侧传动比。

传动系低档总传动比的选定应考虑如下三大参数的要求，并结合实际需要选定。

① 挂钩牵引力的要求：

$$i_{gl} \geqslant \frac{F\gamma}{\eta_a \eta_m T_m} \tag{6-57}$$

式中 η_a——附件损失效率；

η_m——传动系低档总效率；

T_m——发动机最大转矩，N·m；

F——要求的挂钩牵引力，N。

$$F = \lambda Mg \tag{6-58}$$

式中 M——最大总质量，kg；

λ——系数，$\lambda = 0.7 \sim 1.2$。

② 最大爬坡度的要求：

$$i_{gt} \geqslant \frac{(i_m + f)\gamma Gg}{\eta_a \eta_m T_m} \tag{6-59}$$

式中　i_m——要求的最大爬坡度,%，越野车最低不小于60%，最大可超过200%；

　　　f——干土路的滚动阻力系数，一般取0.03；

③ 最低稳定车速的要求：

$$i_{gl} \geq \frac{0.377\gamma n_{min}}{v_{min}} \tag{6-60}$$

式中　n_{min}——发动机的最低稳定转速，一般 n_{min} = 800 ~ 1000r/min；

　　　v_{min}——最低稳定车速，越野车 v_{min} = 2 ~ 3km/h。

2）低档总传动比的分配

由式（6-56）可知，低档总传动比由 i_{T1}、i_{dl} 和 i_0 三部分组成。由于 i_0 已在选定高档总传动比中确定，故低档总传动比的分配只是解决 i_{T1} 和 i_{dl} 的分配问题。一般说来，变速器1档传动比可用下式计算：

$$i_{T1} = \frac{i_{gl}}{i_0 i_{dl}} \tag{6-61}$$

由于分动器体积不可太大，故式（6-61）中 i_{dl} 的数值变化范围很小，一般 i_{dl} = 1.5 ~ 3.0。i_{dl} 选得太小，将使 i_{T1} 值过大，使变速器档数增多，造成结构复杂，操作麻烦。分动器一般有现存产品可选，选定了现存的产品，传动比分配问题就得到解决了。

(3) 档数及中间档位传动比的确定

1）变速器档数的确定。当变速器1档传动比 i_{T1} 确定之后，如何确定总的前进档数 n 呢？

一个多档变速器，在发动机、主减速器传动比 i_0、车轮滚动半径 r、最大总负荷 G 等均已选定的情况下，变速器的档数则是越多越好。假如变传动比按等比级数选取，则换档时发动机的中间转速 n_{ck} 可由以下式表示：

$$n_{ck} = \frac{n_m}{i_{k-1}} = \frac{n_m}{i_{T1}\left(\frac{1}{n-1}\right)} \tag{6-62}$$

式中　n_m——发动机的最高转速，r/min；

　　　i_{T1}——变速器的1档传动比。

若令式（6-62）中的 $n \to \infty$，那么中间转速 $n_{ck} \to n_m$。这就是说，随着档数的无限增加，在加速过程中，发动机转速的变化范围趋于零。这就可以充分地利用最大功率，当平均加速功率趋于最大值时，加速最为有力，加速时间和加速行程将缩至最小。同时，在相同车速下还能克服最大行驶阻力。从另一方面来说，在一定的道路阻力下，车速达其理想值，提高平均车速。此外，还增加了经济工况的选档机会，提高了燃油经济性。上述情况，实际就是无级变速工况。有级式变速器虽不可能实现这种工况，但可以得出结论，档数越多，上述优点就越明显。

然而，机械变速器的档数又不可过多，不仅是因为结构复杂不允许，而且换档操作的频次和时间也不允许。

有级式变速器一般只有3~5个档位。轻便小轿车多取3个档，微型车和轻、中型载货车一般为4个档，重型载货车多取5个档。第5档一般是超速档。超速档是一个提高燃油经济性、降低发动机转速、延长发动机寿命的档位。绝大多数汽车都设有直接档，这是一个简化结构、提高传动效率的档位。

然而,对于重型车,特别是重型越野车,为了提高牵引力,变速器 1 档传动比就选得很高,因而档数也就必然增多,最多可能超过 10 个前进档,甚至还设有爬坡档。增设副变速箱、设置高低齿轮组和行星齿轮组,可使前进档数成倍增加。

到底取多少个档位为合适呢?这要因不同车种、不同使用条件而定,特别要考虑车辆比功率的大小。例如常驶于良好路面的大功率小轿车就可减少档位数,小功率的微型车和常驶于越野路面的重型越野车就应增加档位数。下面给出一种根据比功率大小计算变速器前进档数 n 的方法:

$$n = 1 + \ln i_{T1}/\ln q \tag{6-63}$$

式中　q——公比,$q = 0.025\lambda_p + 1.15$;

　　　λ_p——比功率,kW/t。

用上式计算的结果往往不是一个整数,因此还须权衡降低造价、换档方便、使用条件以及燃油经济性等状况,酌情取整、酌情增、减档数。

2）变速器中间档位传动比的确定

在变速器 1 档传动比 i_{T1} 和档数 n 被确定之后,又如何确定各中间档位的传动比呢?从原则上说,所选传动比应保证发动机在加速过程中始终处于良好的工作状态,保证最大的加速度和最短的加速时间。具体来说,确定变速器中间档位的传动比有下述两种方法:

① 等比级数法。所谓等比级数法,就是相邻档位传动比之比恒等于一个常数,即公比 $q = i_k/i_{k+1}$。如果已知 1 档传动比和末档传动比分别为 i_{T1} 和 i_n,那么便可导出中间档位的传动比 i_k:由于 $\frac{i_{T1}}{i_n} = q^{n-1}$,$q = \left(\frac{i_{T1}}{i_n}\right)^{\frac{1}{n-1}} = i_{T1}\left(\frac{1}{n-1}\right)$,$i_n^{-}\left(\frac{1}{n-1}\right)\frac{i_{T1}}{i_k} = q^{k-1}$,$i_k = i_{T1}q^{(1-k)}$ 将 q 代入此式,便可解得第 k 档位的等比级数传动比表达式:

$$i_{gk} = i_{T1}^{\left(\frac{n-k}{n-1}\right)} i_n^{\left(\frac{k-1}{n-1}\right)} \tag{6-64}$$

式中　i_n——超速档传动比,一般 $i_n = 0.75 \sim 0.80$。

当令式（6-64）中的 $i_n = 1$ 时,还可得到具有直接档的第 k 档的传动比表达式:

$$i_{gk} = i_{T1}^{\frac{n-k}{n-1}} \tag{6-65}$$

按等比级数法确定的变速比,其加速过程如图 6-8 所示。

由图 6-8 可知,在忽略合理换档时机的情况下,其理想加速过程是折线 $abcdefgh$（虚线）。然而,实际的加速过程则为粗折线所示。这是因为换档时,车辆虽借其平动质量和旋转质量之动能而滑行,但由于道路阻力,空气阻力及发动机以外的各传动部件的摩擦阻力的影响,车速将降低一个 Δv_k。发动机的转速区间将由 $n_0 \sim n_m$ 变为 $n_1 \sim n_m$,而功率区间则由 $P_0 \sim P$ 变为 $P_1 \sim P$,加速平均功率降低,加速时间增长。然而,无论车速降低与否,加速时,各档发动机的工作区间却基本不变,平均加速功率基本不变。这就使得越到高档加速度

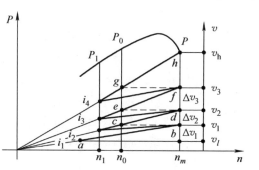

图 6-8　按等比级数选取 i_k 的加速过程

越小，$(v_k - v_{k-1})$ 值越来越大。在没有大功率做后盾的情况下，不利于高档行驶。高档行驶时，阻力稍增，车速急降。高档利用率和平均技术速度降低，油耗增加。故等比级数的传动比比较适合于常驶于良好路面且比功率较大的汽车。

② 等差级数法。所谓等差级数法，就是相邻档位加速终了的车速差恒等于一个常数，即

$$v_k - v_{k-1} = \frac{v_n - v_1}{n-1}$$

$$\frac{1}{n-1}\left(\frac{1}{i_n} - \frac{1}{i_{T1}}\right) = \frac{1}{i_k} - \frac{1}{i_{k-1}}$$

由此可解得中间档位的传动比为

$$i_{dk} = \frac{i_{T1} i_n i_{k-1}(n-1)}{i_{T1} i_n (n-1) + i_{k-1}(i_{T1} - i_n)} \tag{6-66}$$

按等差级数法确定的变传动比 i_{dk} 值比按等比级数法确定的要小，越到高档小得越多。其加速过程有如图 6-9 所示。在加速过程中，各档发动机的转速区间越到高档越小，相应的，加速平均功率越来越大。因而，各档平均加速度变化较小，有利于高档加速，有利于提高平均车速和燃油经济性，特别可延长发动机的寿命，因中间档行驶时发动机的转速较低。然而，高档加速平均功率过大，特别不利于低档加速。低档换档时发动机转速降低过快，甚至有可能熄火。

按等差级数确定中间档位传动比的方案，较为适合常驶于恶劣环境且比功率较低的汽车，尤其适合坦克车辆。

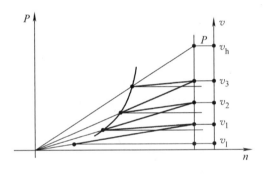

图 6-9 按等差级数选取 i_k 的加速过程

③ i_k 值的具体选定。根据统计，汽车变速器中间档位的实际传动比处于等差级数值和等比级数值之间，且偏于等比级数值。因此，本书建议：以等比级数的传动比值 i_{gk} 为基础，按式（6-67）计算中间档位的传动比：

$$i_k = \lambda i_{gk} \tag{6-67}$$

式中 λ——修正系数，$\lambda = 0.90 \sim 0.98$。

λ 值取下限，是向等差级数靠近，是加强；取上限，则是向等比级数靠近，是削弱。比功率低且常驶于坏路的车辆，则应取下限；对于比功率高且常驶于良好路面的车辆，则应取上限。低档位应取上限，高档位应取下限。

值得注意的是，传动比是通过齿轮来实现的，计算数值尚需进行适当的调整。为方便计算，也可把修正系数取一个平均值 $\lambda = 0.94$ 来计算各档传动比。

2. 计算示例

计算示例的车型与"表征参数的计算"相同。现分别计算确定高档总传动比、低档总传动比以及变速器的档数及中间档位的传动比。

（1）高档总传动比的选定计算

1）给定一系列 λ 值，见表 6-18。

2) 计算最大功率点的车速 v_p：

$$\sum_{i=0}^{3} A_i v_p^{i-1} = \delta$$

式中　$A_0 = 3600\eta_m\eta_h(\lambda^0 r_1 + \lambda^1 r_2 + \lambda^2 r_3 + \lambda^3 r_4)P_m$
$= 3600 \times 0.85 \times 1 \times 206 \times (-0.2063 + 5.9162\lambda - 7.5735\lambda^2 + 2.6836\lambda^3)$

$A_1 = -(\sin\theta + R_2\cos\theta)G = -(0 + 0.00825 \times 1) \times 181423 = -1496.74$

$A_2 = -R_1\lambda\cos\theta G = -0.000165 \times 1 \times 181423\lambda = -29.935\lambda$

$A_3 = \dfrac{C_D A \lambda^2}{21.145} = \dfrac{0075 \times 6}{21.145}\lambda^2 = -0.21282\lambda^2$

A_0、A_1、A_3 和用迭代法算出的 v_p 值见表6-18。

表6-18　λ 值与 v_p、i_{gh}、v_m、t_h、Q 的关系

$\lambda = \dfrac{v_m}{v_p}$	A_0	A_2	A_3	v_p/(km/h)	i_{gh}	v_m/(km/h)	v_{mp}/(km/h)	n_e/(r/min)	P_e/kW	g_e/(g/kW·h)	Q/(g/km)	t_h/s
0.60	754300	-18.0	-0.08	138	3.73	83	83	1007	105	235	426	212
0.70	721447	-21.0	0.10	125	4.12	88	88	1176	129	235	494	120
0.75	695224	-22.5	-0.12	119	4.34	89	89	1260	140	230	517	100
0.80	664162	-24.0	-0.14	112	4.59	90	90	1344	150	215	514	84
0.82	650666	-24.6	-0.14	110	4.69	90	90	1377	154	210	514	78
0.84	636681	-25.2	-0.15	107	4.80	90	90	1411	158	205	513	73
0.86	622286	-25.7	-0.1	105	4.91	90	90	1445	162	205	525	69
0.88	607564	-26.3	-0.17	103	5.03	90	90	1479	165	205	537	65
0.90	592595	-26.9	-0.17	100	5.15	90	90	1512	169	205	548	61
0.92	577461	-27.5	-0.18	98	5.28	90	90	1546	172	205	560	58
0.94	562242	-28.1	-0.19	95	5.41	90	90	1580	175	205	571	55
0.96	547021	-28.7	-0.20	93	5.54	89	89	1613	178	205	583	52
0.98	531879	-29.3	-0.20	91	5.67	89	89	1647	181	205	594	50
1.00	516895	-29.9	-0.21	89	5.81	89	89	1680	183	205	605	47
1.02	502153	-30.5	-0.22	87	5.96	88	88	1713	186	205	616	45
1.04	487732	-31.1	-0.23	85	6.10	88	88	1748	188	210	642	44
1.06	473714	-31.7	-0.24	82	6.25	88	87	1763	189	210	656	42
1.08	460181	-32.3	-0.25	81	6.40	87	85	1763	189	210	656	41
1.10	447213	-32.9	-0.26	79	6.55	87	83	1763	189	210	656	39
1.12	434892	-33.5	-0.27	77	6.71	86	81	1763	189	210	656	38

3) 计算高档总传动比 i_{gh}：

$$i_{gh} = \dfrac{0.377 r n_p}{v_p} = \dfrac{0.377 \times 0.57 \times 2400}{v_p} = \dfrac{515.736}{v_p}$$

计算结果见表6-18。

4) 计算最高车速 v_m：

$$v_m = \lambda v_p$$

计算结果见表6-18。

5) 计算单位里程油耗 Q。

① 确定常用转速 n_e：

$$n_e = \dfrac{i_{gh}\xi v_{mp}}{0.377 r} = \dfrac{0.7 i_{gh} v_{mp}}{0.377 \times 0.57} = 3.25748 i_{gh} v_{mp}$$

计算结果见表 6-18。

② 计算常用功率 P_e：

$$P_e = P_m \sum_{i=1}^{k} C_i \left(\frac{n_e}{n_p}\right)^i$$

$$= 206\left[\frac{-0.2063 \times n_e}{2400} + 6.0962\left(\frac{n_e}{2400}\right)^2 - 7.5735\left(\frac{n_e}{2400}\right)^3 + 2.6836\left(\frac{n_e}{2400}\right)^4\right]$$

计算结果见表 6-18。

③ 查出比油耗 g_e。利用图 6-7 的万有特性曲线查出与 n_e、P_e 对应的比油耗 g_e，并填入表 6-18。

④ 计算单位里程油耗 Q：

$$Q = g_e P_e / v_e$$

计算结果见表 6-18。

6) 计算高档加速时间 t_h：

$$t_h = \frac{\delta G}{35.304} I_\lambda$$

$$I_\lambda = \Delta v \left(\sum_{j=0}^{n} t_j - 0.5(t_0 + t_h)\right]$$

$$T_j = \frac{1}{\sum_{i=1}^{4} \alpha_{ih} V_j^{i-1}}$$

取 $\delta = 1.085$，$G = 181423\text{N}$，$\Delta v = 5\text{km/h}$，$v_L = 25\text{km/h}$，$v_h = 65\text{km/h}$。

① 先计算方程系数 α_i，再计算 T_j、I_λ 和 T_h，计算结果分别见表 6-19 和表 6-20。方程系数为

$$\alpha_1 = 3600 \times 0.85 \times (-0.2063) \times 206/v_p - 0.00825 \times 181423$$

$$\alpha_2 = 3600 \times 0.85 \times 5.9162 \times 206/v_p^2 - 0.000165 \times 181423$$

$$\alpha_3 = 3600 \times 0.85 \times (-7.5735) \times 206/v_p^3 - 0.75 \times 6/21.145$$

$$\alpha_4 = 3600 \times 0.85 \times 2.6836 \times 206/v_p^4 = 1691634.1/v_p^4$$

表 6-19 方程系数 α_i

λ	v_p/(km/h)	α_1	α_2	α_3	α_4
0.60	138.4	−2436.4	164.76	−2.014	0.0046
0.70	125.3	−2534.6	207.60	−2.640	0.0069
0.75	118.8	−2591.4	234.31	−3.060	0.0085
0.80	112.4	−2653.7	265.25	−3.575	0.0106
0.82	109.9	−2680.0	278.84	−3.809	0.0116
0.84	107.4	−2707.6	293.38	−4.067	0.0127
0.86	105.0	−2735.3	308.33	−4.337	0.0139
0.88	102.5	−2765.5	325.03	−4.646	0.0153
0.90	100.1	−2795.9	342.25	−4.973	0.0169

(续)

λ	v_p/(km/h)	α_1	α_2	α_3	α_4
0.92	97.7	-2827.8	360.76	-5.332	0.0186
0.94	95.4	-2859.9	379.83	-5.711	0.0204
0.96	93.1	-2893.6	400.33	-6.129	0.0225
0.98	94.9	-2927.4	421.41	-6.569	0.0248
1.00	88.7	-2962.8	44.07	-7.054	0.0273
1.02	86.6	-2998.4	467.34	-7.564	0.0301
1.04	84.5	-3035.7	462.36	-8.125	0.0332
1.06	82.5	-3073.0	517.99	-8.715	0.0365
1.08	80.6	-3110.2	544.13	-9.330	0.0401
1.10	78.7	-3149.1	572.18	-10.007	0.0441
1.12	76.9	-3187.8	600.70	-10.711	0.0484

② 计算过渡参数 t_j，计算结果见表6-20。
③ 计算过渡参数 I_λ，计算结果见表6-20。
④ 计算高档加速时间 t_h，计算结果见表6-20和表6-18。
⑤ 绘制 $\lambda - t_h$、$\lambda - v_m$ 和 $\lambda - Q$ 曲线，如图6-10所示。

7）确定高档总传动比。从表6-18的数据和图6-10的曲线可知，高档加速时间 t_h 随 λ 值的增加而快速降低，而单位里程油耗 Q 却随 λ 值的增加而快速升高。最高车速 v_m 虽在 $\lambda = 0.86$ 时出现峰值90.3km/h，但始终变化不大。根据这种情况，加上该车系越野车，比功率又只有11.14kW/t，故应选取较大 λ 值的高档总传动比。具体可在 $\lambda = 1.06 \sim 1.10$ 之间选取。这样选取虽增加了油耗，但却保证了适当的加速能力。

表6-20 高档加速时间的匹配计算

λ	T_j ($\times 10^{-4}$)									I_λ ($\times 10^{-4}$)	t_h/s
	$j=0$ $v=25$ km/h	$j=1$ $v=30$ km/h	$j=2$ $v=35$ km/h	$j=3$ $v=40$ km/h	$j=4$ $v=45$ km/h	$j=5$ $v=50$ km/h	$j=6$ $v=55$ km/h	$j=7$ $v=60$ km/h	$j=8$ $v=65$ km/h		
0.60	20.17	12.2	9.43	8.16	7.58	7.45	7.70	8.39	9.74	379.47	211.6
0.70	8.83	6.5	5.47	4.91	4.65	4.58	4.68	4.96	5.47	214.69	119.7
0.75	6.73	5.2	4.49	4.12	3.95	3.94	4.08	4.37	4.89	179.94	100.3
0.80	5.24	4.2	3.70	3.43	3.32	3.34	3.47	3.73	4.17	149.54	83.4
0.82	4.78	3.9	3.44	3.20	3.11	3.14	3.26	3.52	3.94	139.62	77.9
0.84	4.38	3.6	3.20	3.00	2.93	2.96	3.09	3.34	3.75	130.88	73.0
0.86	4.03	3.3	3.00	2.82	2.76	2.80	2.93	3.17	3.57	123.09	68.6
0.88	3.71	3.1	2.80	2.65	2.60	2.64	2.78	3.02	3.41	115.72	64.5
0.90	3.43	2.9	2.62	2.49	2.45	2.50	2.63	2.87	3.25	109.00	60.8
0.92	3.18	2.7	2.46	2.35	2.32	2.38	2.51	2.75	3.12	103.10	57.5
0.94	2.95	2.5	2.32	2.22	2.21	2.27	2.41	2.65	3.03	98.02	54.7
0.96	2.75	2.4	2.19	2.10	2.10	2.17	2.31	2.55	2.93	93.19	52.0

(续)

λ	T_j (×10⁻⁴)									I_λ (×10⁻⁴)	t_h/s
	$j=0$ $v=25$ km/h	$j=1$ $v=30$ km/h	$j=2$ $v=35$ km/h	$j=3$ $v=40$ km/h	$j=4$ $v=45$ km/h	$j=5$ $v=50$ km/h	$j=6$ $v=55$ km/h	$j=7$ $v=60$ km/h	$j=8$ $v=65$ km/h		
0.98	2.57	2.2	2.07	2.01	2.00	2.07	2.22	2.46	2.84	88.82	49.5
1.00	2.41	2.1	1.96	1.90	1.91	1.99	2.14	2.39	2.78	84.99	47.4
1.02	2.26	2.0	1.86	1.81	1.83	1.92	2.07	2.32	2.71	81.40	45.4
1.04	2.12	1.9	1.77	1.73	1.76	1.85	2.00	2.26	2.66	78.15	43.6
1.06	2.00	1.8	1.68	1.66	1.69	1.79	1.95	2.21	2.63	75.39	42.0
1.08	1.89	1.7	1.61	1.59	1.63	1.73	1.90	2.17	2.60	72.81	40.6
1.10	1.79	1.6	1.54	1.53	1.57	1.68	1.86	2.14	2.58	70.53	39.3
1.12	1.70	1.5	1.47	1.47	1.52	1.63	1.82	2.11	2.57	68.47	38.2

本示例计算车型实际的高档总传动比为6.72，符合选取原则，但略微偏高，发动机工作转速偏高。

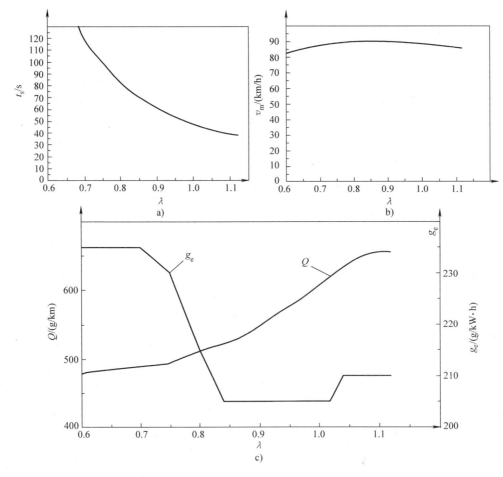

图6-10 $\lambda - t_h$、$\lambda - v_m$、$\lambda - Q$ ($\lambda - g_e$) 曲线
a) $\lambda - t_h$ 曲线 b) $\lambda - v_m$ 曲线 c) $\lambda - Q$ ($\lambda - g_e$) 曲线

（2）低档总传动比的选定计算

1）挂钩牵引力的要求

取 $\lambda = 1.0$：

$$i_{\mathrm{gl}} \geqslant \frac{Fr}{\eta_{\mathrm{a}} \eta_{\mathrm{m}} T_{\mathrm{m}}} = \frac{1.0 \times 18500 \times 0.57g}{0.8 \times 0.92 \times 1070} = 131.3$$

2）最大爬坡度的要求

取 $i_{\mathrm{m}} = 100\%$，$f = 0.03$：

$$i_{\mathrm{gl}} \geqslant \frac{(i_{\mathrm{m}} + f)rGg}{\eta_{\mathrm{a}} \eta_{\mathrm{m}} T_{\mathrm{m}}} = \frac{(1 + 0.03) \times 0.57 \times 18500g}{0.8 \times 0.92 \times 1070} = 135.3$$

3）最低稳定车速的要求

取 $n_{\min} = 1000\mathrm{r/min}$，$v_{\min} = 2\mathrm{km/h}$：

$$i_{\mathrm{gl}} \geqslant \frac{0.377 r n_{\min}}{v_{\min}} = \frac{0.377 \times 0.57 \times 1000}{2} = 107.5$$

由上面三项要求来看，取 $i_{\mathrm{gl}} = 135.3$ 即可。本示例计算车型实际的低档总传动比为：$i_{\mathrm{gl}} = i_{\mathrm{kl}} i_{\mathrm{dl}} i_0 = 12.65 \times 1.75 \times 6.72 = 148.8$。

由此可见，留有较大余地。i_{dl} 取 1.75 也在范围之中。

（3）档数及中间档位传动比的选定

1）变速器档数的确定

① 比功率 λ_{p}：

$$\lambda_{\mathrm{p}} = \frac{P_{\mathrm{m}}}{M_{\mathrm{m}}} = \frac{206}{18.5} = 11.135 (\mathrm{kW/t})$$

② 公比：

$$q = 0.025 \lambda_{\mathrm{p}} + 1.15 = 0.025 \times 11.135 + 1.15 = 1.4284$$

③ 变速器前进档数

$$n = 1 + \ln i_{\mathrm{T1}} / \ln q = 1 + \ln 12.65 / \ln 1.4284 = 8.12$$

示例计算车型取 9 个前进档，由于该车系重型越野车，在计算值 8.12 的基础上，增加一个档位也是可以的。

2）中间档位传动比的计算

① 几何级数传动比 i_{gk}：

$$i_{gk} = i_{\mathrm{T1}}^{\frac{n-k}{n-1}} = 12.65^{\frac{9-k}{8}}$$

计算结果见表 6-21。

表 6-21 变传动比的对比

k	1	2	3	4	5	6	7	8	9
i_{p}	12.65	8.38	6.22	4.57	3.40	2.46	1.83	1.34	1.00
i_{gk}	12.65	9.211	6.708	4.884	3.557	2.590	1.886	1.373	1.00
i_{dk}	12.65	5.150	3.233	2.356	1.853	1.527	1.299	1.930	1.00
i_k	12.65	8.658	6.306	4.591	3.344	2.435	1.773	1.291	1.00
λ_{p}	1.00	0.910	0.927	0.936	0.956	0.950	0.970	0.976	1.00
λ_k	1.00	0.94	0.94	0.94	0.94	0.94	0.94	0.94	1.00

② 等差级数传动比 i_{dk}：

$$i_{dk} = \frac{i_{T1}i_n i_{k-1}(n-1)}{i_{T1}i_n(n-1) + i_{k-1}(i_{T1} - i_n)} = \frac{12.65 \times 1 \times (9-1)i_{k-1}}{12.65 \times 1 \times (9-1) + (12.65-1)i_{k-1}} = \frac{101.2 i_{k-1}}{101.2 + 11.65 i_{k-1}}$$

计算结果见表 6-21。

③ 计算修正系数 λ_p。当把示例车型的实际速比 i_p 列入表 6-21 后，便可用式 $\lambda_p = i_p / i_{gk}$ 计算各档的修正系数了。计算结果见表 6-21。

④ 给定修正系数 λ_k。由 λ_p 的数值可知，示例计算车型的修正系数是随着档位的增高而增高的。其数值范围在 0.91~0.976 之间。总体来看还是比较合理的，但 λ_p 值高档过高是不利于高档加速的。

作为本计算，各档通取 $\lambda_k = 0.94$，计算所得的 i_k 值见表 6-21。

6.2.2 传动系的匹配评价

1. 数学模型

当动力传动系的高档总传动比、低档总传动比以及变速器的档数和中间档位的传动比都已确定之后，能否采用一种方法来评价分析这个传动系与动力源的匹配是否合理呢？

合理匹配是个既关键而又相当复杂的问题，它涉及的参数很多。故只能采用较为粗略的近似方法，即三参数加权评估法来评价。

所谓三参数加权评估法，就是将加速时间、油耗和最高车速三大参数进行加权处理，从而得出综合评估的方法。具体分为统计值法和理论值法两种方法，现分述如下：

（1）统计值法

统计值法就是利用三大参数的计算值与同类型车辆三大参数的统计值（或标准值）进行比较，从而得出三参数加权评估分值 D_m 的计算公式。假设 β_t、β_Q、β_v 为三大参数的参数因子，那么

$$D_m = 100 \times (\alpha_t \beta_t + \alpha_Q \beta_Q + \alpha_v \beta_v)$$

当把三参数的计算值和统计值代入后，评估分值便可由式（6-68）表示：

$$D_m = 100 \times \left(\alpha_T \frac{t_{cs}}{k_t t_C} + \alpha_Q \frac{Q_s}{k_Q Q} + \alpha_V \frac{k_v v_m}{v_{ms}} \right) \tag{6-68}$$

式中 D_m——评估分值（匹配分值），分，$D_m \leq 100$ 分；

α_t、α_Q、α_v——三参数的权系数，建议取 $\alpha_t = 0.4$，$\alpha_Q = \alpha_v = 0.3$；

t_C——良好路面换档加速时间的计算值，s；

Q——良好路面高档等速百公里油耗的计算值，L/100km；

v_m——良好路面高档最高车速的计算值，km/h；

t_{cs}——良好路面换档加速时间的统计值，s，当 $t_{cs} > k_t t_C$ 时，取 $\beta_t = 1$；

Q_s——使用油耗的统计值，L/100km，当 $Q_s > k_Q Q$ 时，取 $\beta_Q = 1$；

v_{ms}——良好路面最高车速的统计值，km/h，当 $v_{ms} < k_v v_m$ 时，取 $\beta_v = 1$；

k_t——t_C 的调节系数，由于 t_{cs} 一般都要大于计算值，故取 $k_t = 1.1~1.2$；

k_Q——Q 的调节系数，由于 Q_s 一般都要高于计算值，故取 $k_Q = 1.1~1.2$；

k_v——v_m 的调节系数，由于 v_{ms} 略小于计算值，故取 $k_v = 0.98~0.95$。

良好路面高档等速百公里油耗，可取为最大转矩和最大功率区间的均值油耗，即

$$Q = \frac{1}{n_p - n_t} \int_{n_t}^{n_p} Q(n) \, dn = \frac{1}{v_p - v_t} \int_{v_t}^{V_p} Q(v) \, dv \tag{6-69}$$

式中，$Q(v)$ 参见式（6-46），$Q(v)$ 也可采取点平均值代替。

统计值法虽较直观，但难在获得准确的统计值，故给评估计算带来了一定的困难。正因如此，便提出了下面的理论值法。

(2) 理论值法

理论值法就是从匹配的合理性出发，对换档加速时间因子 λ_t、高档常用车速比油耗因子 λ_g 和高档最高车速因子 λ_v 的理想值进行加权处理，从而得出如下动力匹配评价值的表达式：

$$D_m = 100 \times (\alpha_t \lambda_t + \alpha_g \lambda_g + \alpha_v \lambda_v), \quad D_m \leq 100 \tag{6-70}$$

式中 α_t、α_g、α_v——三参数的权系数。建议取 $\alpha_t = 0.4$，$\alpha_g = \alpha_v = 0.3$，故取 $\alpha_t = 0.4$，因为换档加速时间决定着平均技术速度，决定着高档利用率。

λ_t、λ_g、λ_v——三参数的因子。

作为评价指标，良好路面的最高车速还不如坡道车速意义重大，特别是军用越野汽车。下面分别研究：

1) 换档加速时间因子 λ_t。

是什么因素在影响换档加速时间 t_C 呢？除整车动力因数外，那就是匹配的好坏。高档总速比选得是否合理、变速器各档速比是否适当，在很大程度上决定着加速时间的长短。

要缩短 t_C 值，必须增大各档的加速强度，而决定各档加速强度的就是各档的平均加速功率。

在比功率已定的情况下，要提高第 k 档的平均加速功率，第一应使该档的换档转速 n_{ck} 尽量靠近最大功率转速 n_p，即应使比值 n_{ck}/n_p 增大；第二，应使该档的加速过程区间尽量缩短，也就是当令第 k 档的起始加速转速为 $n_{c(k-1)}$ 时，应使区间 $(n_{ck} - n_{c(k-1)})$ 尽量靠近理论上的假设区间 $\xi(n_p - n_t)$，即应使比值 $\xi(n_p - n_t)/(n_{ck} - n_{c(k-1)})$ 增大。上述两项比值之积，便可定义为第 k 档的换档加速时间因子，即

$$\lambda_{tk} = \frac{n_{ck}}{n_p} \frac{\xi(n_p - n_t)}{(n_{ck} - n_{c(k-1)})}$$

若设加速被用到的最高档位数为 n'，那么换档加速因子便可表示为

$$\lambda_t = \frac{1}{n'} \sum_{k=1}^{n'} \frac{\xi n_{ck}(n_p - n_t)}{(n_{ck} - n_{c(k-1)})}, \lambda_t \leq 1 \tag{6-71}$$

式中 ξ——系数，为 $0.5 \sim 0.7$。

由于 1 档是从低转速开始加速，加速区间很长，故 λ_{t1} 必然很小。加速的最高档 n' 往往很快就达到了加速的终点车速，故加速区间又较短，$\lambda_{tn'}$ 值就必然较大。中间档位的换档转速 n_{ck} 如果超过了 n_p 也是允许的，因为这不仅是工程上的平均值的近似评估，更是因为换档车速是按"最小录用原则"确定的。按照规定调速柴油机 $n_{cn} \leq 1.05 n_p$，汽油机 $n_{cn} \leq 1.1 n_p$，电喷汽油机和额定功率柴油机 $n_{ck} = n_p$。此外，个别中间档位的 $(n_{ck} - n_{c(k-1)})$ 有可能小于 $\xi(n_p - n_t)$，其比值 $\xi(n_p - n_t)/(n_{ck} - n_{c(k-1)})$ 就有可能大于 1，但总的 λ_t 定不会大于 1。如果 $\lambda_t > 1$，就取 $\lambda_t = 1$。对于无级变速器，也取 $\lambda_t = 1$。

2) 高档常用车速比油耗因子 λ_g

如果高档等速百公里油耗随车速的变化存在极小值，那么这个极小值所对应的车速与汽车常用车速的关系就是最好的评价根据了。然而，等速百公里油耗一般是随车速的增加而增

加的,是不存在极小值的。这就是说,等速百公里油耗很难找到一个作为评价的理想值。

然而,常用车速比油耗 g_e 的想法还是可取的。假定车辆在良好的路面上,以高档行驶的常用车速为 $v_e = k_g v_{mph}$。其中 v_{mph} 是最高允许车速,系数 k_g 一般取为 0.6~0.8。有了 v_e 就能算出发动机的常用转速 n_e,有了 n_e 就能根据发动机的外特性式算出与 n_e 对应的功率 p_e,进而根据万有特性曲线查出对应的比油耗值 g_e。这个 g_e 值与该发动机的最低比油耗值 g_m 的比值关系,就可作为评判匹配好坏的根据了。由此,就可得到高档常速比油耗因子的表达式:

$$\lambda_g = \frac{g_m}{g_e}, \lambda_g \leq 1 \tag{6-72}$$

3) 高档最高车速因子 λ_v

为使发动机的功率得以充分的发挥,又不致使发动机的转速过高,故令最高车速 $v_m = k_v v_p$。其中 v_p 是最大功率点的车速,k_v 是合理最高车速系数。$k_v v_p$ 就是最高车速 v_m 的一个"标杆":$v_m = k_v v_p$ 就得满分;$v_m < k_v v_p$,动力不能充分发挥,就应予扣分;$v_m > k_v v_p$,发动机转速过高,油耗增加,寿命降低,也应扣分。据此,就建立了高档最高车速因子的表达式:

$$\lambda_v = 1 - \frac{|k_v v_p - v_m|}{k_v v_p}, \lambda_v \leq 1 \tag{6-73}$$

式中,$k_v = 1.1$(汽油机);$k_v = 1.05$(调速柴油机);$k_v = 1.0$(电喷汽油机,额定功率柴油机)。

2. 计算示例

此处仅对理论值法进行计算,示例车型同前。

(1) 计算换档加速时间因子 λ_t

采用列表法进行计算

1) 各档变速比 i_k 见表 6-22。

表 6-22 换档加速时间因子

k	i_k	$v_{ck}/$ (km/h)	$v_{c(k-1)}/$ (km/h)	$n_{ck}/$ (r/min)	$n_{c(k-1)}/$ (r/min)	λ_{tk}
1	12.65	5.65	2.00	1978	791	0.4166
2	8.38	8.29	5.65	2096	1310	0.6667
3	6.22	11.38	8.29	2140	1556	0.9161
4	4.57	15.51	11.38	2287	1572	0.7997
5	3.40	21.38	15.57	2339	1701	0.9165
6	2.46	29.43	21.38	2308	1692	0.9367
7	1.83	40.07	29.43	2289	1717	1.0004
8	1.34	54.23	40.17	2263	1676	0.9638
9	1.00	69.00	54.23	2001	1689	1.6034
计算式			$\lambda_t = \frac{1}{n'}\sum_{k=1}^{n'}\lambda_{tk} = 8.2199/9 = 0.9133$			

2) 将表 6-13 中的 v_k 和 $v_{c(k-1)}$ 值转列入表 6-22。

3) 用下式计算换档转速 n_{ck} 和 $n_{c(k-1)}$。

$$n_{ck} = \frac{i_{ck}i_0 i_k v_{ck}}{0.377r} = \frac{1 \times 6.72 i_k v_{ck}}{0.377 \times 0.57} = 31.272 i_k v_{ck}$$

计算结果见表 6-22。

4) 用下式计算第 k 档的换档加速时间因子 λ_{tk}（取 $\xi = 0.6$）：

$$\lambda_{tk} = \frac{\xi(n_p - n_t)n_{ck}}{(n_{ck} - n_{c(k-1)})n_p} = \frac{0.25 n_{ck}}{(n_{ck} - n_{c(k-1)})}$$

计算结果见表 6-22。

5) 用下式计算换档加速时间因子 λ_t：

$$\lambda_t = \frac{1}{n'}\sum_{k=1}^{n'} \lambda_{tk}$$

计算结果见表 6-22。

(2) 计算常速比油耗因子 λ_g

1) 良好路面高档常用车速 v_e

$$v_e = k_g v_{mph} = 0.7 \times 80.6 = 56.42 (km/h)$$

2) 高档常用车速点的发动机转速 n_e：

$$n_e = \frac{v_e i_{dh} i_h i_0}{0.377r} = \frac{56.42 \times 1 \times 1 \times 6.72}{0.377 \times 0.57} = 1764.4 (r/min)$$

3) 高档常用转速点的发动机功率 P_e：

$$\begin{aligned}P_e &= P_m \sum_{i=1}^{4} C_i (n_e/n_p)^i \\ &= 206 \times \left[\frac{-0.263 \times 17644}{2400} + 6.0907 \times \left(\frac{1764.4}{2400}\right)^2 - 7.5735 \times \right.\\ &\quad \left.\left(\frac{1764.4}{2400}\right)^3 + 2.6836 \times \left(\frac{1764.4}{2400}\right)^4\right] kW \\ &= 189.07 kW\end{aligned}$$

4) 查取常用车速点的比油耗 g_e

根据 n_e 和 P_e 值，在图 6-7 的万有特性曲线上查得对应的比油耗值 $g_e = 210 g/kW \cdot h$。

5) 常速比油耗因子 λ_g

$$\lambda_g = g_{em}/g_e = 205/210 = 0.9762$$

(3) 计算高档最高车速因子 λ_v（取 $k_v = 1.05$）

$$\lambda_v = 1 - \frac{|k_v v_p - v_m|}{k_v v_p} = 1 - \frac{|1.05 \times 76.75 \times 82.5|}{1.05 \times 76.75} = 0.9763$$

(4) 理论值法的动力匹配分值

$$\begin{aligned}D_m &= 100 \times (\alpha_t \lambda_t + \alpha_g \lambda_g + \alpha_v \lambda_v) \\ &= 100 \times (0.4 \times 0.9133 + 0.3 \times 0.9762 + 0.3 \times 0.9763) = 95.1\end{aligned}$$

6.2.3 液力变矩器的匹配计算

1. 液力变矩器的作用

液力变矩器是一种动液传动的无级变速器，也是一个无级变矩器。活塞式内燃机装上高效率的液力变矩器后，可克服特性上的缺陷，使汽车获得近于等功率发动机一样的驱动功率，改善汽车的动力性能。

液力变矩器操作简便，起步换挡平稳。它既可用于轿车、公共汽车，也可用于大吨位的载重汽车和重型越野汽车。

液力变矩器由泵轮、涡轮和导轮组成。泵轮连接发动机（动力源），涡轮连接输出轴（外界），导轮是液流导向装置，固装于壳体之上。三轮共处于一个封闭的环形空腔（环形圆）内，腔内充满工作液。发动机带动泵轮转动，使工作液从泵轮入口输入，并以其动能带动涡轮转动，然后经涡轮出口流出冷却。

2. 液力变矩器的基本性能

（1）无因次特性

液力变矩器的转矩 T 与转速 n 的关系特性称为变矩器的传动特性或外特性，通常用无因次特性来表征这一性能。无因次特性给出了变矩比 k、效率 η 及泵轮转矩系数 λ_P 随

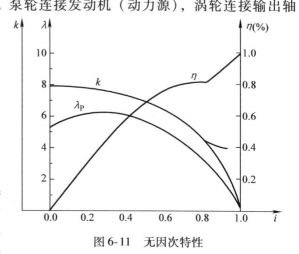

图 6-11 无因次特性

转速比 i 的变化关系，如图 6-11 所示。对于具体的变矩器，可由台架试验测出这些关系。

下面给出相关参数的表达式：

1) 变矩系数 k：

$$k = \frac{T_T}{T_P} \qquad (6-74)$$

式中 T_P——泵轮输入转矩，N·m；

T_T——涡轮输出转矩，N·m。

2) 转速比 i：

$$i = \frac{n'_T}{n'_P} \qquad (6-75)$$

式中 n'_P——泵轮转速，r/min；

n'_T——涡轮转速，r/min。

3) 变矩器效率 η：

$$\eta = \frac{T_T n'_T}{T_P n'_P} = \frac{T_T \omega_T}{T_P \omega_P} = ki \qquad (6-76)$$

式中 ω_P——泵轮角速度，rad/s；

ω_T——涡轮角速度，rad/s。

4) 泵轮力矩 T_P：

$$T_P = \rho g \lambda_P n_P^2 D^5 \qquad (6-77)$$

式中 ρ——工作液密度，kg/m³；

λ_P——泵轮力矩系数；

D——变矩器的有效直径，m。

5) 涡轮力矩 T_T：

$$T_T = \rho g \lambda_T n_T'^2 D^5 \quad (6\text{-}78)$$

式中 λ_T——涡轮转矩系数。

通过台架试验测出 T_P、T_T、n_P'、n_T' 四大参数，然后算出 k、i、η 和 λ_P，并给出 k、η 和 λ_P 随 i 的变化关系。

（2）变矩性能

按一定规律，在一定范围内无级地改变由泵轮轴传至涡轮轴的转矩的能力，就是变矩器的变矩性能。评价变矩性能好坏的指标是：

1) 起动变矩系数 k_0（$i=0$ 时的 k 值）。
2) 偶合工况转速比 i_0（$k=1$ 时的 i 值）。

对比两变矩器：若 k_0 值接近，则 i_0 值大者为优；若 i_0 值接近，则 k_0 值大者为优。对于一般情况，乘积 $k_0 i_0$ 值大者为优。

（3）自动适应性能

能够根据外界负荷的变化，自动改变其涡轮轴的转速 n_T' 和转矩 T_T 的能力，就是变矩器的自动适应性能。

当泵轮转速 n_P' 一定、流量 Q 恒定时，行驶阻力增加，n_T' 下降，T_T 增高；反之，行驶阻力减少，n_T' 增高，T_T 下降。换句话说，汽车行驶条件的改变，即涡轮轴上转矩的变化，只影响涡轮轴上转速的改变，而泵轮轴上的转速和载荷均不受影响，发动机的工况不受影响。

T_T 随 n_T' 变化的性能就是变矩器的输出特性，因此自动适应性是和输出特性紧密相关的。

（4）效率特性

液力变矩器的效率是输出功率与输入功率之比。由式（6-76）可知，效率是转速比 i 的函数，根据变矩器的输出特性（图 6-12），当车辆加速时，随着涡轮转速 n_T' 的不断提高，效率开始随其不断提高，当达其一定峰值后又逐步下降，直至输出转矩为零而归零。涡轮转矩 T_T 则是随 n_T' 的增高而下降的，当 n_T' 越过了 $k=1$ 点之后，涡轮转矩 T_T 将小于泵轮转矩 T_P，而效率将急剧下降，变矩器将处于极为不利的工况。

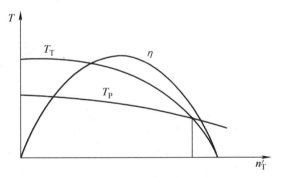

图 6-12 透过性液力变矩器的输出特性

正因如此，现代液力变矩器，当变矩系数 $k=1$ 之后，便让其转入液力偶合器工况，此时的传动效率 $\eta = \dfrac{n_T'}{n_P'} = i_0$。为进一步提高燃油经济性，当 $k=1$ 时，便将泵轮与涡轮锁为一体，动力直接传给输出轴，其效率 $\eta = 100\%$。

评价效率特性好坏的指标是：

1) 最大效率值 η_m。
2) 高效率（$\eta \geq 80\%$）区段所对应的 i 的范围宽度 W。η_m 值和 W 值越大越好。

(5) 透过性能

所谓透过性能，就是指在泵轮转速 n_P' 不变的情况下，涡轮轴上转矩 T_T 的变化对输入特性的影响程度。

透过性的划分指标是透过度 P，其表达式为

$$P = \frac{T_{P0}}{T_{PC}} = \frac{\lambda_{P0}}{\lambda_{PC}} \tag{6-79}$$

式中 T_{P0}——涡轮不动时，泵轮上的转矩；

T_{PC}——变矩比 $k=1$ 时泵轮上的转矩；

λ_{P0}——涡轮不动时的泵轮转矩系数；

λ_{PC}——变矩比 $k=1$ 时的泵轮转矩系数。

液力变矩器分为非透过性和透过性两类，具体划分如下：

1）非透过性：$P = 1 \sim 1.2$。

发动机的负荷完全不随外界负荷 T_T 变化，即 n_P' 不变，n_T' 变化时，$T_P =$ 常数。非透过性液力变矩器用于内燃机车和工程机械等以额定功率工作的车辆。

2）透过性

① 反透过性：$P < 1$，T_P 随 n_T' 增大而增大。反透过性液力变矩器不适合汽车使用，因外界负荷减小，而节气门反而要开大。

② 正透过性：$P \geqslant 1.7$，T_P 随 n_T' 增大而减小。正透过性液力变矩器，广泛用于各种汽车，外界负荷减小，n_T' 升高，T_P 下降。

③ 混合透过性：$1 \leqslant P \leqslant 1.7$，$T_P$ 开始随 n_T' 增大而增大，尔后随 n_T' 的增大而减小。混合透过性液力变矩器，一般系单级高 k_0 值变矩器，可适用于运输车辆。

3. 液力变矩器的联合工作特性

液力变矩器与发动机的联合工作特性是指二者的匹配特性，也就是发动机输入泵轮的转矩与涡轮输出转矩之间的关系。通俗一点说，就是一个发动机，一个动力源，经过与所选变矩器的匹配之后就变成了一个新的发动机，一个新的动力源。确定了这个新的动力源，就可以确定汽车的动力性能了。设计者的任务，就是要认识这个转换关系，求出这个新的动力源。这一工作必须经过两个阶段来执行。

由上述内容可知，广泛用于各种汽车的是正透过性液力变矩器，所以本节着重讨论透过性液力变矩器的输入输出特性。

(1) 输入特性

变矩器的输入特性，即式（6-77）所表达的在不同变速比 i 下的泵轮力矩 T_P 与泵轮力矩系数 λ_P 和泵轮转速 n_P' 的具体关系。这个公式中的 λ_P 可由无因次特性给出。然而，又如何得到转速 n_P' 呢？它又如何与发动机发生关系呢？这个转速称为"等矩转速"，也就是在不同转速比 i 和泵轮力矩系数 λ_P 下，发动机转矩 T_e 和变矩器泵轮转矩 T_P 相等点的转速，如图 6-13。

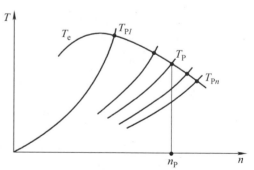

图 6-13 等矩转速族

由图 6-13 可知，对应于不同的转速比 i 有一组力矩系数 λ_P，从而确定了一组泵轮转矩 T_P 曲线。这些曲线与发动机转矩 T_e 曲线的交点所对的转速 n'_P，就是发动机的工作转速。注意，当 i 值接近于 1 时，发动机转矩曲线和泵轮转矩曲线可能没有交点。

求取等矩转速，有如下两种办法：

① 作图法，即将发动机的净转矩绘成曲线图，如图 6-13 所示，并把不同 i 值下的变矩器的转矩曲线画在同一张图上，两曲线将相交出一系列的点。通过这些交点，便可得到一系列的等矩转速及其相应的输入转矩，此种方法简明直观，但不仅烦琐，且误差甚大。

② 公式法，即令发动机的净转矩式等于变矩器泵轮的输入转矩式，即令 $T_e(n'_P) = T_P(n'_P)$。注意，T_e 的具体表达式为

$$T_e(n'_P) = 9549.3 \frac{P_m}{n_P} \sum_{i=1}^{n} C_i \left(\frac{n'_P}{n_P}\right)^{i-1}$$

由上式可以解得计算等矩转速 n'_P 的表达式为

$$\sum_{i=1}^{k} A_i n'^{(i-1)}_P = 0$$

式中 k——可由发动机的转矩因子 e_t 确定。

1) 当转矩因子 $e_t \geqslant 1.2$ 时，取 $k=4$，此时等矩转速可由隐式函数式 (6-80) 计算：

$$A_1 + A_2 n'_P + A_3 n'^2_P + A_4 n'^3_P = \Delta \tag{6-80}$$

式中 $A_1 = 9549.3 \dfrac{P_m}{n_P} C_1$；

$A_2 = 9549.3 \dfrac{P_m}{n_P^2} (C_2 - x_P)$；

$A_3 = 9549.3 \dfrac{P_m}{n_P^3} C_3 - \rho g \lambda_P D^5$；

$A_4 = 9549.3 \dfrac{P_m}{n_P^4} C_4$；

P_m——发动机的最大功率，kW；

n_P——发动机最大功率转速，r/min；

C_i——发动机动力特性方程系数（$i=1, 2, 3, 4$）；

λ_P——泵轮力矩系数；

D——变矩器有效工作直径，m。

对于该三次式，可用迭代方法求取 n'_P 值。

2) 当转矩因子 $e_t < 1.2$ 时，可取 $k=3$，于是等矩转速可用如下显式函数式求取：

$$n_b = \frac{-A_2 \pm \sqrt{A_2^2 - 4A_1 A_3}}{2A_3} \tag{6-81}$$

式中 A_i——同式 (6-80)。当等矩转速确定之后，便可由式 (6-77) 算出不同变速比 i ($i=1, 2, 3$) 下的泵轮转矩 T_P 了。

(2) 输出特性

在节流阀全开时，液力变矩器的输出转矩 T_T 与输出转速 n'_T 的关系便是液力变矩器的输出特性，即

$$T_T = KT_P \tag{6-82}$$

式中 T_P——由输入特性给出，k 值由无因次特性给出。而涡轮转速 $n'_T = in'_P$。当给定了一系列的 i 值后，便算出了一系列的 n_T 和 T_T 值，从而可以拟合成一个 k 次方程 $T_T = f(n'_T)$，这就是输出特性，这就是新的动力源。

4. 液力变矩器的选配

在发动机和装用车型确定之后，选配液力变矩器必须遵循如下的选配原则：

1) 充分发挥发动机和变矩器的特性，以获得良好的汽车动力性能。

2) 应使变矩器的最大输入转速与发动机的最大功率转速接近，且前者不得小于后者。

3) 应使变矩器的最大输入转矩与发动机的最大净转矩接近，且前者不得小于后者。

4) 应选择起动变矩系数 k_0 与工况转速比 i_0 之积较大的变矩器。

5) 选择起动变矩系数 k_0 时，应视汽车传动系低档总传动比 i_{gl}（包括分动器、变速器、驱动桥、轮边减速装置等的低档传动比）的大小而定：

① i_{gl} 值大者，k_0 值可小；i_{gl} 值小者，k_0 值应大。

② 变速器档位数多者，k_0 值可小；档位数少者，k_0 值应大。

6) 变矩器与发动机的共同工作区间不应太小，即泵轮的开锁转速最好小于发动机的最大转矩转速 n_T，泵轮的闭锁转速最好大于发动机的最大功率转速 n_P。

5. 计算示例

本计算示例的条件是：选取 ZF WSK440 型液力变矩器与 KHD BF 8M 101SCP V8 型涡轮增压型柴油机进行匹配并装于某重型半挂运载车上。

下面介绍车辆及相关总成部件的主要参数。

(1) 运载车

① 主车整备质量：19t。

② 挂车整备质量：19t。

③ 鞍座承载质量：22t。

④ 挂车装载质量：60t。

⑤ 主车低档总传动比：174。

(2) 发动机

型号：BF 8M1015CP 柴油机。

1) 主要参数

① 最大功率 $P_m = 446$kW。

② 最大功率转速 $n_P = 1900$r/min。

③ 最大转矩 $T_m = 2733$N·m。

④ 最大转矩转速 $n_T = 1300$r/min。

⑤ 转速因子 $e_r = 1.4615$。

⑥ 功率因子 $e_P = 0.8342$。

⑦ 转矩因子 $e_t = 1.2192$。

2) 动力外特性

各转速点的功率和转矩如下

① 各转速点的总功率 $P(n)$

$$P(n) = P_\mathrm{m} \sum_{i=1}^{k} C_i \left(\frac{n}{n_\mathrm{P}}\right)^i$$

② 各转速点的总转矩 $T(n)$（单位为 N·m）

$$T(n) = 9549.3 \frac{p_\mathrm{m}}{n_\mathrm{P}} \sum_{i=1}^{k} C_i \left(\frac{n}{n_\mathrm{P}}\right)^{i-1}$$

由于转矩因子 $e_\mathrm{t} > 1.2$，故取 $k=4$，其方程系数为

$$C_1 = \frac{(e_\mathrm{r}-3)e_\mathrm{r}^3 e_\mathrm{p} + 4e_\mathrm{r} - 2}{(e_\mathrm{r}-1)^3} = -1.6328$$

$$C_2 = \frac{6e_\mathrm{r}^3 e_\mathrm{p} - 8e_\mathrm{r}^2 + e_\mathrm{r} + 1}{(e_\mathrm{r}-1)^3} = 10.1592$$

$$C_3 = 4 - 3c_1 - 2c_2 = -11.42$$

$$C_4 = 1 - c_1 - c_2 - c_3 = 3.8936$$

$P(n)$ 值和 $T(n)$ 值的计算结果见表 6-23，其动力外特性曲线示于图 2-31 之中。

使用功率必须是净功率，因此还应从总功率（总转矩）中扣除附件损失功率。附件包括发动机附件和汽车附件两种。所选发动机的附件有空滤器、消声器、风扇、油泵、发电机、增压器等。汽车附件有：空气压缩机、转向泵、变矩器补油泵等。

当把附件损失功率（转矩）从总功率（总转矩）中扣除后的净功率（净转矩）为

③ 各转速点的净功率 $P'(n)$（单位为 kW）：

$$P'(n) = P_\mathrm{m} \sum_{i=1}^{k} \gamma_i \left(\frac{n}{n_\mathrm{P}}\right)^2$$

④ 各转速点的净转矩 $T'(n)$（单位为 N·m）：

$$T'(n) = 9549.3 \frac{p_\mathrm{m}}{n_\mathrm{P}} \sum_{i=1}^{k} \gamma_i \left(\frac{n}{n_\mathrm{P}}\right)^{i-1}$$

两式中的系数为 $\gamma_1 = C_1$，$\gamma_2 = C_2 - x_\mathrm{p}$，$\gamma_3 = C_3$，$\gamma_4 = C_4$。根据本发动机和运载车的附件情况，决定取最大功率点的附件损失系数 $x_\mathrm{p} = 0.2$，于是：$\gamma_2 = C_2 - x_\mathrm{p} = 10.1592 - 0.2 = 9.9592$。

$P(n)$ 和 $T(n)$ 的计算值见表 6-23，其特性曲线如图 6-14 所示。

表 6-23　BF 8M1015CP 型柴油机的动力外特性

转速 n/(r/min)	功率/kW			转矩/N·m		
	总功率 $P(n)$		净功率计算值 $P'(n)$	总转矩 $T(n)$		净转矩计算值 $T'(n)$
	测试值	计算值		测试值	计算值	
1100	290.9	303.8	273.9	2525	2638	2378
1200	331.1	340.6	305.0	2635	2710	2427
1300	372.1	372.0	330.3	2733	2733	2426
1400	395.8	397.7	349.3	2700	2713	2383
1500	415.0	417.5	361.9	2642	2658	2304
1600	428.4	431.6	368.3	2557	2576	2198
1700	436.4	440.4	369.0	2464	2474	2073
1800	444.0	444.8	364.8	2356	2360	1935
1900	446.0	446.0	356.9	2242	2242	1743
2000	444.0	445.4	346.5	2120	2127	1655
2100	439.8	444.7	335.8	2000	2022	1527

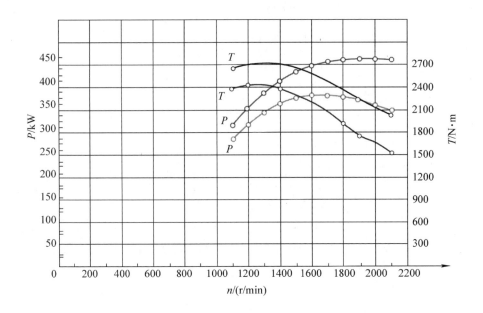

图 6-14　BF 8M1015CP 型柴油机的动力外特性

（3）液力变矩器

1）选型根据。选用型号为 ZF WSK 440 三元件单级组合型。所以选此变矩器，一是有限的变矩器的货源状况，二是运载车和发动机的主要参数情况，特别是该变矩器的最大输入转矩 $T_{Pm}=2700\text{N}\cdot\text{m}$ 与发动机的最大转矩 $T_m=2773\text{N}\cdot\text{m}$ 接近；最大输入转速 $n'_P=2200\text{r/min}$ 与发动机的最大功率转速 $n_P=1900\text{r/min}$ 接近，且 $n'_P>n_P$。注意：此匹配不见得那么合理，此计算着眼于掌握计算方法。

2）主要参数。

① 工作直径：$D=0.44\text{m}$。

② 最大输入转矩：$T_{Pm}=2700\text{N}\cdot\text{m}$。

③ 最大输入转速：$n_{Pm}=2200\text{r/min}$。

④ 起动变矩系数（最大变矩系数）：$k_0=T_T/T_P=1.587$（$i=0$）。

⑤ 工况转速比：$i_0=n'_T/n'_P=0.82$（$k=1$）。

⑥ 开锁转速：$n'_T<950\text{r/min}$，$n'_P<1550\text{r/min}$。

⑦ 闭锁转速：$n'_T>1267\text{r/min}$，$n'_P>1670\text{r/min}$。

⑧ 接通转速：$n'_T=950\sim1100\text{r/min}$ 时，可用跳合开关接通变矩器。

⑨ 工作区间：$n'_T=950\sim1520\text{r/min}$，$n'_P=1250\sim1997\text{r/min}$。

⑩ 工作液型号：20W/20（SAE）。

3）无因次特性。ZF WSK 440 型变矩器在不同变传动比 i 下的效率 $\eta=f(i)$。变矩系数 $k=f(i)$ 以及工作介质的密度 ρ 与泵轮转矩系数 λ_P 的乘积 $\lambda=10^2\rho g\lambda_P=f(i)$ 等值见表 6-24。无因次特性曲线如图 6-15 所示。

表 6-24　ZF WSK 440 型变矩器的无因次特性

i	$\lambda = \rho g \lambda_P \times 10^2$	η（%）	k
0.00	5.60	0.000	1.587
0.10	5.80	0.158	1.580
0.20	6.00	0.314	1.571
0.30	6.05	0.456	1.520
0.40	6.03	0.584	1.460
0.50	5.70	0.690	1.380
0.60	5.45	0.765	1.275
0.70	5.20	0.812	1.160
0.75	4.30	0.810	1.080
0.82	3.50	0.820	1.000
0.90	2.20	0.900	1.000
0.95	1.10	0.950	1.000

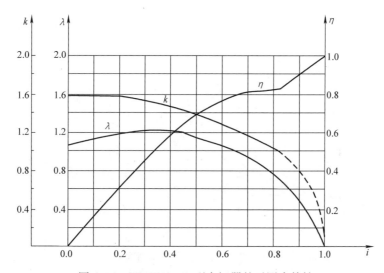

图 6-15　ZF WSK 440 型变矩器的无因次特性

4）输入特性。利用下式计算不同转速比 i 下的不同泵轮转速 n'_P 所对应的泵轮转矩 T_P：计算结果见表 6-25，其相应的特性曲线如图 6-16 所示。

表 6-25　ZF WSK 440 型变矩器的输入特性

i	$\lambda \times 10^2$	泵轮输入转速 $n'_P/(\text{r/min})$											
		200	400	600	800	1000	1200	1300	1400	1600	1800	1900	2000	2100
0.00	5.60	37	148	333	592	924	1330	1561	1810	2364	2992	3334	3694	4073
0.10	5.80	38	153	334	612	957	1377	1617	1875	2449	3099	3453	3826	4218
0.20	6.00	40	158	356	633	990	1425	1672	1939	2533	3206	3572	3958	4364

(续)

i	$\lambda \times 10^2$	泵轮输入转速 n'_p/ (r/min)											
		200	400	600	800	1000	1200	1300	1400	1600	1800	1900	2000	2100
0.30	6.05	40	160	359	639	998	1437	1686	1956	2554	3233	3602	3991	4400
0.40	6.03	38	159	358	636	994	1432	1681	1949	2546	3222	3590	3978	4386
0.50	5.70	38	150	338	602	940	1354	1589	1842	2407	3046	3394	3760	4146
0.60	5.45	36	144	324	575	899	1294	1519	1762	2301	2912	3245	3595	3964
0.70	5.20	34	137	309	549	858	1235	1449	1681	2195	2779	3096	3430	3782
0.75	4.30	28	113	255	454	709	1021	1198	1390	1815	2298	2560	2837	3127
0.82	3.50	23	92	208	369	577	831	976	1131	1478	1870	2084	2309	2545
0.90	2.20	15	58	131	232	363	522	613	711	929	1176	1310	1451	1600
0.95	1.10	7	29	65	116	181	261	307	356	464	588	655	726	800

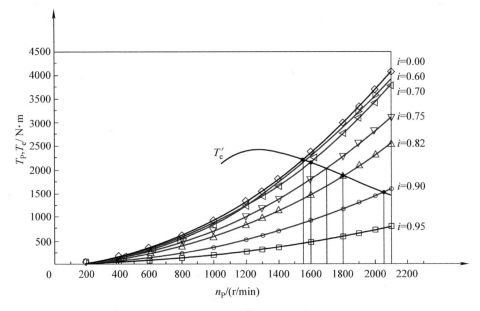

图 6-16 变矩器和发动机的等矩转速

5）等矩转速。为求出发动机输入泵轮的转矩与涡轮输出转矩之间的关系，必先求出发动机与变矩器的等矩转速族。

通过输入特性一节的计算，已将不同转速比和不同转速下的输入泵轮的转矩列入表 6-25，并将其曲线绘制于图 6-16。

将表 6-23 中的发动机的净转矩也绘于图 6-16 之中，就得出了泵输转矩和发动机净转矩两种曲线的一组交点，进而得到了一组等矩转速。由于低转速比泵轮转矩曲线间的密度过大，加之作图误差，故等矩转速值是很难保证精度的，下面采用公式法求取等矩转速。

由于发动机的转矩因子 $e_t > 1.2$，故用式（6-80）进行计算。

① 计算方程系数 A_i：

$$A_1 = 9549.3 \frac{P_m}{n_p} C_1 = 9549.3 \times 446 \times (-1.6328) / 1900 = -3660$$

$$A_2 = 9549.3 \frac{P_m}{n_P^2}(C_2 - x_p) = 9549.3 \times 446 \times (10.1592 - 0.2)/1900^2 = 11.74962$$

$$A_3 = 9549.3 \frac{P_m}{n_P^3}C_3 - g\rho\lambda_p D^5 = 9549.3 \times 446 \times (-11.42)/1900^3 - 0.44^5\lambda$$
$$= -0.0070911 - 0.44^5\lambda$$

$$A_4 = 9549.3 \frac{P_m}{n_P^4}C_4 = 9549.3 \times 446 \times 3.8936/1900^4 = 0.000001272$$

各系数的计算结果见表 6-26。

② 计算等矩转速

采用迭代法利用下式计算等距转速 n_P'：

$$A_1 + A_2 n_P' + A_3 n_P'^2 + A_4 n_P'^3 = \Delta$$

n_P' 值的计算结果见表 6-26。

等矩转速 n_P' 确定之后，便可利用下式计算相应的泵轮输入转矩了。

$$T_P = \lambda n_P'^2 D^5 = 0.44^5 \lambda n_P'^2$$

计算结果见表 6-26。

表 6-26 等转速及泵轮输入转矩

i	A_1	A_2	A_3	A_4	n_P'/(r/min)	T_P/N·m
0.00	-3660	11.7496	-0.008015	1272×10^{-9}	1559	2245
0.10	—	—	-0.008048	—	1539	2266
0.20	—	—	-0.008081	—	1519	2283
0.30	—	—	-0.008089	—	1515	2290
0.40	—	—	-0.008086	—	1516	2286
0.50	—	—	-0.008031	—	1548	2253
0.60	—	—	-0.007990	—	1574	2227
0.70	—	—	-0.007949	—	1600	2195
0.75	—	—	-0.007800	—	1706	2064
0.82	—	—	-0.007668	—	1818	1908
0.90	—	—	-0.007454	—	2072	1558
0.95	—	—	-0.007273	—	2649	1273

6）输出特性

① 计算涡轮输出转速 n_T'

$$n_T' = i n_P'$$

② 计算涡轮输出转矩 T_T

$$T_T = K T_P$$

③ 计算涡轮输出功率 P_T

$$P_T = \frac{T_T n_T'}{9549.3}$$

上列计算结果见表 6-27。

表 6-27 变矩器与发动机的联合工作特性

变速比 i	变矩系数 k	泵轮输入转速 $n'_P/(r/min)$	泵轮输入转矩 $T_P/N·m$	涡轮输出转速 $n'_T/(r/min)$	涡轮输出转矩 $T_T/N·m$	涡轮输出功率 P_T/kW
0.00	1.587	1559	2245	0	3563	0
0.10	1.580	1539	2266	154	3580	57.7
0.20	1.571	1519	2283	304	3587	114.2
0.30	1.520	1515	2290	455	3481	165.9
0.40	1.460	1516	2286	606	3388	211.8
0.50	1.380	1548	2253	774	3109	252.0
0.60	1.275	1574	2227	944	2839	280.7
0.70	1.160	1600	2195	1120	2547	298.7
0.75	1.080	1706	2064	1280	2229	298.8
0.82	1.000	1818	1908	1491	1908	297.9
0.90	1.000	2072	1558	1865	1558	304.3
0.95	1.000	(2649)				

第 7 章 轮胎气压的选定

汽车轮胎在汽车总成部件中占有极其重要的地位,它是汽车与地面发生关系的唯一部件。汽车轮胎的充气压力在汽车悬架设计中也有其不可忽视的地位。

汽车轮胎的气压影响着轮胎的接地压力、附着状况、滚动阻力、动力指标、径向刚度、侧向刚度、能量吸收、振动频率、燃油消耗、车身状态和功率循环等。总之,它和汽车的机动性、舒适性、操稳性、动力性、制动性、经济性、可靠性和安全性等各大性能有着密切的关系。因此,选择一个合适的轮胎,特别是选定一个合适的充气压力就显得十分重要了。

然而,当前轮胎使用气压的选取却存在很大的随意性。诸如:在同种汽车、同种轮胎、同样使用条件和负荷相近的情况下,选取的轮胎气压却相差甚远;二轴汽车的前后轴,一般负荷相差较大,而使用气压却取为一致;在全驱动的二轴汽车中,虽然在前后轴轮胎气压已有所区别,但却没有保证前后轴轮胎的变形相等,从而造成了不必要的功率循环;三轴以上的多轴汽车,在轴负荷相差甚大的情况下,各轴气压依然取为一致等。

为解决上述问题,本书在具体说明轮胎气压重要性的基础上,提出了一套选取轮胎气压的实用方法。

7.1 轮胎气压的重要地位

本书选列了轮胎变形 f_t、接地压力 p_m、锥度指数 VCI 和侧偏刚度 k_s 四个重要参数的计算公式,以具体说明轮胎充气压力的重要地位。

7.1.1 轮胎变形公式

下面是本书给出的一个轮胎径向变形 f_t(单位为 cm)的表达式:

$$f_t = [1 - \sqrt{1 - (\alpha\beta)^2}] R_0 \tag{7-1}$$

式中 α——参数因子,$\alpha = \dfrac{Q}{SR_0 p_w}$;

β——刚性因子,$\beta = ae^{b\alpha}$;

Q——轮胎负荷,N;

S——轮胎断面宽度,cm;

R_0——车轮半径,cm;

p_w——轮胎气压,kPa;

a、b——系数,对于客车、货车及越野车,$a = 22.54$,$b = -21.54$。

由式(7-1)可知,式中参数因子就含有轮胎气压 p_w。须知,轮胎气压和变形与诸多性能有关,如下所述。

1)轮胎气压和变形影响悬架频率。轮胎气压 p_w 影响轮胎的变形 f_t,而轮胎变形 f_t 影响

轮胎刚度 C_t。假如 Q_s 为悬架载荷，那么 $C_t = Q/f_t$。轮胎的刚度 C_t 又影响悬架刚度 C，假如 C_s 为悬架弹簧刚度，那么 $C = C_s C_t / (C_s + C_t)$。悬架刚度进而决定着悬架变形 f，即 $f = Q_s/C$。悬架变形 f 最终决定悬架的频率 N。如果 f 的单位为 cm，频率 N 的单位为次/min，那么 $N = 300/\sqrt{f}$。这就是说，轮胎气压影响乘员的舒适性以及货物的完整性和安全性。

2) 轮胎的气压和变形影响动力性。轮胎的气压低、变形就越大，行驶阻力就越大，行驶速度就会降低。特别在泥、沙地带，胎压低，变形大，下陷量就大，推动车辆前进的功率就需很大。

3) 轮胎的气压和变形影响经济性。轮胎气压低、变形大，行驶阻力就增加，单位行驶里程的油耗就增加。

4) 轮胎气压和变形影响转向性能。气压低、变形大，转向就沉重；反之气压高、变形小，转向就漂浮，轮胎打滑，抓地性差，甚至失去附着。

5) 轮胎的气压和变形决定轮胎的磨损和使用寿命。

6) 轮胎的气压和变形影响功率循环。在全轮驱动的汽车上，由于气压的选择不当，造成不同车轴轮胎的变形不一致，致使车轮的线速度不一致，这就造成了功率循环，造成了功率损失和加速轮胎和相关零部件的磨损。

7.1.2 轮胎接地压力公式

轮胎最大接地压力 p_m 是汽车通过性和机动性的重要参数，它是轮胎气压 p_w 和变形 f_t 的函数。因此轮胎气压和变形影响着汽车的机动性能，对越野汽车和多轴汽车的影响更大。下面是本书给出的一种公路接地压力 p_m（kPa）的表达式：

$$p_m = \frac{KQ}{S\sqrt{2R_0 f_t - f_t^2}} \tag{7-2}$$

式中 K——接地系数，$K = 12.5 \sim 16.7$，轻、中型车取值应偏小，重型和超重型车取值应偏大。

7.1.3 单次通过圆锥指数公式

下面是 D. Rowland 提出，并曾由英军所采用的车辆单次通过圆锥指数 VCI_1 的计算公式：

$$VCI_1 = 25.2 + 0.477 p_m \tag{7-3}$$

VCI_1 是车辆一次通过某种土壤时所需的最小土壤强度，它是评价车辆机动性的重要指标。由式（7-3）可知，它和轮胎最大接地压力 p_m 成直线关系，而 p_m 又是和轮胎气压 p_w 相关的，因此轮胎气压就和车辆的机动性紧密相关。

7.1.4 轮胎的侧偏刚度公式

轮胎的侧偏刚度 K_s [N/(°)] 由下式表示：

$$K_s = \xi S^2 p_w [f_t/R_0 - \lambda (f_t/R_0)^2] \tag{7-4}$$

式中 ξ——胎种系数，斜交胎 $\xi = 0.09$，正交胎 $\xi = 0.07$。

当 $f_t/R_0 \leq 0.716$ 时，$K_s = \xi S^2 p_w [f_t/R_0 - 0.375(f_t/R_0)^2]$；

当 $f_t/R_0 > 0.176$ 时，$K_s = \xi S^2 p_w [1/9 - 0.287(f_t/R_0)]$。

汽车轮胎的侧偏角 δ 是影响汽车稳态转向特性的重要因素，而在已知侧向力 F_y 的情况下，侧偏角 δ 可由下式求得：$\delta = F_y/K_s$。由式（7-4）可知，侧偏刚度 K_s 是轮胎气压 p_w 的函数，故 p_w 影响着汽车的操纵稳定性能。

7.2 轮胎气压的选取

选取轮胎气压是一个十分复杂的工作,至今尚未有严谨的可循之规。本书提出的以下选取方法和步骤,仅供设计人员和用户参考。

7.2.1 依照主参数统计式选取

使用气压的选取,虽然目前缺乏规范,存在一定的随意性,但绝大多数车型选定使用气压的实践是值得尊重的。所以,本书的所谓参照主参数统计式选取,就是把同类车辆、同类轮胎和同样使用条件下的现有车型的公路使用气压 p_w 作为因变量,把相应的主参数系数 M_e 作为自变量,在大量车型数据统计的基础上,归纳成一个统计方程,然后利用这个方程选定新车型公路使用气压。

主参数系数 M_e(N/cm^2)的计算公式为

$$M_e = Q/SR_0 \tag{7-5}$$

式中　Q——单轮负荷,N;

　　　S——轮胎断面宽度,cm;

　　　R_0——轮胎半径,cm。

车辆类别可分轿车、客车、货车和越野车等,本书仅对我国的轻、中、重和超重型四个等级的数十个越野车型进行了统计,归纳成的方程见式(7-6),其统计曲线如图7-1所示。

$$p_w = \sum_{i=0}^{3} a_i M_e^i \tag{7-6}$$

式中　a_i——方程系数,$a_0 = 83$;$a_1 = 29.7$;$a_2 = -0.139$;$a_3 = 0.0084$。

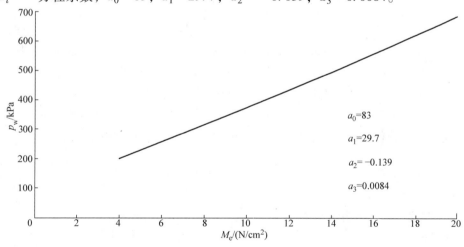

图 7-1　我国部分越野汽车的 p_w 和 M_e 的关系曲线

由式(7-6)计算的气压值也可根据实际情况进行适当的调整,但最大调整值如无特殊情况不得超过10%。

7.2.2 防止功率循环

对于全轮驱动汽车,往往由于轮胎气压选择不当,致使各车轴轮胎变形不等,车轮滚动半径和行驶路径不等,这就造成了功率循环和功率损失,加速了轮胎和相关零部件的磨损。

为避免或减轻这一现象,应按如下措施选取轮胎气压。

1. 二轴全轮驱动汽车

二轴汽车,无论是货车、乘用车,还是特种车,前、后轴的负荷都差别很大。同一种轮胎,负荷不同,就需要选取不同的气压来保证轮胎的变形基本一致。

对于 4×2 的汽车来说,前后轮胎的变形是允许有一定差值的,然而对于 4×4 的全轮驱动汽车来说则是绝对不允许的,必须按下述方法选定轮胎气压。

首先可用式(7-6)选定二轴中任一轴的气压,然后利用式(7-1)计算该轮胎的变形 f_t,最后利用下式计算另一车轴的轮胎气压 p_w(kPa):

$$\ln(A/p_w) - (B/p_w) = 0 \tag{7-7}$$

$$A = \frac{aQ}{SR_0 \sqrt{1-(1-f_t/R_0)^2}}$$

$$B = -\frac{bQ}{SR_0}$$

式中 Q——另一车轴的单轮负荷,N;

S——轮胎断面宽,cm;

R_0——轮胎半径,cm;

f_t——已定胎压车轴轮胎的变形,cm;

a、b——系数,$a=22.54$,$b=-21.54$。

式(7-7)是一个隐函数,在算出 A、B 数值后,可进行迭代处理。由该式确定的轮胎气压 p_w,再代入式(7-1)计算的轮胎变形,一定等于 f_t。

2. 三轴以上的全轮驱动汽车

对于二轴全轮驱动汽车,可通过调整前、后轴轮胎的气压来避免功率循环,然而对于三轴以上的多轴汽车则是十分麻烦的。例如一辆8轴汽车就有8种气压,那是不可想象的!

对此,可在汽车设计环节,通过对各轴等轴负荷分配来解决这个问题。因为同样的轮胎、同样的负荷,加上同样的气压,就可获得同样的轮胎变形。

多轴汽车各轴等负荷分配,是可以通过车体绕簧外瞬心振动的假设建模来实现的。

要实现各轴等轴负荷分配,各轴悬架的刚度 C_i(N/cm)必须按下式取值:

$$C_i = \frac{Gl}{n[f_1 l + (f-f_1)l_1]} \tag{7-8}$$

式中 G——车辆总负荷,N;

l——整车质心面至第1轴的距离,cm;

n——车轴数;

f_1——第1轴悬架的静挠度,cm;

f——整车质心面的静挠度,cm;

l_1——各轴至第1轴的距离,cm。

f_1 和 f 是设计时,对第1轴和质心面处的频率 N_1 和 N 的要求来决定的。

$$f = (300/N)^2 \tag{7-9}$$

$$f_1 = (300/N_1)^2 \tag{7-10}$$

注意:若 $N_1 > N$,则 $f_1 < f$,此时外心在左侧,反之在右侧。

各轴轴距 l_i 的确定必须满足式（7-11）的要求，否则不能实现各轴等负荷分配。

$$nl - \sum_{i=1}^{n} l_i = 0 \tag{7-11}$$

有了式（7-8）的刚度值，就可以利用式（7-12）计算均布轴荷 G_i 了：

$$G_i = \left[f_1 - \frac{(f-f_1)l_i}{l} \right] C_i \tag{7-12}$$

这个轴荷定能满足 $G_i = G/n$。若设 n_g 为轮胎总数，那么车轮负荷 $Q_i = G/n_g$。有了 Q_i，若再选定了轮胎，主参数系数 M_e 就确定了。至此，就可用统计方程式（7-6）计算选定公路行驶气压 p_w 了。

7.2.3 服从额定气压限制

在轮胎已经选定的情况下，轮胎的额定气压 p_{we} 就已确定。此时，选定公路使用气压 p_w，必须参考 p_{we} 值。假设 $p_w = \lambda p_{we}$，若把 λ 值叫作额定气压系数，那么有

$$\lambda = p_w / p_{we} \tag{7-13}$$

λ 值一般应在 0.55～0.95 之间取值，但不允许超过 0.5～1.0 的范围。若 λ 值过大，则不安全，影响使用寿命；若 λ 值过小，则不经济，浪费资源，不能充分发挥材料的潜能。

7.2.4 远离公路临界气压

公路临界气压 p_{wc}，是选取使用气压 p_w 时应当避开的气压。如果 p_w 接近或低于 p_{wc} 值，轮胎的寿命就会降低，行驶阻力和油耗就会增加。

公路临界气压 p_{wc} 是式（7-1）在 $(\alpha\beta)$ 获得极大值时的轮胎气压，其计算公式如下：

对于小轿车： $$p_{wc} = 14.8/(SR_0/Q - 1/40) \tag{7-14}$$

对于客货车和越野车： $$p_{wc} = -bQ/SR_0 \tag{7-15}$$

式中 b——系数，$b = -21.54$。

我国现有轻、中型越野车的公路使用气压，平均约为公路临界气压的 1.75 倍。轻型车偏高甚至可达 2 以上，中型车偏低，也可能低于 1.5。

我国现有重型超重型越野车的公路使用气压，平均约为公路临界气压的 1.43 倍。

7.2.5 满足接地压力要求

所谓满足接地压力的要求，就是所选各轴轮胎的使用气压 p_{wi}，必须满足平均最大接地压力 p_m 的战术要求。即利用式（7-16）计算的各轴轮胎最大接地压力值 p_{mi} 的均值 p_m，必须小于或等于战术要求值 p_{mr}（kPa），即

$$p_{mr} \geq p_m = \frac{1}{n} \sum_{i=1}^{n} \left(\frac{KQ_i}{S\sqrt{2R_0 f_i - f_i^2}} \right) \tag{7-16}$$

式中 n——车轴数；

Q_i——各轴单个轮胎负荷，N；

f_i——各轴轮胎的变形，cm；

K——接地系数，$K = 12.5 \sim 16.7$，轻型车取值应偏小，重型车取值应偏大。

7.2.6 按使用条件调压

为适应不同地面行驶，需要对越野汽车轮胎的行驶气压进行调整和控制。装有轮胎中央充放气系统（CTI/DS）的车辆，可对胎压进行全程调控。未装该系统的车辆，则需按照设

计要求进行人为调控。

调控一般是在公路行驶气压 p_w 的基础上,按越野、松软和泥沙等路面选择不同的气压值:

① 越野行驶: $p_{越} = 70\% p_w$。
② 松软地面: $p_{松} = 50\% p_w$。
③ 泥沙地面: $p_{泥} = 30\% p_w$。

同时,还建议泥沙地面的气压值,一般不要低于 100kPa。

7.2.7 参考公路经济气压

轮胎公路经济气压 p_{wg},也称为载荷优化时的气压,它可由下式计算:

$$p_{wg} = 31.64K\left(\frac{Q}{h^{1.602}d^{0.7515}}\right)^{1.71} \tag{7-17}$$

式中 Q——轮胎负荷,N;
h——轮胎断面高度,cm;
d——轮辋直径,cm;
K——速度和车种系数。

对于轻型二轴汽车,随着车速由高至低,前轴的 k 值可从 1.10 升至 1.40,后轴的 K 值,可从 1.0 降至 0.6。三轴以上的重型多轴汽车,由于机动性的需要,故 K 值仅可在 0.6~0.5 之间选取,极端情况还可降到 0.5 以下。

7.3 计算示例

【计算示例1】:选定某 4×4 轻型越野汽车的公路使用气压。有关参数如下:

前轴单轮负荷: $Q_1 = 5198$N,后轴单轮负荷: $Q_2 = 7796$N。轮胎规格:265/75R16,断面宽 $S = 26.5$cm,车轮半径 $R_0 = 40.2$cm,轮辋直径 $d = 40.64$cm,断面高 $h = 19.9$cm。速度 S 级,允达车速为 160km/h,载荷指数 $L_i = 112$,额定气压 $p_{we} = 350$kPa;战术技术要求:汽车最高车速 $v_m \geq 110$km/h,平均最大接地压力 $p_m \leq 300$kPa。

具体计算:

1. 计算公路行驶气压 p_w

1) 利用式(7-5)计算主参数系数 M_e

前轮:

$$M_{e1} = \frac{Q}{SR_0} = \frac{5198}{26.5 \times 40.2} \text{N/cm}^2 = 4.88 \text{N/cm}^2$$

后轮:

$$M_{e2} = \frac{Q_2}{SR_0} = \frac{7796}{26.5 \times 40.2} \text{N/cm}^2 = 7.32 \text{N/cm}^2$$

2) 利用式(7-6)计算公路行驶气压 p_w

前轮:

$$p_{w1} = 83 + 29.7 \times 4.88 - 0.139 \times 4.88^2 + 0.0084 \times 4.88^3 \text{kPa} = 225.6 \text{kPa}$$

后轮:

$$p_{w2} = 83 + 29.7 \times 7.32 - 0.139 \times 7.32^2 + 0.0084 \times 7.32^3 \text{kPa} = 296.3 \text{kPa}$$

2. 计算无功率循环的后轮气压 p_{w2}

1) 假定选定前轮气压 $p_{w1} = 226\text{kPa}$。

2) 利用式（7-1）计算前轮变形 f_{t1}：

参数因子：
$$\alpha = \frac{Q_1}{SR_0 p_{w1}} = \frac{5198}{26.5 \times 40.2 \times 226} = 0.0216$$

刚性因子：
$$\beta = ae^{b\alpha} = 22.54/e^{21.54 \times 0.0216} = 14.1544$$

轮胎变形：
$$f_{t1} = [1 - \sqrt{1 - (0.0216 \times 14.1544)^2}] \times 40.2\text{cm} = 1.93\text{cm}$$

3) 利用式（7-7）计算后轮气压 p_{w2}。

系数 A：
$$A = \frac{aQ_2}{SR_0\sqrt{1-(1-f_{t1}/R_0)^2}} = \frac{22.54 \times 7796}{26.5 \times 40.2 \sqrt{1-(1-1.93/40.2)^2}} = 538.83$$

系数 B：
$$B = -\frac{bQ_2}{SR_0} = \frac{21.54 \times 7796}{26.5 \times 40.2} = 157.63$$

对式 $\ln(A/p_{w2}) - (B/p_{w2}) = 0$ 进行迭代处理，可得：
$$p_{w2} = 337.5\text{kPa}$$

故可取 $p_{w2} = 338\text{kPa}$。

4) 计算后轮变形 f_{t2}。将后轮选定气压 $p_{w2} = 338\text{kPa}$ 代入式（7-1）计算后轮变形 f_{t2}：

① 参数因子：
$$\alpha = \frac{Q_2}{SR_0 p_{w2}} = \frac{7796}{26.5 \times 40.2 \times 338} = 0.02165$$

② 刚性因子：
$$\beta = ae^{b\alpha} = 22.54/e^{21.54 \times 0.02165} = 14.1392$$

③ 后轮变形：
$$f_{t2} = [1 - \sqrt{1 - (0.02165 \times 14.1392)^2}] \times 40.2\text{cm} = 1.93\text{cm}$$

注意：$f_{t1} = f_{t2}$。

3. 计算额定气压系数

用式（7-13）计算额定气压系数 λ：

① 前轮：
$$\lambda_1 = \frac{p_{w1}}{p_{we}} = \frac{226}{350} = 0.65$$

② 后轮：
$$\lambda_2 = \frac{p_{w2}}{p_{we}} = \frac{338}{350} = 0.97$$

两系数均在允许的范围之内。

4. 计算临界气压 p_{wc}

用式（7-15）计算前后轮临界气压 p_{wc}。

① 前轮公路临界气压：

$$p_{wc1} = -\frac{bQ_1}{SR_0} = \frac{21.54 \times 5198}{26.5 \times 40.2} \text{kPa} = 105 \text{kPa}$$

② 后轮公路临界气压：

$$p_{wc2} = -\frac{bQ_2}{SR_0} = \frac{21.54 \times 7796}{26.5 \times 40.2} \text{kPa} = 158 \text{kPa}$$

使用气压与临界气压之比约为 2.15 倍，这对于轻型越野车来说，已经远离了。

5. 计算平均接地压力 p_m

用式（7-16）计算平均接地压力 p_m。

① 前轮接地压力：

$$p_{m1} = \frac{KQ_1}{S\sqrt{2R_0 f_{t1} - f_{t1}^2}} = \frac{14 \times 5198}{26.5\sqrt{2 \times 40.2 \times 1.93 - 1.93^2}} \text{kPa} = 223 \text{kPa}$$

② 后轮接地压力：

$$p_{m2} = \frac{KQ_2}{S\sqrt{2R_0 f_{t2} - f_{t2}^2}} = \frac{14 \times 7796}{26.5\sqrt{2 \times 40.2 \times 1.93 - 1.93^2}} \text{kPa} = 334.7 \text{kPa}$$

③ 平均接地压力：

$$p_m = \frac{p_{m1} + p_{m2}}{2} = \frac{223 + 334.7}{2} \text{kPa} = 278.9 \text{kPa} < 300 \text{kPa}$$

6. 计算公路经济气压 p_{wg}

用式（7-17）计算经济气压 p_{wg}，取 $k_1 = 1.3$，$k_2 = 1.0$。

① 前轮：

$$p_{wg} = 31.64 \times 1.3 \left(\frac{5198}{19.9^{1.602} \times 40.64^{0.7515}}\right)^{1.71} \text{kPa} = 220 \text{kPa}$$

② 后轮：

$$p_{wg} = 31.64 \times 1.0 \times \left(\frac{7796}{19.9^{1.602} \times 40.64^{0.7515}}\right)^{1.71} \text{kPa} = 338 \text{kPa}$$

计算结果，与选取气压 $p_{w1} = 226 \text{kPa}$、$p_{w2} = 338 \text{kPa}$ 还是相当接近的。

【计算示例2】：某 8 轴全驱汽车（$n = 8$，16×16），整车总负荷 $G = 1196000 \text{N}$，轮胎规格为 $1600 \times 600 - 685$，各轴至第一轴的距离分别为：$l_1 = 0 \text{cm}$，$l_2 = 205 \text{cm}$，$l_3 = 430 \text{cm}$，$l_4 = 635 \text{cm}$，$l_5 = 840 \text{cm}$，$l_6 = 1065 \text{cm}$，$l_7 = 1270 \text{cm}$，$l_8 = 1475 \text{cm}$。设计要求：质心面处的频率 $N = 90$ 次/min，第一轴的频率 $N = 95$ 次/min，求各轴等负荷时的悬架刚度 C_i、负荷 G_i，并选取轮胎的公路行驶气压 p_{wi}。

具体计算：

1. 检验力矩是否平衡

由式（7-11）可得

$$nl - \sum l_i = 8 \times 740 - (0 + 205 + 430 + 635 + 840 + 1065 + 1270 + 1475) = 0$$

力矩已达平衡，轴距不需调整就可实现均布轴荷。

2. 计算质心面处的静挠度

由式 (7-9) 可得

$$f = (300/N)^2 = (300/90)^2 \text{cm} = 11.111 \text{cm}$$

3. 计算第 1 轴处的静挠度

由式(7-10)可得

$$f_1 = (300/N_1)^2 = (300/95)^2 \text{cm} = 9.972 \text{cm}$$

4. 计算各轴悬架的刚度 C_i

由式(7-8)可得

$$C_i = \frac{Gl}{n[f_1 l + (f-f_1)l_i]} = \frac{885040000}{59034.24 + 9.112 l_i}$$

计算结果如下：

$C_1 = 14989.7 \text{N/cm}$，$C_2 = 14532.2 \text{N/cm}$，$C_3 = 14058.9 \text{N/cm}$，$C_4 = 13653.7 \text{N/cm}$，$C_5 = 13271.3 \text{N/cm}$，$C_6 = 12875.5 \text{N/cm}$，$C_7 = 12534.8 \text{N/cm}$，$C_8 = 12211.8 \text{N/cm}$。

5. 计算各轴轴荷 G_i

由式 (7-12) 可得

$$G_i = \left[f_1 - \frac{(f-f_1)l_i}{l}\right]C_i = \left(9.972 + \frac{1.139}{740}l_i\right)C_i$$

计算结果如下：

$G_1 = 149500 \text{N}$，$G_2 = 149500.5 \text{N}$，$G_3 = 149500.3 \text{N}$，$G_4 = 149499.6 \text{N}$，$G_5 = 149500.1 \text{N}$，$G_6 = 149500.5 \text{N}$，$G_7 = 149500.7 \text{N}$，$G_8 = 149500.6 \text{N}$。

计算结果和 $G/n = 1196000/8 = 149500 \text{N}$ 基本一致。这就是说，按照选取的刚度 C_i 设计，已经实现了各轴等负荷分配。

6. 计算主参数系数 M_{ei}

由式 (7-5) 可得：

$$M_{ei} = \frac{Q_i}{SR_0} = \frac{74750}{60 \times 80} = 15.573$$

7. 计算公路行驶气压 p_{wi}

由式 (7-6) 可得：

$$p_{wi} = 83 + 29.7 \times 15.573 - 0.139 \times 15.573^2 + 0.0084 \times 15.573^3 \text{kPa} = 543.5 \text{kPa}$$

8. 计算各轴轮胎变形 f_{ti}

由式 (7-1) 可得：

① 参数因子：

$$\alpha = \frac{Q}{SR_0 p_{w1}} = \frac{74750}{60 \times 80 \times 543.5} = 0.02865$$

② 刚性因子：

$$\beta = ae^{b\alpha} = 22.54/e^{21.54 \times 0.02865} = 12.1602$$

③ 各轮胎的变形：

$$f_t = \left[1 - \sqrt{1-(\alpha\beta)^2}\right]R_0 = \left[1 - \sqrt{1-(0.02865 \times 12.1602)^2}\right] \times 80 \text{cm} = 5.01 \text{cm}$$

其余计算从略。

参 考 文 献

[1] 宫春峰,彭莫. 汽车发动机的动力特性 [J]. 内燃机学报,2000 (4):439-442.
[2] 彭莫. 汽车动力性能计算 [J]. 天津汽车,1992 (2):8-16.
[3] 岳惊涛,彭莫,等. 汽车动力系统的合理匹配评价 [J]. 汽车工程,2004,26 (1):102-106.
[4] 彭莫,刁增祥. 汽车动力系统计算匹配及评价 [M]. 北京:北京理工大学出版社,2009.
[5] 彭莫,周良生,等. 多轴汽车 [M]. 北京:机械工业出版社,2014.
[6] 蒋德明. 内燃机的涡轮增压 [M]. 北京:机械工业出版社,1986.
[7] 余志生. 汽车理论 [M]. 北京:清华大学出版社,2000.
[8] 刘惟信. 汽车设计 [M]. 北京:清华大学出版社,2001.